Schriftenreihe
der Juristischen Schulung

Band 144/1

Grundlagenfälle zum BGB für Anfänger

– Die Wilhelm-Busch-Fälle –
18 Fälle mit Lösungen
zum Bürgerlichen Vermögensrecht

von

Dr. Dr. Dr. h. c. mult. Michael Martinek, M. C. J. (NYU)

Professor em. an der Universität des Saarlandes, Saarbrücken
Honorarprofessor in Johannesburg und Wuhan

und

Dr. Sebastian Omlor, LL. M. (NYU), LL. M. Eur.

o. Professor an der Philipps-Universität Marburg

4. Auflage 2021

C.H.BECK

Zitiervorschlag: *Martinek/Omlor* BGB für Anfänger

www.beck.de

ISBN 978 3 406 77202 3

Wilhelmstraße 9, 80801 München
Satz, Umschlaggestaltung, Druck und Bindung:
Druckerei C. H. Beck Nördlingen
(Adresse wie Verlag)

Gedruckt auf säurefreiem, alterungsbeständigem Papier
(hergestellt aus chlorfrei gebleichtem Zellstoff)

Vorwort

Unsere Sammlung von 18 Grundlagenfällen zum BGB für *Anfänger*, die durch eine zweite Sammlung von 15 Grundlagenfällen zum BGB für *Fortgeschrittene* sowie eine dritte von 9 Grundlagenfällen zum BGB für *Examenskandidaten* ergänzt und fortgesetzt wird, ist aus unseren Übungs- und Examensvorbereitungsveranstaltungen im Bürgerlichen Recht an der Universität des Saarlandes und an der Philipps-Universität Marburg hervorgegangen. Sämtliche Anfänger-Klausuren sind im Bürgerlichen Vermögensrecht der ersten drei Bücher unseres BGB angesiedelt. Sie sind überwiegend auf eine Bearbeitungszeit von zwei Stunden, bisweilen auch von vier Stunden angelegt. Die Darstellung eines jeden Falles mit seiner Lösung folgt immer demselben Muster: Nach einem kurzen Vorspann mit Informationen über die wichtigsten Themenbereiche und Schwerpunkte – dies soll bei der Auswahl eines Falles für die eigene Klausurbearbeitung bzw. für die Durcharbeitung helfen – kommt der Sachverhalt, der Aufgabentext, zum Abdruck (A.), dem sodann (B.) „Gutachtliche Überlegungen" folgen. Dieser Abschnitt spiegelt die Gedanken des Klausuranten in der Planungsphase zum Entwurf der Lösung wider, wofür man sich etwa ein Drittel der Bearbeitungszeit gönnen sollte, um bei der späteren Durchführungsphase keine „bösen Überraschungen" zu erleben. Denn ein sofortiges „Drauflosschreiben" ohne ein rundes Konzept führt allzu leicht in die Irre. Der folgende Abschnitt (C.) stellt eine stichwortartige Gliederung, sozusagen ein kleines Inhaltsverzeichnis oder einen wegweisenden „Fahrplan" für die Ausarbeitung vor, dem dann erst die Lösung (D.) als ausformulierter Text für die „Ablieferung" der Klausur folgt. Am Schluss findet sich jeweils noch ein Lerntest (E.) mit Fragen und Antworten zu einigen der Klausurthemen; er dient der Kontrolle über das, was man anlässlich der Fallbearbeitung gelernt haben sollte (wenn man es nicht schon vorher wusste). Sämtliche Fälle weisen im Übrigen die Eigenart auf, dass bei ihnen jeweils Figuren aus den berühmten und beliebten Bildergeschichten von *Wilhelm Busch* (1832 bis 1908) im Mittelpunkt stehen. Dies ist freilich keine juristische, sondern eine literarische und pädagogische Eigenheit, die vielleicht die Anschaulichkeit und Einprägsamkeit der Fälle und Lösungen steigert und ein wenig „Pfiff" einbringt. Erfreulicherweise hat sich der Verlag C. H.BECK dem ungewöhnlichen Vorschlag nicht verschlossen, die Fallsammlung durch den Abdruck von Zeichnungen aus der Hand von *Wilhelm Busch* anzureichern. (Die Zeichnungen sind siebzig Jahre *post mortem auctoris* urheberrechtlich gemeinfrei geworden.)

Mit unserer Fallsammlung verfolgen wir vor allem *fünf Anliegen:* Erstes Anliegen ist die *Übung der Rechtsanwendung.* Die Studenten sollen lernen, ihre Rechtskenntnisse und ihr Rechtsverständnis zu den ersten drei Büchern des BGB, dem Bürgerlichen Vermögensrecht, in die praktische Lösung von Fällen umzusetzen. Was in Vorlesungen gehört und in Lehrbüchern gelesen, was verarbeitet und „gelernt" wurde, soll angewandt und umgesetzt und für die eigene gestaltende Lösung von Fällen fruchtbar gemacht werden. Zweites Anliegen ist die *Vermittlung von Klausurentechnik.* Die Fälle sollen das Handwerkszeug des Klausurenschreibens im Bürgerlichen Recht vermitteln. Dies betrifft etwa die Zeiteinteilung, Aufbau- und Darstellungsfragen, die problemfreundliche Erörterung oder den Gutachtenstil. Gerade deshalb werden der „Lösung" immer „Gutachtliche Überlegungen" vorangestellt, in denen der Weg zur Lösung konzeptionell und strategisch vorbereitet und erörtert wird. Das dritte Anliegen betrifft die *Überprüfung und Vertiefung der grundlegenden Rechtskenntnisse.* Die Grundlagen-Fälle sind darauf angelegt, vor allem die strukturformenden und systembildenden Institute sowie die tragenden dogmatisch-konstruktiven Zusammenhänge des Bürgerlichen Vermögensrechts in den Mittelpunkt zu stellen, deren Beherrschung für die Lösung von BGB-Fällen unerlässlich ist. Damit soll es den Studenten ermöglicht werden, ihr Rechtswissen und ihr Rechtsverständnis einerseits zu überprüfen, andererseits zu erweitern. So verstehen sich die Fragen und Antworten im „Lerntest", der sich an jede Fall-Lösung anschließt. Viertens sollen die Fälle den Studenten den *Geist des BGB näherbringen* und sie am praktischen Fall mit der Denkweise und der Geisteshaltung der Architekten des BGB vertraut machen. Es darf im Computer-Zeitalter nicht vergessen werden, dass unser BGB in seinem Kern immer noch ein Gesetzbuch aus dem (vorvorigen!) 19. Jahrhundert ist. Es ist kein Zufall, dass die Fälle im *Wilhelm-Busch*-Milieu angesiedelt sind. Man kann unser Bürgerliches Vermögensrecht gerade in seinen tragenden Fundamenten und seinen kennzeichnenden Gesichtspunkten heute nicht ohne historisches Bewusstsein und Einfühlungsvermögen verstehen. Auch in diesem Sinne kann von Grundlagen-Fällen gesprochen werden. Das fünfte Anliegen schließlich ist die *Vermittlung einer gewissen Rechtsfreude,* d. h. Freude am Klausurenschreiben und an der Beschäftigung *mit* und Lösung *von* Rechtsfällen und Rechtsproblemen. Natürlich ist das Recht eine ernste Sache; aber jedenfalls in der Ausbildung soll es auch Freude machen.

Vielleicht noch ein wichtiger Hinweis: Man sollte sich durch die Ausführlichkeit und Länge der präsentierten Lösungen nicht irritieren oder gar frustrieren lassen. Sie wären als Beispiele für eine sogar mit „sehr gut" zu bewertende Klausur gewiss unrealistisch, schon weil man sich wegen des Umfangs „die Finger wund schreiben" müsste. Die Lösungsvorschläge sind durchaus auch auf Belehrung und Anregung, auf Wissensvermittlung und Verständnisförderung angelegt. Man verzweifle um Himmels willen nicht, wenn die geschriebene Klausur fragmentarisch und defizitär bleibt und einen deutlichen Abstand von den hiesigen Lösungsvorschlägen hält. Bedenken Sie im Übrigen folgendes: Der Eindruck ist übermächtig, dass unser Bewertungsraster für juristische Prüfungen mit den Punkten von 0 bis 18 in den obersten Bereichen nicht frei von einer utopischen Komponente ist, wenn man sieht, wie außerordentlich selten in Prüfungsarbeiten 18, 17 oder auch nur 16 Punkte erzielt bzw. vergeben werden. Und diese utopische Komponente hat eine pädagogische Funktion. Den Prüflingen und den Prüfern soll bewusst gemacht werden, wie schwer erreichbar die Ideale und Ziele des Rechts, Frieden und Gerechtigkeit, für uns sind. Wir alle müssen meist mit Annäherungswerten zufrieden sein.

Wir wollen zuerst unseren Sekretärinnen *Christine Schottler* und *Diana Happel-Schäfer* sowie unserer wissenschaftlichen Mitarbeiterin *Leona Becker* für ihre Hilfe bei der technischen Herstellung des Manuskripts Dank sagen. Ein ganz besonderer Dank gilt auch dem C. H. Beck-Verlag und insbesondere unserer Lektorin Frau *Ingrid Boumessid* für die umsichtige verlegerische Betreuung dieser Neuauflage. Wir haben aber noch eine weitere wichtige, allerdings „anonyme" Danksagung zu machen: Zu danken haben wir nämlich mehreren „Generationen" von Studenten unserer Übungen im Bürgerlichen Recht an der Universität des Saarlandes und an der Philipps-Universität Marburg, auch „Generationen" von studentischen Mitarbeitern am Lehrstuhl und von AG-Leitern vorlesungsbegleitender Arbeitsgemeinschaften, die alle mit zahlreichen Anregungen und Hinweisen zu dieser Fallsammlung beigetragen haben. Die Fälle und Lösungen sind über die Jahre gewachsen und gereift, manche haben ein fünfundzwanzigjähriges „Schicksal". Viele haben – bisweilen in einer leicht veränderten Frühfassung – in der JuS schon ihre Erstveröffentlichung unter dem Namen eines der beiden Verfasser erfahren, so wie „Fipps der Affe und sein Todessalto" – das war der erste Wilhelm-Busch-Fall (JuS 1986, Lernbogen Heft 12, S. L 92 – 94). Schon vor mehr als zwanzig Jahren war unter dem Namen des erstgenannten Autors eine Sammlung von Wilhelm-Busch-Fällen in der JuS-Schriftenreihe erschienen. Auch wenn der zweitgenannte Autor erst seit einigen Jahren dabei ist: inzwischen rechtfertigt die Geschichte all dieser Fälle und Lösungen eine Veröffentlichung in Ko-Autorenschaft der beiden eng zusammenarbeitenden Verfasser.

Wir wollen diesen Band unseren Töchtern *Madeleine Monalisa Martinek* und *Veronika Margarete Omlor* widmen.

Für Anregungen und Kritik können Sie sich gerne an die Verfasser des Werkes unter der nachstehenden Anschrift wenden:

Prof. em. Dr. Dr. Dr. h. c. mult. Michael Martinek
Universität des Saarlandes
vormals Lehrstuhl für Bürgerliches Recht, Handels- und Wirtschaftsrecht, Internationales Privatrecht und Rechtsvergleichung
Institut für Europäisches Recht
Postfach 15 11 50
66041 Saarbrücken
E-Mail: m.martinek@mx.uni-saarland.de
http://martinek.jura.uni-saarland.de

Prof. Dr. Sebastian Omlor
Philipps-Universität Marburg
Lehrstuhl für Bürgerliches Recht, Handels- und Wirtschaftsrecht, Bankrecht sowie Rechtsvergleichung
Institut für das Recht der Digitalisierung
Universitätsstr. 6
35032 Marburg
E-Mail: omlor@jura.uni-marburg.de
http://www.irdi.institute

Saarbrücken und Marburg, im Juni 2021

Michael Martinek
Sebastian Omlor

Wilh. Busch

Inhaltsverzeichnis

Hinweis: Nicht näher bezeichnete Paragrafen sind solche des BGB.

Abkürzungsverzeichnis

a. A.	andere(r) Ansicht
ABl	Amtsblatt
ABlEG	Amtsblatt der Europäischen Gemeinschaften
Abs.	Absatz
AcP	Archiv für die civilistische Praxis
a. E.	am Ende
a. F.	alte Fassung
Allg.	Allgemeiner
Alt.	Alternative
arg. e	argumentum e
ARSPh	Archiv für Rechts- und Sozialphilosophie
Art.	Artikel
AT	Allgemeiner Teil
Aufl.	Auflage
BayObLG	Bayerisches Oberstes Landesgericht
BB	Betriebs-Berater
Bd.	Band
BGB	Bürgerliches Gesetzbuch
BGBl.	Bundesgesetzblatt
BGH	Bundesgerichtshof
BGHZ	Entscheidungen des BGH in Zivilsachen
BT	Besonderer Teil
BT-Drs.	Bundestagsdrucksache
Bürgerl.	Bürgerlichen
bzw.	beziehungsweise
ders.	derselbe
dies.	dieselbe/dieselben
d. h.	das heißt
DNotZ	Deutsche Notar-Zeitschrift
EG	Europäische Gemeinschaft
etc.	et cetera
f.	folgende/r (Seite, Paragraf)/für
ff.	folgende (Seiten, Paragrafen)
Fn.	Fußnote(n)
grdl.	grundlegend
Halbb.	Halbband
HGB	Handelsgesetzbuch
h. M.	herrschende Meinung
Hrsg.	Herausgeber
Hs.	Halbsatz
insb.	insbesondere
i. S.	im Sinne
i. S. d.	im Sinne des/der
i. S. v.	im Sinne von
i. V. m.	in Verbindung mit

JA .... Juristische Arbeitsblätter
JuS .... Juristische Schulung
JW .... Juristische Wochenschrift
JZ .... Juristenzeitung

LG .... Landgericht
lit. .... litera (Buchstabe)
LMK .... Kommentierte BGH-Rechtsprechung (Lindemaier-Möhring)

Mot. .... Motive
MüKo .... Münchener Kommentar
m. w. N. .... mit weiteren Nachweisen

nachm. .... nachmittags
NJW .... Neue Juristische Wochenschrift
NJW-RR .... NJW-Rechtsprechungs-Report
Nr(n). .... Nummer(n)

o. .... oben
OLG .... Oberlandesgericht
OLGE .... Entscheidungen der Oberlandesgerichte

Prot. .... Protokoll(e)

RArbG/RAG .... Reichsarbeitsgericht
RE .... Regierungsentwurf
RG .... Reichsgericht
RGZ .... Entscheidungen des RG in Zivilsachen
Rn. .... Randnummer(n)
RNotZ .... Rheinische Notar-Zeitschrift

s. .... siehe
S. .... Seite(n)/Satz
SachenR .... Sachenrecht
SchuldR .... Schuldrecht
sog. .... sogenannte(n/m/r/s)
StGB .... Strafgesetzbuch

TierNebG .... Tierische Nebenprodukte-Beseitigungsgesetz

usw. .... und so weiter

v. .... von
vgl. .... vergleiche
VO .... Verordnung
Vorbem. .... Vorbemerkungen
vorm. .... vormittags

z. B. .... zum Beispiel
ZGS .... Zeitschrift für das gesamte Schuldrecht
zit. .... zitiert

Literaturverzeichnis und Literaturempfehlungen

Battes, Erfüllungsansprüche trotz beiderseits bewussten Formmangels?, JZ 1969, 683

Baur/Stürner, Sachenrecht, 18. Aufl. 2009

Bredemeyer, Das Prinzip „Drittschadensliquidation", JA 2012, 102

Brehm, Allgemeiner Teil des BGB, 6. Aufl. 2008

Brehm, Grundfälle zum Recht der Leistungsstörungen, JuS 1988, 706

Brox, Die Gefahrtragung bei Untergang oder Verschlechterung der Kaufsache, JuS 1975, 1

Brox/Walker, Allgemeiner Teil des BGB, 40. Aufl. 2016

Brox/Walker, Allgemeines Schuldrecht, 45. Aufl. 2021

Brox/Walker, Besonderes Schuldrecht, 44. Aufl. 2020

Büdenbender, Drittschadensliquidation bei obligatorischer Gefahrentlastung – eine notwendige oder überflüssige Rechtsfigur?, NJW 2000, 986

Bülow, Recht der Kreditsicherheiten, 9. Aufl. 2017

Canaris, Die Vertrauenshaftung im deutschen Privatrecht, 1971

Cohn, Der Empfangsbote, 1929

Ebert, Das Recht des Verkäufers zur zweiten Andienung und seine Risiken für den Käufer, NJW 2004, 1761

Eickelmann, Anfängerhausarbeit – Zivilrecht: Grundstücksschenkung an einen Minderjährigen, JuS 2011, 997

Emmerich, Das Recht der Leistungsstörungen, 6. Aufl. 2005 (zit.: *Emmerich* LeistungsstörungsR)

Enneccerus/Nipperdey, Allgemeiner Teil des Bürgerlichen Rechts, Bd. 1, 2. Halbb., 15. Aufl. 1960 (zit.: *Enneccerus/Nipperdey* BürgerlR AT II)

Flume, Allgemeiner Teil des Bürgerlichen Rechts, Bd. 2, Das Rechtsgeschäft, 4. Aufl. 1992 (zit.: *Flume* BGB AT II)

Flume, Rechtsakt und Rechtsverhältnis, 1990

Gerhardt, Die Abgrenzung der wichtigsten Anspruchsgrundlagen im Schadensersatzrecht bei Leistungsstörungen, Jura 2012, 251

Gernhuber, Handbuch des Schuldrechts, Bd. 3, Die Erfüllung und ihre Surrogate sowie das Erlöschen der Schuldverhältnisse aus anderen Gründen, 2. Aufl. 1994 (zit.: *Gernhuber* SchuldR-HdB III)

Gernhuber, Formnichtigkeit und Treu und Glauben, Festschrift Schmidt-Rimpler, 1957, S. 151

Gitter/Schmitt, Die geschenkte Eigentumswohnung – BGHZ 78, 29, JuS 1982, 253

Gradenwitz, Anfechtung und Reurecht beim Irrtum, 1902

Grigoleit/Riehm, Der mangelbedingte Betriebsausfallschaden im System des Leistungsstörungsrechts, JuS 2004, 745

Grunewald, Kaufrecht, Handbuch des Schuldrechts, Bd. 6, 2006 (zit.: *Grunewald* KaufR-HdB)

Gsell/Krüger/Lorenz/Reymann, beck-online.Großkommentar zum Zivilrecht (zit.: BeckOGK/*Bearbeiter*)

Hadding, Zur Auslegung des § 335 BGB, AcP 171 (1971), 403

Häsemeyer, Die gesetzliche Form der Rechtsgeschäfte, 1971

Hagen, Drittschadensliquidation bei „Gefahrentlastung"? – BGH, NJW 1970, 38, JuS 1970, 442

Hassold, Zur Leistung im Dreipersonenverhältnis, 1981

Heinemeyer, Anfängerklausur – Zivilrecht: BGB AT – Chinesisches Schriftzeichen auf der Haut, JuS 2014, 612

Heldrich, Die Form des Vertrages. Vorschläge zur Neugestaltung des Rechts auf Grund eines Referates, AcP 147 (1941), 89

Hirsch, Schadensersatz statt oder neben der Leistung – Aktuelle Fragen der Abgrenzung, JuS 2014, 97

Hornberger, Grundfälle zum Vertrag zugunsten Dritter, JA 2015, 7 und 93

Husserl, Recht und Welt, 1964

Jauernig, Noch einmal – Die geschenkte Eigentumswohnung – BGHZ 78, 28, JuS 1982, 576

Jerschke, Ist die Schenkung eines vermieteten Grundstücks rechtlich vorteilhaft?, DNotZ 1982, 459

Kipp, Über Doppelwirkungen im Recht, insbesondere über die Konkurrenz von Nichtigkeit und Anfechtbarkeit, Festschrift Ferdinand v. Martitz, 1911, S. 211

Klamroth, Zur Anerkennung von Verträgen zwischen Eltern und minderjährigen Kindern, BB 1975, 525

Koch, Die Fristsetzung zur Leistung oder Nacherfüllung – Mehr Schein als Sein? Was bleibt noch vom Fristsetzungserfordernis?, NJW 2010, 1636

Köhler, H., BGB Allgemeiner Teil, 44. Aufl. 2020 (zit.: *Köhler* BGB AT)

Köhler, H., Grundstücksschenkung an Minderjährige – ein „lediglich rechtlicher Vorteil"?, JZ 1983, 225

Körber, Das Recht der Pflichtverletzungen im Allgemeinen Schuldrecht, Jura 2015, 429, 554 und 673

Lange, H., Schenkungen an beschränkt Geschäftsfähige und § 107 BGB, NJW 1955, 1339

Lange, H., Die Auswirkungen von Leistungsstörungen beim echten Vertrag zugunsten Dritter im Rechtsbereich des Dritten, NJW 1965, 657

Lange/Schiemann, Schadensersatz, 3. Aufl. 2003

Larenz, Allgemeiner Teil des Bürgerlichen Rechts, 7. Aufl. 1989

Larenz, Lehrbuch des Schuldrechts Allgemeiner Teil, 14. Aufl. 1987

Larenz, Lehrbuch des Schuldrechts Besonderer Teil, Bd. 2, 1. Halbb., 13. Aufl. 1986 (zit.: *Larenz* SchuldR BT I)

Larenz, Methodenlehre der Rechtswissenschaft, 6. Aufl. 1991

Larenz/Canaris, Lehrbuch des Schuldrechts Besonderer Teil, Bd. 2, 2. Halbb., 13. Aufl. 1994 (zit.: *Larenz/Canaris* SchuldR BT II)

Larenz/Wolf, Allgemeiner Teil des Bürgerlichen Rechts, 9. Aufl. 2004

Lipp, Das Verbot des Selbstkontrahierens im Minderjährigenrecht, Jura 2015, 477

Lobinger, Insichgeschäft und Erfüllung einer Verbindlichkeit. Ein Beitrag zur historisch-systematischen Restriktion von § 181 letzter HS BGB, AcP 213 (2013), 366

Looschelders, Schuldrecht Besonderer Teil, 15. Aufl. 2020

Lopau, Der Rechtsschutz des Besitzes, JuS 1980, 501

Lorenz, S., Übertragung eines mit Rücktrittsrechten belasteten Grundstücks an einen Minderjährigen als lediglich rechtlich vorteilhaftes Geschäft, LMK 2005, 25

Lorenz, S., Nacherfüllungsanspruch und Obliegenheiten des Käufers: Zur Reichweite des „Rechts zur zweiten Andienung", NJW 2006, 1175

de Lousanoff/Lüke, Bürgerliches Recht – Ein großzügiger Vater, JuS 1981, 39

v. Lübtow, Schenkungen der Eltern an ihre minderjährigen Kinder und der Vorbehalt dinglicher Rechte, 1949

Mankowski, Die Anspruchsgrundlage für den Ersatz von Mangelfolgeschäden (Integritätsschäden), JuS 2006, 481

Martinek, Traditionsprinzip und Geheißerwerb, AcP 188 (1988), 573

Matthießen, Anmerkung zu RArbG, Urteil vom 16.6.1938 – RAG 10/38, JW 1938, 2426

Medicus, Besitzschutz durch Ansprüche auf Schadensersatz, AcP 165 (1965), 115

Medicus/Lorenz, Schuldrecht I: Allgemeiner Teil, 21. Aufl. 2015

Medicus/Lorenz, Schuldrecht II: Besonderer Teil, 18. Aufl. 2018

Medicus/Petersen, Allgemeiner Teil des BGB, 11. Aufl. 2016

Medicus/Petersen, Bürgerliches Recht, 27. Aufl. 2019

Musielak, Die Anfechtung einer Willenserklärung wegen Irrtums, JuS 2014, 491 und 583

Musielak, Der Ausschluss der Leistungspflicht nach § 275 BGB, JA 2011, 801

Müller, K., Sachenrecht, 4. Aufl. 1997

Neuner, Allgemeiner Teil des Bürgerlichen Rechts, 12. Aufl. 2020

Noack/Uhlig, Der Zugang von Willenserklärungen, JA 2012, 740

Oechsler, Praktische Anwendungsprobleme des Nacherfüllungsanspruchs, NJW 2004, 1825

Oellers, Doppelwirkungen im Recht?, AcP 169 (1969), 67

Papanikolaou, Schlechterfüllung beim Vertrag zugunsten Dritter, 1977

Pawlowski, Allgemeiner Teil des BGB, 7. Aufl. 2003

Pawlowski, Rechtsgeschäftliche Folgen nichtiger Willenserklärungen, 1966

Peters, F., Zum Problem der Drittschadensliquidation, AcP 180 (1980), 329

Petersen, Die Anfechtung der ausgeübten Innenvollmacht, AcP 201 (2001), 375

Petersen, Faktische und fehlerhafte Vertragsverhältnisse, Jura 2011, 907

Rebmann/Säcker (Hrsg.), Münchener Kommentar zum Bürgerlichen Gesetzbuch, 3. Aufl. 1994 (zit.: MüKoBGB/*Bearbeiter*, 3. Aufl. 1994)

Rebmann/Säcker (Hrsg.), Münchener Kommentar zum Bürgerlichen Gesetzbuch, 2. Aufl. 1985 (zit.: MüKoBGB/*Bearbeiter*, 2. Aufl. 1985)

Recker, Schadensersatz statt der Leistung – oder: Mangelschaden und Mangelfolgeschaden, NJW 2002, 1247

Reinicke, D., Berufung auf Formnichtigkeit eines Vertrages als unzulässige Rechtsausübung, NJW 1968, 43

Reuter/Martinek, Ungerechtfertigte Bereicherung, 1983

RGRK, Das Bürgerliche Gesetzbuch mit besonderer Berücksichtigung der Rechtsprechung des Reichsgerichts und des Bundesgerichtshofs, 12. Aufl. 1979 (zit.: RGRK/*Bearbeiter*)

Säcker/Rixecker/Oetker/Limperg (Hrsg.), Münchener Kommentar zum Bürgerlichen Gesetzbuch, 8. Aufl. 2018 ff. (zit.: MüKoBGB/*Bearbeiter*)

Schlechtriem/Schmidt-Kessel, Schuldrecht Allgemeiner Teil, 6. Aufl. 2005

Schnapp, Logik für Juristen, 7. Aufl. 2016

Schwarze, Die Anfechtung der ausgeübten (Innen-)Vollmacht – Ein Lehrstück über Konstruktion und Wertung, JZ 2004, 588

Spieß, Zur Einschränkung der Irrtumsanfechtung – Die Bindung des Irrenden an den fehlerfreien Teil seiner Willenserklärung, JZ 1985, 593

Stadler, Allgemeiner Teil des BGB, 20. Aufl. 2020

Stamm, Rechtsfortbildung der Drittschadensliquidation im Wege eines originären und rein deliktsrechtlichen Drittschadensersatzanspruchs analog § 844 Abs. 1 BGB, AcP 203 (2003), 366

Staudinger, Kommentar zum Bürgerlichen Gesetzbuch mit Einführungsgesetz und Nebengesetzen, 2013 ff. (zit.: Staudinger/*Bearbeiter*)

Staudinger, Eckpfeiler des Zivilrechts, 7. Aufl. 2020 (zit.: Staudinger/*Bearbeiter* Eckpfeiler des Zivilrechts)

Stürner, Der lediglich rechtliche Vorteil, AcP 173 (1973), 402

Stürner (Hrsg.), Jauernig, Bürgerliches Gesetzbuch, 18. Aufl. 2021 (zit.: Jauernig/*Bearbeiter*)

Teichmann/Weidmann, Paradigmenwechsel im Schadensersatzrecht durch die Schuldrechtsmodernisierung, Festschrift Walther Hadding, 2004, S. 287

v. Tuhr, Allgemeiner Teil des Deutschen Bürgerlichen Rechts II/1, 2. Aufl. 1957

v. Tuhr, Allgemeiner Teil des Deutschen Bürgerlichen Rechts II/2, 2. Aufl. 1957

Vieweg/Werner, Sachenrecht, 8. Aufl. 2018

Weiss, Die Drittschadensliquidation – alte und neue Herausforderungen, JuS 2015, 8

Wellenhofer, Sachenrecht, 35. Aufl. 2020

Westermann, H., Anmerkung zu BGH, Urteil vom 10.11.1954 – II ZR 165/53, JZ 1955, 244

Westermann, H. P./Grunewald/Maier-Reimer (Hrsg.), Erman, Bürgerliches Gesetzbuch, 16. Aufl. 2020 (zit.: Erman/*Bearbeiter*)

Westermann, H. P./Gursky/Eickmann, Sachenrecht, 8. Aufl. 2011

Wolf, Allgemeiner Teil des Bürgerlichen Rechts, 3. Aufl. 1982

Wolf, Anleitung zum Lösen zivilrechtlicher Fälle, JuS 1961, 156

Wolff/Raiser, Sachenrecht, 10. Aufl. 1957

Zeller/Kannowski, Anfängerhausarbeit – Bürgerliches Recht: Sekundäransprüche beim Vertrag zu Gunsten Dritter, JuS 2006, 983

Zepos, Die Unmöglichkeit von Doppelwirkungen im Recht, ARSPh 27 (1934), 480

Fall 1. Fipps der Affe und sein Todessalto

Die Aufgabe findet ihren Schwerpunkt im Bereich der Gefahrtragung beim Kauf, die besonders gern und häufig zum Gegenstand von Klausuren in der BGB-Anfängerübung gemacht wird. Der hier behandelte Fall ist durch Bezüge zum Bedingungsrecht der §§ 158ff. und zu den besonderen Arten des Kaufs, §§ 454ff., „gewürzt“.

A. Sachverhalt

Der Varieté-Künstler *Tobias Knopp (K)* suchte am 1.8. die Zoohandlung des *Kaspar Schlich (S)* auf, um sich nach einem dressurfähigen Affen umzusehen. Ihm gefällt der Affe *Fipps*, doch will er ihn erst testen. Er kommt mit *S* überein, dass er den Affen für 200 EUR „zur Probe kauft" und sich bis zum 15.8. erklären soll, ob er das Tier endgültig behalten will. Der Kaufpreis soll gegebenenfalls nach Ablauf der Probezeit bezahlt werden. Die Fütterungskosten soll *K* von *S* ersetzt erhalten, falls der Affe wieder zurückgebracht werde; andernfalls soll *K* die Fütterungskosten schon für die Probezeit tragen müssen. Schon am Nachmittag des 10.8. erscheint *K* wieder im Laden des *S* und berichtet begeistert von den bisherigen Dressurerfolgen des überaus intelligenten Tieres. Jetzt sei der Kauf perfekt. Beide wissen nicht, dass *Fipps* am Vormittag bei einem eigenständig versuchten Salto mortale unglücklich gestürzt ist und sich das Genick gebrochen hat. Als *K* am 15.8. wieder in die Zoohandlung kommt, um von dem Tod des Affen zu berichten, bemerkt *S*, dass die Lage zwar fatal sei, nicht aber für ihn: Er wolle die 200 EUR Kaufpreis haben. *K* hält entgegen, ihm seien durch den Tod des *Fipps* erhebliche Varieté-Gewinne entgangen, die von *S* zu ersetzen seien.

B. Gutachtliche Überlegungen

I. Das Zustandekommen des Kaufes zur Probe

Die „Fallfragen“ sind hier nicht ausdrücklich formuliert, ergeben sich aber eindeutig aus dem letzten Satz des Sachverhaltes: Kann *S* von *K* die 200 EUR Kaufpreis verlangen? Besteht ein Gegenanspruch auf Zahlung entgangenen Gewinns? Die Fütterungskosten sind dagegen nicht unmittelbar Gegenstand der Prüfung. Anspruchsgrundlage für die Kaufpreisforderung ist § 433 II. Ob schon am 1.8. ein Kaufvertrag nach §§ 433, 145ff. zustande gekommen ist, unterliegt wegen des Vorbehalts der Endgültigkeit des Geschäfts Zweifeln. Man könnte daran denken, dass noch der Rechtsbindungswille – mindestens auf der Seite des *K* – fehlt, der für eine wirksame Willenserklärung, sei sie Angebot oder Annahme, unerlässlich ist. Hier muss sich der Klausurant darauf besinnen, dass das Gesetz unter den „besonderen Arten des Kaufs“ in §§ 454f. eine typische Form der noch verbleibenden Unsicherheit beim Kauf geregelt hat.[1] Für den Fall, dass der Käufer die Kaufsache erst noch

[1] Vgl. dazu und zu der Abgrenzung der einzelnen besonderen Arten des Kaufs: Staudinger/*Mader/Schermaier* (2013) BGB § 454 Rn. 7ff.; *Larenz* SchuldR BT I § 44 I S. 142ff.; umfassend *Brox/Walker* SchuldR BT § 7 Rn. 1ff. S. 112ff.

auf ihre Tauglichkeit für seine Zwecke testen will, gilt der Kaufvertrag im Zweifel als unter der aufschiebenden Bedingung der beliebigen Billigung des Gegenstandes durch den Käufer geschlossen.[2] Eine Auslegung der Vereinbarung nach den §§ 133, 157 wird zu dem Ergebnis kommen müssen, dass hier ein solcher Kauf auf Probe oder auf Belieben gewollt ist. Die Parteien sprechen zwar von einem Kauf „zur Probe". Darunter versteht man einen Kaufvertrag, bei dem vom Käufer unverbindlich in Aussicht gestellt wird, dass er bei Zufriedenheit mit der Probe weitere Sachen derselben Art kaufen werde. Die Falschbezeichnung der Parteien schadet indes nicht; maßgeblich sind für den Rechtsanwender allein die richtige rechtliche Einordnung und die Sprache des Gesetzes. Es gibt allerdings auch noch den sog. „Prüfungskauf", der im Gesetz nicht ausdrücklich geregelt ist. Darunter versteht man einen bedingten Kauf, bei dem die Billigung der Kaufsache nicht im Belieben des Käufers steht, sondern dieser zur Billigung bei objektiv positiv ausfallender Prüfung verpflichtet ist. Ein solcher Prüfungskauf entspricht den Interessen des *K* jedoch offensichtlich nicht, da die für ihn wichtige persönliche Beziehung zu dem Tier keinen objektiven Beurteilungsmaßstäben zugänglich ist.

Erstes Zwischenergebnis der Überlegungen ist also, dass am 1.8. ein aufschiebend bedingter „Kauf auf Probe" nach §§ 454 I, 433, 158 I geschlossen wurde. Das Rechtsgeschäft ist mithin am 1.8. zustandegekommen, hing in seiner Wirksamkeit aber noch von dem Eintritt der Bedingung ab.

Fipps der Affe

[2] Vgl. zur Konstruktion *BGH* NJW-RR 2004, 1058 f.

Tobias Knopp

II. Die Rechtswirksamkeit des Kaufvertrages

Der nächste Gedankengang muss sich der Frage widmen, ob der Bindungseintritt erfolgt ist. Daran kann kein ernsthafter Zweifel bestehen, hat doch *K* – und nur darauf kommt es an – am Nachmittag des 10.8. (also innerhalb der vereinbarten Frist, § 455 S. 1) ausdrücklich seine Billigung erklärt. Erst jetzt, nach Prüfung des Zustandekommens des Kaufvertrages durch den Austausch von Willenserklärungen und des Bedingungseintritts, dürfen Überlegungen zum Leistungsstörungsrecht im Allgemeinen und zur Unmöglichkeitslehre im Besonderen angestellt werden. Hierzu zwingt der saubere, Schritt für Schritt voranschreitende Aufbau.

Bedenkt man, welchen Einfluss der Tod des Affen auf die Wirksamkeit des Kaufvertrages haben könnte, fällt der Blick auf die Vorschrift des § 311a I. Anders als im alten Schuldrecht unter Geltung des § 306 a.F. steht allerdings eine anfängliche objektive Unmöglichkeit der Wirksamkeit eines Vertrags nicht entgegen. Da keine weiteren Gründe einer Unwirksamkeit des Kaufvertrags von Anfang an ersichtlich sind, steht das zweite Zwischenergebnis fest: Jedenfalls ist für *S* ein Anspruch auf Kaufpreiszahlung aus § 433 II entstanden.

III. Gefahrtragung beim Kauf auf Probe

Die Überlegungen müssen sich nun der Frage zuwenden, ob der Kaufpreisanspruch nicht (wieder) erloschen ist. Das Erlöschen des Kaufpreisanspruchs könnte möglicherweise mit dem Tod des Affen, d.h. mit einer nachträglichen objektiven Unmöglichkeit der Leistungserbringung, begründet werden. Objektive Unmöglichkeit liegt gewiss vor: niemand kann den toten *Fipps* mehr lebendig machen und dann übereignen. Bislang hat ja noch keine Übereignung, sondern nur eine Besitzverschaffung stattgefunden. Das dingliche Vollzugsgeschäft nach § 929 S. 1 stand, wie das schuldrechtliche Verpflichtungsgeschäft, unter einer aufschiebenden Bedingung, § 158 I.

Mit dieser Fragestellung gerät § 326 ins Blickfeld, der für gegenseitige, auf Leistungsaustausch (hier: Kaufsache gegen Geld) gerichtete Verträge den Einfluss von Leistungsstörungen wie der anfänglichen oder nachträglichen Unmöglichkeit regelt. Danach hat der Schuldner grundsätzlich die sog. Preisgefahr bis zum Eintritt des Leistungserfolgs zu tragen. Die Vorschrift des § 326 bezieht sich dabei auf das Schicksal der Gegenleistung; hinsichtlich der unmöglich gewordenen Leistung ordnet § 275 I an, dass der Schuldner *eo ipso* von seiner Leistungspflicht frei wird.

In unserem Fall scheint § 326 I 1 Hs. 1 einschlägig zu sein, so dass der Kaufpreisanspruch des *S* (sein Anspruch auf die Gegenleistung zu seiner nicht mehr bestehenden Verpflichtung) verloren ginge. Indes gilt diese Vorschrift nur solange, als die Gefahr des zufälligen Untergangs noch nicht auf den Käufer übergegangen ist. Die Regelungen des Gefahrübergangs sind *leges speciales* gegenüber § 326 I 1 Hs. 1; und bei erfolgtem Gefahrübergang behielte *S* seinen Kaufpreisanspruch.[3]

War nun ein Gefahrübergang am 10.8. vormittags bereits eingetreten, so dass *S* das Risiko trug, bei einem zufälligen Untergang der Kaufsache den Kaufpreis gleichwohl bezahlen zu müssen? Im Kaufvertragsrecht ist für bewegliche Sachen in § 446 S. 1 der Grundsatz der Gefahrtragung ausgesprochen. Dies ist eine Norm, bei deren Anwendung im vorliegenden Fall sehr vorsichtig und genau subsumiert werden muss. Wenn in § 446 S. 1 von der „verkauften Sache" die Rede ist, dann bezieht sich dies offenbar nur auf solche Fälle der Übergabe, denen ein rechtswirksamer Kaufvertrag zugrunde liegt.[4] Daran aber fehlt es beim aufschiebend bedingten Kauf auf Probe vor Bedingungseintritt.

Das dritte Zwischenergebnis erscheint eindeutig: Ein Gefahrübergang nach § 446 S. 1 ist noch nicht eingetreten, so dass es eigentlich bei § 326 I 1 Hs. 1 bleiben muss, wonach *S* den Anspruch aus § 433 II verliert.

IV. Schuldrechtliche Rückbeziehung der Bedingungsfolgen

Was nun? Mit dem bisherigen Ergebnis kann man kaum recht zufrieden sein. Nach dem Rechtsgefühl scheint doch *K* das Risiko eines zufälligen Untergangs tragen zu müssen, auch wenn die Kaufsache im Zeitpunkt des Eintritts der Unmöglichkeit noch nicht endgültig „verkauft" war. Vor allem aber muss dem Klausuranten auffallen, dass die Fütterungskostenabrede der Parteien vom 1.8. in den bisherigen Überlegungen noch unberücksichtigt geblieben ist. Grundsätzlich hat aber jeder Sachverhaltsteil, soweit er nicht bloß *colorandi causa* eingefügt ist, eine der rechtlichen Würdigung bedürftige Bedeutung.

Man könnte versucht sein, diesem Umstand unter Heranziehung des § 242 dadurch Rechnung zu tragen, dass man die während des Schwebezustandes des Kaufvertrages übergebene Sache regelmäßig als „verkaufte Sache" i. S. des § 446 S. 1 behandelt, weil die Übergabe im Hinblick auf den erwarteten Eintritt der Bedingung als vorweggenommene Erfüllung der eigentlich erst mit dem Bedingungseintritt entstehenden Übergabepflicht erfolgt.[5] Wenn dann die Bedingung – wie in unserem Fall – tatsächlich eintritt, wäre der Gefahrübergang nach §§ 446 S. 1, 242 bereits mit der Übergabe der Sache eingetreten. Allerdings ist diese Konstruktion jedenfalls beim Kauf auf Probe fragwürdig, weil der Bedingungseintritt vom „Belieben" des Käufers abhängt und die Übergabe daher nicht ohne Weiteres *ex post* als vorweggenommene Erfüllung angesehen werden kann. Indes bedarf es eines solchen „Kunsttricks", genau besehen, auch gar nicht.

Die Lösung des Falles ergibt sich nämlich zwanglos aus § 159, der wohl erst nach zweimaligem Durchlesen verständlich wird.[6] Zwar hat der Bedingungseintritt grundsätzlich keine Rückwirkung, sondern wirkt immer nur *ex nunc*. Jedoch können die Parteien mit schuldrechtlicher (nicht mit dinglicher) Wirkung vereinbaren, dass sie sich so behandeln wollen, als hätte der Bedingungseintritt doch Rückwir-

---

[3] Vgl. dazu *Larenz* SchuldR AT § 21 I b S. 308 ff., insb. S. 311 ff.; MüKoBGB/*Ernst* § 326 Rn. 5 a. E. und vor allem *Brox* JuS 1975, 1 ff.

[4] Vgl. dazu Staudinger/*Mader/Schermaier* (2013) BGB § 454 Rn. 22, 29; *Larenz* SchuldR BT I § 42 II S. 95 ff., insb. S. 99.

[5] So wohl *Larenz* SchuldR BT I § 44 I S. 142 ff.

[6] Vgl. zum Verständnis dieser Vorschrift MüKoBGB/*H. P. Westermann* § 159 Rn. 1 f.

kung; sie können schuldrechtlich die Folgen des Bedingungseintritts auf den Zeitpunkt des Geschäftsabschlusses rückbeziehen. Und in der Tat ist der Fütterungskostenabrede zu entnehmen, dass im Falle der Billigung der Kaufsache (Bedingungseintritt) von Anfang an *K* als Eigentümer mit allen dazu gehörenden Lasten behandelt werden sollte. Der Eigentümer aber trägt das Risiko des zufälligen Untergangs seiner Sache *(casum sentit dominus).* Die „an den Eintritt der Bedingung geknüpften Folgen" (endgültige Wirksamkeit des Kaufvertrages sowie endgültige Übereignung der Sache) lassen bei einem „Rückbezug" auf den 1.8. als den „früheren Zeitpunkt" die Kaufsache durchaus als nach dem Parteiwillen „verkaufte Sache" i. S. des § 446 S. 1 erscheinen. Aufgrund dieser Vereinbarung muss sich *K* so behandeln lassen, als hätte er dem *S* die Zahlung des Kaufpreises bei Unanwendbarkeit des § 326 I 1 Hs. 1 wegen eines schon im Zeitpunkt des Eintritts der Unmöglichkeit erfolgten Gefahrübergangs zu gewähren. *S* hat damit gegen *K* einen Anspruch auf Zahlung von 200 EUR aus §§ 433 II, 446 S. 1, 159. – Fatal für *K.*

V. Schadensersatz wegen Unmöglichkeit

Muss *K* schon den Kaufpreis zahlen, so sähe seine Lage ein wenig besser aus, stünde ihm zumindest ein Anspruch auf Ersatz eines entgangenen Gewinnes (§ 252) zu. Ein solcher ist im Rahmen des Schadensersatzes statt der Leistung ersatzfähig. Die kleine Herausforderung dieses Begehrens des *K* liegt nun einzig und allein in der Frage, welche der beiden möglichen Anspruchsgrundlagen aus dem Allgemeinen Schuldrecht einschlägig ist: § 311a II oder §§ 280 I, III, 283. Ohne Umwege ist die Frage aufzuwerfen, ob anfängliche oder nachträgliche Unmöglichkeit vorliegt. Die Abgrenzung zwischen § 311a II für die anfängliche und §§ 280 I, III, 283 für die nachträgliche Unmöglichkeit ist eine der wenigen Fälle, in denen in der Klausur derart scharf zwischen den einzelnen Spielarten der Unmöglichkeit zu trennen ist.

Klärungsbedürftig ist insoweit, welcher Zeitpunkt für die Abgrenzung zwischen anfänglicher und nachträglicher Unmöglichkeit beim aufschiebend bedingten Kauf der maßgebliche ist: der Zeitpunkt der Vereinbarung (1.8., dann nachträgliche Unmöglichkeit) oder der des Bedingungseintritts (10.8. nachmittags, dann anfängliche Unmöglichkeit).[7] Eine Skizze verdeutlicht die Fragestellung:

1. 8.	10. 8. vorm.	10. 8. nachm.	15. 8.
/__________	/__________	/__________	/__________
Abschluss des bedingten KV	Tod des Affen	Bedingungseintritt	Kaufpreisfälligkeit?

Zwar sollte der Kaufvertrag erst mit dem Bedingungseintritt endgültig rechtswirksam werden – und zu diesem Zeitpunkt war der Affe schon tot. Gleichwohl erscheint es sachgemäß, den Zeitpunkt der Parteivereinbarung als den für die Abgrenzung maßgeblichen anzusehen. Schließlich haben die Parteien schon am 1.8. die Vereinbarung abschließend getroffen und dabei die Verpflichtungsinhalte für die Zukunft vorausschauend festgelegt. Nur von der Billigung sollte die Wirksamkeit des Rechtsgeschäfts noch abhängen. Der Vertrag selbst kam, wenn auch aufschiebend bedingt, eben schon am 1.8. zustande. Deshalb liegt nicht anfängliche, sondern nachträgliche Unmöglichkeit vor. In der Folge sind die §§ 280 I, III, 283 einschlägig.

Allerdings stellt sich in der Folge heraus, dass es an dem nach § 280 I 2 erforderlichen Vertretenmüssen des *S* fehlt; ihm ist kein Sorgfaltsverstoß (§§ 276 I, II) vorzuwerfen. – Es bleibt dabei: fatal für *K.*

---

[7] Dazu MüKoBGB/*H. P. Westermann* § 158 Rn. 38 ff.; *Larenz* SchuldR BT I § 42 II S. 95 ff., insb. S. 99.

C. Gliederung

I. Anspruch aus § 433 II
  1. Kaufvertrag
     Problem: Einordnung als „Kauf auf Probe"
  2. Bedingungseintritt
  3. Wirksamkeit (§ 311a I)
  4. Untergang des Kaufpreisanspruchs
     a) § 326 I 1 Hs. 1
     b) Abweichende Vereinbarung
        Problem: Bedeutung der Fütterungskostenabrede
  5. Ergebnis zu I
II. Anspruch aus §§ 280 I, III, 283
  1. Nachträgliche Unmöglichkeit
  2. Kein Nichtvertretenmüssen
  3. Ergebnis zu II

D. Lösung

I. Anspruch aus § 433 II

S könnte gegen *K* einen Anspruch auf Zahlung von 200 EUR Kaufpreis gem. § 433 II haben.

1. Kaufvertrag

Voraussetzung dafür ist zunächst, dass zwischen den Parteien ein Kaufvertrag nach §§ 433, 145 ff. zustande gekommen ist. Dies könnte bereits beim ersten Besuch des *K* in der Zoohandlung am 1.8. geschehen sein. Die Parteien haben sich allerdings die Endgültigkeit des Geschäfts zunächst vorbehalten. Dies muss nicht zu einer Verneinung des Kaufvertragsabschlusses mangels Rechtsbindungswillens beim Austausch von Angebot und Annahme führen, wenn sich der Vorbehalt unter eine der „besonderen Arten" des Kaufs fassen lässt. Die Auslegung ihrer Vereinbarung, wonach *K* den Affen auf seine Tauglichkeit für Dressurzwecke erst testen und ihn dann entweder billigen oder zurückbringen sollte, ergibt nach §§ 133, 157, dass die Parteien einen „Kauf auf Probe" i. S. des § 454 I gewollt haben. Damit ist am 1.8. ein aufschiebend bedingter Kauf auf Probe nach §§ 454 I 2, 433, 158 I zustande gekommen. Die Falschbezeichnung der Parteien (Kauf „zur Probe") schadet dabei nicht. Eine Verpflichtung des *K* zur Billigung im Falle der objektiven Eignung der Kaufsache (Prüfungskauf) wird man wegen der fehlenden objektiven Maßstäbe zur Beurteilung der persönlichen Beziehung zu dem Tier verneinen müssen.

2. Bedingungseintritt

Die Rechtswirksamkeit des Kaufvertrages scheitert nicht am fehlenden Bedingungseintritt. Dieser ist vielmehr durch die ausdrückliche und fristgerechte Billigung der Kaufsache am Nachmittag des 10.8. erfolgt, §§ 454 I 1, 455 S. 1.

3. Wirksamkeit (§ 311a I)

Der Wirksamkeit des Vertrags steht weiterhin eine etwaige anfängliche objektive Unmöglichkeit nicht entgegen, wie sich ausdrücklich aus § 311a I ergibt.

4. Untergang des Kaufpreisanspruchs

a) § 326 I 1 Hs. 1

Prüfungsbedürftig ist, ob die Verpflichtung zur Zahlung des Kaufpreises durch die nachträgliche objektive Unmöglichkeit erloschen ist, nachdem die Leistungsverpflichtung des *S* nach § 275 I weggefallen ist. Das Schicksal der Gegenleistung richtet sich nach § 326, für den es nicht auf das Vertretenmüssen des Eintritts der Unmöglichkeit ankommt. Nach § 326 I 1 Hs. 1 tritt der Verlust des Kaufpreisanspruchs für *S* ein, falls nicht die Gefahr des zufälligen Untergangs auf den Käufer *K* übergegangen ist. Ein solcher Gefahrübergang könnte nach § 446 S. 1 eingetreten sein, da am Vormittag des 10.8. (Eintritt der Unmöglichkeit) der Affe dem *K* längst übergeben war. Indes bedarf es nach § 446 S. 1 einer Übergabe der „verkauften Sache“, also einer Übergabe im Hinblick auf einen rechtswirksamen Kaufvertrag. Daran mangelte es jedoch vor Bedingungseintritt durch Billigung der Kaufsache, der erst am Nachmittag des 10.8. erfolgte. Mangels Gefahrübergangs nach § 446 S. 1 scheint *S* seinen Kaufpreiszahlungsanspruch mithin verloren zu haben, § 326 I 1 Hs. 1.

b) Abweichende Vereinbarung

Denkbar bleibt aber, dass sich die Parteien für den Fall des späteren Bedingungseintritts durch eine schuldrechtliche Vereinbarung so stellen wollten, als sei der Kaufvertrag von Anfang an wirksam gewesen. Zwar wirkt der Bedingungseintritt dinglich immer nur *ex nunc;* ein Rückbezug seiner Folgen durch schuldrechtliche Vereinbarung ist indes, wie die Vorschrift des § 159 zeigt, durchaus möglich. Hier könnte man in der Fütterungskostenabrede zwischen *K* und *S* eine solche schuldrechtliche Vereinbarung sehen. In der Tat sollte *K* danach im Falle der Billigung des Affen von der Übergabe an als dessen Eigentümer mit entsprechender Lasten- und Risikotragung behandelt werden. Hiernach hat er auch das Risiko eines zufälligen Untergangs der Kaufsache für den Fall der Billigung von Anfang an übernommen. Damit wird die Kaufsache zwar nicht zur „verkauften Sache“ i. S. des § 446 S. 1, der objektiv zu verstehen ist und gerade wegen der Spezialregelung des § 159 nicht durch § 242 korrigiert zu werden braucht. *K* muss sich aber so behandeln lassen, als sei die Gefahr nach § 446 S. 1 auf ihn übergegangen.

5. Ergebnis zu I

Im Ergebnis hat *S* damit gegen *K* einen Anspruch auf Zahlung von 200 EUR aus §§ 433 II, 446 S. 1, 159.

II. Anspruch aus §§ 280 I, III, 283

K könnte hingegen ein Anspruch auf Ersatz entgangenen Gewinns gem. §§ 280 I, III, 283 gegen *S* zustehen.

1. Nachträgliche Unmöglichkeit

Zu klären ist zunächst, welche Anspruchsgrundlage für einen solchen Anspruch auf Schadensersatz statt der Leistung in Betracht kommt. Abzugrenzen ist zwischen

§ 311a II bei anfänglicher und §§ 280 I, III, 283 bei nachträglicher Unmöglichkeit. Maßgeblich ist der Zeitpunkt des Vertragsschlusses. Bei dem Kauf auf Probe handelt es sich um einen durch die Billigung des Käufers aufschiebend bedingten Kaufvertrag. Der eigentliche Vertragsschluss erfolgte somit bereits am 1.8. und damit zeitlich vor dem Tod des *Fipps* am 10.8. Die Unmöglichkeit nach § 275 I ist also eine nachträgliche, die zur Anwendbarkeit der §§ 280 I, III, 283 führt.

2. Kein Nichtvertretenmüssen

S kann sich allerdings nach § 280 I 2 exkulpieren, denn er hat den Eintritt der Unmöglichkeit nicht zu vertreten (§ 276 I, II). *Fipps* starb aufgrund seines eigenen Übermuts, nicht wegen einer Sorgfaltspflichtverletzung des *S*.

3. Ergebnis zu II

Ein Schadensersatzanspruch des *K* gegen *S* gem. §§ 280 I, III, 283 scheidet folglich aus.

E. Lerntest

I. Fragen

1. Was ist der Unterschied zwischen einem Kauf „auf Probe" (§ 454), einem Kauf „zur Probe" und einem „Prüfungskauf"?
2. Wie ist das Tatbestandsmerkmal „verkaufte Sache" in § 446 S. 1 BGB bei einem Kauf auf Probe auszulegen?
3. Beschreiben Sie die Bedeutung des § 159.

II. Antworten

1. Bei einem Kauf „auf Probe" gilt der Kaufvertrag im Zweifel als unter der aufschiebenden Bedingung der beliebigen Billigung des Gegenstandes durch den Käufer geschlossen, § 454 I. Unter einem Kauf „zur Probe" versteht man einen Kaufvertrag, bei dem vom Käufer unverbindlich in Aussicht gestellt wird, dass er bei Zufriedenheit mit der Probe (Kaufsache) weitere Sachen derselben Art kaufen werde. Der „Prüfungskauf" ist ein bedingter Kauf, bei dem die Billigung der Kaufsache nicht im Belieben des Käufers steht, sondern dieser zur Billigung bei objektiv positiv ausfallender Prüfung verpflichtet ist.

2. Eine „verkaufte Sache" liegt bei einem Kauf auf Probe regelmäßig erst mit der Billigung durch den Käufer vor, da es zuvor an einem wirksamen und unbedingten Kaufvertrag fehlt. Aus dem Vertragsinhalt kann sich aber eine Abweichung hiervon ergeben.

3. Während der Bedingungseintritt dinglich immer nur *ex nunc* wirkt, können die Parteien mit schuldrechtlicher Wirkung vereinbaren, dass sie sich so behandeln wollen, als hätte der Bedingungseintritt *doch* Rückwirkungen; sie können schuldrechtlich die Folgen des Bedingungseintritts auf den Zeitpunkt des Geschäftsabschlusses rückbeziehen.

Fall 2. Klecksels Kündigungskomplikationen

Der Fall behandelt den Themenkreis des Zugangs der Willenserklärung und damit einen Stoffbereich, dessen Beherrschung in der BGB-Anfängerübung erwartet wird – auch wenn das Gesetz zu den meisten hier auftretenden Fragen keine unmittelbare Antwort gibt und der Student auf sein dogmatisches Wissen zurückgreifen muss. Soweit der Fall in das Mietrecht hineinragt, bedarf es allein unmittelbarer Gesetzesanwendung.

A. Sachverhalt

Der Kunststudent *Kuno Klecksel (K)* will zum Monatsende aus seiner „Atelierwohnung", einer besseren Studentenbude, ausziehen. Er hat dort drei Semester gewohnt, will aber künftig als freier Maler in Paris leben. Laut Mietvertrag muss er bis zum 15. eines Monats zum Monatsende kündigen. Als er seinen Vermieter, *Kaspar Schlich (S),* am 5.8. auf dem Marktplatz trifft, teilt er ihm den zum Monatsende bevorstehenden Auszug mit. *S* nickt freundlich, aber uninteressiert. *K* will auf „Nummer sicher" gehen und begibt sich am 10.8. zum Hause des *S,* um ihm ein Kündigungsschreiben auszuhändigen. Er findet den Briefkasten jedoch mit Klebeband verschlossen. Daneben steckt ein Zettel: „im Urlaub keine Post." *K* klingelt am Nachbarhaus und erfährt von dem dreizehnjährigen *Fritz (F),* dass *S* nach Italien verreist ist, aber am 14.8. zurückkommt. *K* übergibt *F* den Brief mit der Bitte, ihn *S* am Tage seiner Rückkehr auszuhändigen.

Eine Woche später trifft *K* den *F* auf dem Marktplatz und erfährt von ihm, dass *S* den Brief am 14.8. nicht in Empfang genommen hat, weil er keinen Absender trug und *F* den Namen des Absenders *(„Klecksel")* vergessen hatte. *F* gibt den Brief an *K* zurück. Am Nachmittag des 20.8. geht *K* wieder zum Hause des *S.* Dieser öffnet die Tür nur einen Spalt weit. *K* wirft den Brief schnell hinein, bevor *S* die Tür wieder schließt und ruft: „Ich kann mir schon denken, worum es geht. Zu spät, mein Lieber, zu spät." *K* muss ansehen, wie *S* den immer noch verschlossenen Brief unter der Tür wieder hindurchschiebt. Er ist mit den Nerven am Ende und geht nach Hause. Der Brief wird vom Winde verweht. Ist die Kündigung wirksam?

B. Gutachtliche Überlegungen

I. Die Fallfrage

Die Fallfrage mag ungewöhnlich erscheinen, weil nicht unmittelbar nach einem Anspruch (vgl. § 194 I) gefragt ist. Zu erörtern ist allein die Frage der Wirksamkeit der Kündigung des Mietverhältnisses, die sich freilich als Vorfrage für einen Mietzahlungsanspruch des *S* für einen weiteren Monat darstellt, § 535 II. Fallfragen dieser Art (z.B. „Ist X noch Eigentümer?", „Ist das Grundbuch richtig?", „Ist das Pfandrecht erloschen?") verlangen eine Abweichung vom *üblichen* „systematischen" Aufbau einer Klausur, bei dem von konkreten Anspruchsgrundlagen ausgehend die

Kuno Klecksel

einzelnen Tatbestandsmerkmale durchgeprüft werden, in Richtung auf den „historischen“ Aufbau, bei dem die Entwicklung einer Rechtslage vom ursprünglich zweifelsfreien Zeitpunkt bis zum jetzigen Zeitpunkt verfolgt werden muss. Den Einstieg gewinnt man in der Regel am besten, indem man die ursprünglich zweifelsfreie Rechtslage kennzeichnet und an das erste rechtsfolgenträchtige Ereignis anknüpft.

Hier bestand ursprünglich ein Mietvertrag zwischen den Parteien, §§ 535 ff., der mangels vertraglicher Befristung (§ 542 II Hs. 1) zu dem Zeitpunkt endet, zu dem eine der Parteien wirksam die Kündigung erklärt hat, § 542 I. Die Kündigung ist kein Vertrag (zweiseitiges Rechtsgeschäft), §§ 145 ff., sondern ein einseitiges Rechtsgeschäft, nämlich eine empfangsbedürftige Willenserklärung, §§ 116 ff., mit der bei Dauerschuldverhältnissen der bestehende Vertrag durch einseitigen Gestaltungsakt beendet werden kann.

II. Kündigung am 5.8.?

Bei der Überprüfung des ersten möglichen Zeitpunkts einer wirksamen Kündigung, der Begegnung zwischen *K* und *S* auf dem Marktplatz, (Willenserklärung unter Anwesenden[1]) muss das Schriftformerfordernis des § 568 I im Mittelpunkt stehen. Ausnahmen hiervon sind nicht vorgesehen. Durch die Schriftform sollen Rechtsklarheit und -sicherheit gewährleistet werden.

---

1 Vgl. zum Zugang von Willenserklärungen unter Anwesenden *Medicus/Petersen* BGB AT Rn. 288 ff. S. 129 sowie zu den allgemeinen Grundlagen des Zugangs von Willenserklärungen *Noack/Uhlig* JA 2012, 740 ff.

Kaspar Schlich

III. Kündigung am 10.8.?

Zweiter möglicher Zeitpunkt einer wirksamen Kündigung ist der 10.8. Bei diesem Prüfungspunkt ist die herkömmliche Definition des Zugangs einer Willenserklärung unter Abwesenden zugrunde zu legen.[2] Wegen des verklebten Briefkastenschlitzes konnte die Kündigungserklärung nicht in den Machtbereich des Empfängers gelangen. Eine Rechtspflicht zum Unterhalt einer Empfangsvorrichtung besteht grundsätzlich nicht, *arg. e* § 132.[3] Die Frage der rechtsmissbräuchlichen Berufung auf einen verspäteten Zugang mag sich bereits aufdrängen, darf aber hier noch nicht erörtert werden, weil der Zugang selbst noch nicht erfolgt ist. Der Klausurant muss an dieser Stelle von seinem Literaturstudium oder von der Vorlesung her wissen, dass nach heute allgemeiner Ansicht (anders die früher herrschende Meinung) die Verletzung einer Obliegenheit zur Einrichtung von Empfangsvorkehrungen für erwartete Willenserklärungen keinesfalls dazu führen kann, einen Zugang schlechthin zu fingieren.[4]

Bei der Überprüfung der Frage, ob ein Zugang durch die Aushändigung des Briefes an *F* als Mittelsperson erfolgt ist, wird offenbar erwartet, dass die Figuren des *Empfangsvertreters*[5] (hier fehlt dem *F* die Vollmacht), des nach der Verkehrsauffassung zur Entgegennahme von Willenserklärungen als geeignet und ermächtigt geltenden „*Empfangsboten*"[6] (dazu gehört der Nachbarssohn nicht) und schließlich des *Erklärungs- oder Übermittlungsbotens* voneinander abgegrenzt werden. Im Ergebnis kann die Kündigung durch die Briefübergabe an *F* nicht zugegangen sein, weil *F* offensichtlich nur *Bote* des *K* ist.

IV. Kündigung am 14.8.?

Bei diesem Prüfungspunkt ist die Annahmeverweigerung des *S* gegenüber dem von *F* übermittelten Brief zu würdigen. Wenn dem Klausuranten die Unterscheidung

---

2 Vgl. MüKoBGB/*Einsele* § 130 Rn. 16 ff.; *Neuner* BGB AT § 33 II 1 Rn. 8 ff. S. 376 f.; *Flume* BGB AT II § 14 Nr. 1 S. 222 ff.; *Medicus/Petersen* BGB AT Rn. 274 S. 122 f.; grdl. RGZ 142, 402 (407).

3 Vgl. MüKoBGB/*Einsele* § 130 Rn. 34; *BGH* NJW 1977, 194 (195).

4 Zu den Ausnahmefällen einer Zugangsfiktion vgl. BAG NZA 2021, 75 Rn. 42; BeckOGK/*Gomille*, 1.4.2020, BGB § 130 Rn. 113 ff. m. w. N.

5 Dazu MüKoBGB/*Einsele* § 130 Rn. 30; Staudinger/*Singer/Benedict* (2017) BGB § 130 Rn. 54 ff.; vgl. auch abgrenzend *BGH* NJW 2002, 1041 f.

6 Vgl. *Flume* BGB AT II § 14 Nr. 1 S. 236 ff.; *Neuner* BGB AT § 33 III 2 Rn. 33 ff. S. 382 f.; MüKoBGB/*Einsele* § 130 Rn. 29 f.; RGZ 60 334 ff.; *BGH* NJW 1951, 313 ff.

zwischen berechtigter und unberechtigter Annahmeverweigerung bekannt ist,[7] wird er kaum Zweifel haben können, dass *S* wegen des unbekannten Absenders den Brief zurückweisen, d. h. nicht in seinen Machtbereich hineinlassen durfte.

V. Kündigung am 20.8.?

Es ist eindeutig, dass die Kündigungserklärung am 20.8. in den Machtbereich des Empfängers gelangte, als der Brief durch den Türschlitz gesteckt wurde. Dass *S* die Möglichkeit der Kenntnisnahme nicht nutzte, ist dabei unbeachtlich; jedenfalls *hatte* er sie.

VI. Rechtzeitigkeit der Kündigung

Erst jetzt ist die Frage der Rechtzeitigkeit der Kündigung zu erörtern. Dafür bedarf es zunächst der Feststellung der einschlägigen Kündigungsfrist. Die Vereinbarung der Parteien, wonach spätestens am 15. eines Monats für den Ablauf dieses Monats gekündigt werden kann, ist gültig: § 573c I 1 kann zugunsten des Mieters wirksam abbedungen werden (*arg. e* IV). Im Übrigen sind die Regelungen des § 573c II und III nicht anwendbar; weder liegt ein nur vorübergehender Gebrauch vor noch sind die engen Voraussetzungen des § 549 II Nr. 2 gegeben.

Als letzter, aber fallentscheidender Prüfungspunkt ist das Problem der Rechtzeitigkeit des Zugangs im Lichte des ersten erfolglosen Zustellungsversuchs abzuhandeln. An dieser Stelle muss eine Obliegenheit des *S* zum Unterhalt einer Empfangsvorrichtung (10.8.) erörtert und bejaht werden, weil *S* ein Kündigungsschreiben von *K* erwarten musste.[8] *S* hat diese Obliegenheit verletzt; seine Berufung auf einen verspäteten Zugang des Briefes erscheint als rechtsmissbräuchlich, §§ 242, 162 analog. Für die Rechtzeitigkeit des Zugangs ist der erste vergebliche Zustellversuch als maßgeblich anzusehen.[9] Auch insoweit muss man bei den Überlegungen auf den Wissensbestand zum Zugang von Willenserklärungen zurückgreifen, denn das Gesetz hilft unmittelbar nicht weiter. Aber diese Fallkonstellation wird wegen ihrer Üblichkeit in den Vorlesungen und Lehrbüchern zum Allgemeinen Teil des BGB regelmäßig ausführlich abgehandelt; man muss sich nur daran erinnern und das Wissen anwenden, wenn der einschlägige Fall kommt.

C. Gliederung

I. Mündliche Kündigung auf dem Marktplatz
II. Kündigung durch Briefkasteneinwurf
III. Kündigung über *F* als Empfangsvertreter
IV. Kündigung über *F* als Erklärungsboten
   1. Zugang am 14.8.
      Problem: Annahmeverweigerung
   2. Zugang am 20.8.
V. Einhaltung der Kündigungsfrist

[7] Vgl. zur berechtigten und unberechtigten Annahmeverweigerung MüKoBGB/*Einsele* § 130 Rn. 36; *Neuner* BGB AT § 33 IV 2 Rn. 42 ff. S. 384 f.; *Flume* BGB AT II § 14 Nr. 1 S. 235; RGZ 110 34 ff.; *BGH* NJW 1983, 929 ff.

[8] Vgl. dazu MüKoBGB/*Einsele* § 130 Rn. 34; BGHZ 137, 205 (208 f.) m. w. N.

[9] *Neuner* BGB AT § 33 IV 2 Rn. 43 S. 384 f.; *Medicus/Petersen* BGB AT Rn. 282 S. 125.

1. Gesetzliche Kündigungsfrist (§ 573c)
2. Vorverlagerung des Zugangszeitpunkts
Problem: Rechtsfolgen der Zugangsvereitelung

VI. Ergebnis

D. Lösung

K hat das Mietverhältnis zum Ende des Monats August wirksam gekündigt und damit den Mietvertrag durch einseitigen Gestaltungsakt wirksam beendet, wenn seine Kündigungserklärung (empfangsbedürftige Willenserklärung) dem *S* form- und fristgerecht zugegangen ist.

I. Mündliche Kündigung auf dem Marktplatz

Dies könnte schon am 5.8. auf dem Marktplatz geschehen sein. Zwar wird eine Willenserklärung unter Anwesenden mit der (gleichzeitig erfolgenden) Äußerung und Vernehmung wirksam. Möglicherweise ist aber dieses (einseitige) Rechtsgeschäft nach § 125 S. 1 nichtig, weil es an der für die Kündigung von Mietverhältnissen über Wohnraum erforderlichen Schriftform fehlt, §§ 568 I, 126. Das Schriftformerfordernis gilt ausnahmslos.

Eine Abbedingung des Schriftformerfordernisses durch besondere Parteivereinbarung, für die man in dem Nicken des *S* nach erklärter Kündigung einen Anhaltspunkt finden könnte, ist im Übrigen nicht möglich, weil gesetzliche Formvorschriften mit sozialem Schutzcharakter zwingendes Recht darstellen. Wegen des damit anwendbaren § 568 I ist die Kündigung vom 5.8. nach § 125 S. 1 rechtsunwirksam.

II. Kündigung durch Briefkasteneinwurf

Zweiter möglicher Zeitpunkt eines Wirksamwerdens der Kündigung ist der fehlgeschlagene Briefkasteneinwurf am 10.8. Die jetzt dem Schriftformerfordernis genügende Erklärung müsste dem *S* jedoch zugegangen sein, § 130 I 1. Erforderlich dafür ist, dass die Willenserklärung in den Machtbereich des Empfängers gelangt, dieser die Möglichkeit ihrer Kenntnisnahme besitzt und unter normalen Umständen mit der Kenntnisnahme zu rechnen ist. Wegen des verklebten Briefkastenschlitzes konnte der Brief aber nicht einmal in den Machtbereich des *S* gelangen. Eine *Rechtspflicht* zum Unterhalt von Empfangsvorrichtungen oder zum Treffen sonstiger Vorkehrungen für den Empfang von Willenserklärungen besteht nicht; dies erkennt das Gesetz in § 132 mittelbar an. Inwieweit für *S* eine *Obliegenheit* bestand, Vorkehrungen für den Zugang von erwarteten Erklärungen zu treffen, bedarf dabei zunächst keiner Erörterung. Denn eine solche Obliegenheit kann im Verletzungsfalle nicht zur Fiktion des Zugangs führen, schon weil dem Absender die erneute Dispositionsfreiheit über einen weiteren Zustellversuch belassen werden muss. Eine etwaige Obliegenheitsverletzung des Erklärungsempfängers könnte sich allenfalls auf die Frage der Rechtzeitigkeit einer später doch zugegangenen Willenserklärung auswirken.

III. Kündigung über *F* als Empfangsvertreter

Ein Zugang könnte durch die Aushändigung des Briefes an *F* als Mittelsperson am 10.8. erfolgt sein. Voraussetzung dafür ist, dass *F* als Empfangsvertreter zur Entgegennahme von Erklärungen bevollmächtigt war. Seine Minderjährigkeit hätte dem nicht entgegengestanden, § 165, indes ist eine Bevollmächtigung durch *S* nach § 164 I, III niemals erfolgt. Auch bei fehlender Vollmacht kann eine Willenserklärung durch einen Empfangs*boten* zugehen. Darunter versteht man denjenigen, der nach der Verkehrsauffassung als geeignet und ermächtigt gilt, Erklärungen für den Empfänger entgegenzunehmen. Das wird man indes beim Nachbarssohn verneinen müssen. *F* diente lediglich als Erklärungsbote des *K*, dem das Zugangsrisiko verblieb.

IV. Kündigung über *F* als Erklärungsboten

1. Zugang am 14.8.

Ob das Kündigungsschreiben dem *S* am 14.8. durch den Erklärungs-/Übermittlungsboten *F* zugegangen ist, erscheint wegen der ausdrücklichen Annahmeverweigerung zweifelhaft. Bei einer unbegründeten oder unberechtigten Annahmeverweigerung schriftlicher Willenserklärungen (z. B. wenn der Empfänger den Inhalt ahnt) wird man einen Zugang annehmen können, weil der Empfänger dann jedenfalls die Möglichkeit der Kenntnisnahme hatte und diese erwartet werden konnte. Hat der Empfänger aber einen plausiblen Grund für die Annahmeverweigerung, so kann ein Zugang im Sinne der herkömmlichen Definition nicht erfolgt sein. Zu den Fällen der berechtigten Annahmeverweigerung gehört neben der fehlenden oder unvollständigen Frankierung eines Briefes auch, dass der Absender nicht ersichtlich oder sonst bekannt ist. Hier konnte *S* nicht wissen, dass der Brief in den Händen des *F* von *K* stammte.

2. Zugang am 20.8.

Erst am 20.8. ist ein Zugang erfolgt, denn erst jetzt gelangte der durch den Türspalt geworfene Brief in den Machtbereich des Empfängers, der auch die Möglichkeit der Kenntnisnahme hatte und von dem die Kenntnisnahme nach den normalen Umständen erwartet werden konnte. Dass *S* diese Möglichkeit nicht nutzte, ist dabei unbeachtlich. Die Annahmeverweigerung ist nunmehr eindeutig unberechtigt.

V. Einhaltung der Kündigungsfrist

Fraglich bleibt jedoch, ob die Kündigung fristgerecht erfolgt ist.

1. Gesetzliche Kündigungsfrist (§ 573c)

Hierfür bedarf es zunächst einer Klärung der einschlägigen Kündigungsfrist. Nach dem gesetzlichen Kündigungsrecht für Wohnraum beträgt die Kündigungsfrist drei Monate, § 573c I 1. Die Vorschrift des § 573c III, wonach spätestens am 15. eines Monats für den Ablauf dieses Monats gekündigt werden kann, gilt hier nicht, weil die „Atelierswohnung" nicht in der Wohnung des *S* liegt (vgl. § 549 II Nr. 2).

Die gesetzliche Kündigungsfrist könnte sich aber aus § 573c II ergeben, sofern das Atelier nur „vorübergehend" vermietet wurde. Für dieses Tatbestandsmerkmal kann nicht allein die Dauer, es muss auch der Zweck des Mietverhältnisses maßgebend sein. Wenn auch bei Studentenwohnungen mit einem Auszug nach Beendigung oder Abbruch des Studiums oder im Falle eines Studienortwechsels gerechnet werden kann, das Mietverhältnis also jedenfalls nicht auf längere unbestimmte Dauer ausgerichtet ist, so sind doch andererseits derartige Beendigungsereignisse (oder ihr Ausbleiben) oft unvorhersehbar. Bei der Vermietung von Wohnraum an Studenten kann man wohl nur bei einem Abschluss des Mietvertrages ausdrücklich für die Zeit des Studiums oder semesterweise mit Verlängerungsmöglichkeit einen „vorübergehenden Gebrauch" annehmen. Andernfalls begründet der Mieter den Schwerpunkt seiner Lebensverhältnisse in der Wohnung. Die Vorschrift des § 573c II zielt offenbar nur auf Mietverhältnisse ab, die an einen zeitlich überschaubaren Zweck gebunden sind (Ferienwohnung, Messe, Gastprofessur etc.).

Wie sich aus der Vorschrift des §§ 573c IV im Umkehrschluss ergibt, sind die gesetzlichen Kündigungsfristen jedoch insoweit zugunsten des Mieters abdingbar. Die Vereinbarung, wonach *K* (nicht *S*) bis zum 15. eines Monats zum jeweiligen Monatsende kündigen kann, ist also wirksam.

2. Vorverlagerung des Zugangszeitpunkts

Für die Frage der Rechtzeitigkeit des Zugangs kann nicht allein der Zeitpunkt des tatsächlich erfolgten Zugangs (20.8.) maßgeblich sein. Dies gäbe dem Erklärungsempfänger die Möglichkeit an die Hand, einen rechtzeitigen Zugang durch Absicht oder Nachlässigkeit zu vereiteln. Die Frage der Rechtzeitigkeit ist vielmehr unter Berücksichtigung von Treu und Glauben und der Verkehrssitte zu beantworten. Im Rechtsverkehr trifft denjenigen, der mit dem Empfang rechtsgeschäftlicher Erklärungen rechnen muss, eine Obliegenheit zur Vorsorge, dass ihn die Erklärungen erreichen können. Das betrifft etwa generell den Kaufmann oder den Partner laufender Vertragsverhandlungen. Wegen des Wortwechsels auf dem Marktplatz am 5.8. hat gewiss auch *S* den Zugang eines Kündigungsschreibens von *K* erwarten müssen. Er hat deshalb seine Obliegenheit (ein Gebot eigenen Interesses bei Gefahr des Rechtsverlusts) verletzt, als er den Briefkastenschlitz verklebte. Seine Berufung auf einen verspäteten Zugang des Kündigungsschreibens erscheint rechtsmissbräuchlich. Man wird für die Rechtzeitigkeit der später nachgeholten erfolgreichen Zustellung den Zeitpunkt des ersten vergeblichen Zustellversuches als maßgeblich erachten müssen. Nach Treu und Glauben, § 242, und in Anwendung des Rechtsgedankens des § 162 (treuwidrige Verhinderung des Bedingungseintritts) ist deshalb hier der 10.8. als Zugangszeitpunkt zugrunde zu legen.

VI. Ergebnis

Im Ergebnis ist damit die Kündigungserklärung des *K* form- und fristgerecht erfolgt. Das Mietverhältnis ist zum Ende des Monats August wirksam gekündigt.

E. Lerntest

I. Fragen

1. Wie lauten die drei Elemente der herkömmlichen Definition des Zugangs einer Willenserklärung unter Abwesenden?
2. Was versteht man unter einem „Empfangsboten"?
3. Wie kann es sich auswirken, wenn der Erklärungsempfänger, der eine an ihn gerichtete Willenserklärung erwartet, keine Vorsorge für das Bestehen geeigneter Empfangsvorrichtungen trifft?

II. Antworten

1. Die Willenserklärung muss in den Machtbereich des Empfängers gelangen, dieser muss die Möglichkeit ihrer Kenntnisnahme besitzen, und mit der Kenntnisnahme muss unter normalen Umständen zu rechnen sein.

2. Empfangsbote ist, wer nach der Verkehrsauffassung als geeignet und ermächtigt zur Entgegennahme von Willenserklärungen für den Empfänger anzusehen ist.

3. Die Berufung des Erklärungsempfängers auf einen verspäteten Zugang der Willenserklärung ist in diesem Falle als rechtsmissbräuchlich anzusehen. Der Empfänger hat eine Obliegenheit (Gebot eigenen Interesses bei Gefahr des Rechtsverlustes) verletzt. Für die Rechtzeitigkeit einer später nachgeholten erfolgreichen Zustellung ist der Zeitpunkt des ersten vergeblichen (vereitelten) Zustellversuchs maßgeblich.

Fall 3. Klingebiels Karussellfahrt

Dieser Fall einer BGB-Anfängerklausur findet seinen Schwerpunkt in der Rechtsgeschäftslehre, insbesondere im Zustandekommen von Verträgen bei Beteiligung Minderjähriger und bei sozialtypischem Verhalten. Er ist als eher leicht einzustufen und sollte von jedem Studenten im dritten Semester mit Grundkenntnissen des Allgemeinen Teils und des Schuldrechts gelöst werden können.

A. Sachverhalt

Dietchen Klingebiel (K) will sein 18. Wiegenfest in besonderer Weise begehen. Es ist nämlich Jahrmarkt in der Stadt, und *K* ist ein begeisterter Kettenkarussellfahrer. Er will – gegen den Willen seiner Eltern, die Kettenkarussells für gefährlich halten – um Mitternacht auf dem Karussell in seinen Geburtstag „hineinfliegen". Zehn Minuten vor Mitternacht nimmt *K* auf einem freien Sitz des nur schwach besuchten Kettenkarussells Platz, das sich langsam in Bewegung setzt. Die einzelnen Sitze passieren zunächst den Schausteller *Bullerstiebel (B)*, der entsprechend dem Aushang „Einen Euro Fahrgeld bereithalten" von den Fahrgästen das Geld entgegennimmt und die Kettensitze mit einem Schnappverschluss sichert. Als *K* zu *B* gelangt, glaubt dieser irrtümlich, *K* habe bereits bezahlt und lässt ihn vorbeischweben. *K* steckt das Geld wieder weg und genießt eine rasende Karussellfahrt.

Sie endet leider genau um Mitternacht. *K* ist enttäuscht, entschließt sich jedoch sogleich zu einer zweiten Fahrt. Als er wieder an *B* heranschwebt, sagt er im Übermut der Geburtstagsstimmung: „Ich bin ein privatautonomes Rechtssubjekt, verweigere den Abschluss eines Vertrages und bezahle keinen Cent." *B* hält das Karussell nicht mehr an, so dass *K* in den Genuss einer zweiten rasenden Karussellfahrt kommt. Nach deren Ende verlangt *B* von *K* die Bezahlung der letzten und auch – nach zwischenzeitlicher Aufklärung seines Irrtums – der ersten Fahrt. *K* lehnt ab: Er sei an diesem Tage vor achtzehn Jahren nachmittags gegen siebzehn Uhr geboren worden. An seinem Geburtstag wolle er eingeladen werden. *B* jedoch besteht auf der Bezahlung der ersten wie der zweiten Karussellfahrt. Zu Recht?

B. Gutachtliche Überlegungen

I. Fallfragen, Aufbau und Problemkreise

Die Sachverhaltsgestaltung sowie die am Ende des Falles aufgeworfenen Fragen und vorgetragenen Argumente legen es unabweisbar nahe, zunächst für die erste und anschließend für die zweite Karussellfahrt Ansprüche des *B* auf Bezahlung zu prüfen. Dabei darf der Begriff der Bezahlung nicht zu einer Beschränkung der Untersuchung allein auf vertragliche Entgeltansprüche verleiten. Wo ein solcher nicht zum Zuge kommt, muss durchaus ein Schadensersatz- und insbesondere ein Bereicherungsanspruch geprüft werden. Denn mit dem der Laiensphäre entnommenen Begriff der Bezahlung ist im weiteren Sinne eine Vergütung für die tatsächlich in

Anspruch genommenen Karussellfahrten gemeint, auf welchem Rechtsgrund sie auch immer beruhen mögen. Noch ein zweiter, eher klausurpsychologischer Gesichtspunkt ist von Anfang an im Auge zu behalten: Wenn es hier um die zwei Karussellfahrten und damit um eigentlich zwei Lebenssachverhalte mit einigen Gemeinsamkeiten, aber auch mit einigen Abweichungen geht, dann spielen gerade die Abweichungen aus der Sicht des Aufgabenstellers offenbar für die rechtliche Würdigung der beiden Komplexe eine erhebliche Rolle. Diese Abweichungen soll der Klausurant erkennbar zum Anlass einer Gegenüberstellung verschiedener rechtlicher Lösungswege (nicht unbedingt mit abweichenden Ergebnissen) nehmen. Hier ist leicht zu erkennen, worin sich die beiden Karussellfahrten vor allem unterscheiden: Im ersten Fall war *K* bei Fahrtantritt noch minderjährig, im zweiten Fall schon volljährig; im ersten Fall wollte *K* zunächst durchaus bezahlen, verweigerte aber später das Entgelt, während er im zweiten Fall von Anfang an keinen Vertrag schließen wollte.

Die Problemkreise der Klausur, die Vorgehensweise bei der gedanklichen Durchdringung und auch schon der Aufbau der Ausarbeitung können damit bereits umrissen werden. Zunächst wird es um das Zustandekommen des Vertrages hinsichtlich der ersten Karussellfahrt gehen, wobei angesichts der beschränkten Geschäftsfähigkeit des *K* die Vorschriften der §§ 107 ff. einschließlich des sog. Taschengeldparagraphen des § 110 zu berücksichtigen sind. Bei einem fehlenden Vertrag müssen Ansprüche aus unerlaubter Handlung, § 823, und vor allem aus ungerechtfertigter Bereicherung, §§ 812 ff., geprüft werden. Bei der zweiten Karussellfahrt soll offensichtlich die vom jetzt volljährigen *K* erklärte Verweigerung eines Vertragsabschlusses einer eingehenden Würdigung unterzogen werden.

Dietchen Klingebiel

Bullerstiebel

II. Die Problemkreise der ersten Karussellfahrt

Man sollte nicht zu lange darüber grübeln, ob für die einschlägige Anspruchsgrundlage auf den werkvertraglichen Vergütungsanspruch aus § 631 oder auf die dienstvertragliche Vorschrift des § 611 zurückzugreifen ist. Hier wie so oft ist die Abgrenzung zwischen dem das bloße „Wirken", also eine Arbeits*leistung* als solche betonenden Dienstvertrag, und dem auf die Herbeiführung (das „*Be*wirken") eines vereinbarten Arbeits*ergebnisses* gerichteten Werkvertrag zweifelhaft.[1] Letztlich geht es bei der Karussellfahrt um einen Beförderungsvertrag, den man wegen seiner Erfolgsbezogenheit als einen Unterfall des Werkvertrages nach § 631 I, II ansehen kann, auch wenn die Beförderung keinen Ortswechsel bewirkt, sondern bloß der Vergnügung dient.[2] Es erscheint aber durchaus vertretbar, von § 611 als Anspruchsgrundlage auszugehen.

Als mögliches Angebot und entsprechende Annahme nach §§ 145 ff. wird man naheliegenderweise das Platznehmen des Fahrgastes *K* auf dem Kettensitz und das Sichern und Prüfen der Verriegelung durch den Schausteller *B* ansehen. Zügig gelangt der Bearbeiter sodann zur Frage der Wirksamkeit der durch schlüssiges Verhalten abgegebenen Willenserklärung des *K*. Hier sollte er sich auf vertrautem Terrain befinden. Was den §§ 106 bis 110 für die Entwicklung des Falles zu entnehmen ist, muss bereits zum Repertoire des Studenten in einer Anfängerübung gehören.[3] Das gilt insbesondere für die kleine Besonderheit des § 110, dass die Leistung mit den eigenen Mitteln des Minderjährigen bereits tatsächlich bewirkt worden sein muss, wenn der Vertrag als wirksam behandelt werden soll.[4] Bekanntlich ist der Satzteil in § 110 „wenn der Minderjährige die vertragsmäßige Leistung mit Mitteln

---

1 Vgl. *Medicus/Lorenz* SchuldR BT § 33 Rn. 5 S. 255; *Brox/Walker* SchuldR BT § 19 Rn. 9 ff. S. 280 ff.; *Looschelders* SchuldR BT § 28 Rn. 3 ff. S. 231 f.

2 Vgl. nur MüKoBGB/*Busche* § 631 Rn. 136.

3 Hierzu etwa die Anfängerklausur von *Heinemeyer* JuS 2014, 612 ff.

4 Vgl. hierzu *Medicus/Petersen* BGB AT Rn. 579 S. 255; *Neuner* BGB AT § 34 III 2 Rn. 42 S. 397.

bewirkt" gedanklich im Sinne eines „bewirkt *hat*" zu ergänzen. So etwas ist Bestandteil des unerlässlichen Lernstoffes.

Ist nach den rechtsgeschäftlichen Regelungen die Wirksamkeit der Willenserklärung des *K* abgelehnt worden, bietet es sich an, mit einigen Worten auf den Problemkreis des sozialtypischen Verhaltens bzw. des faktischen Vertrages einzugehen.[5] Schon klausurtaktisch dürfte es kaum empfehlenswert sein, diese inzwischen kaum noch vertretene Lehre zur Begründung eines Vertragsverhältnisses zwischen den Parteien zu bemühen; als diskussionsbedürftig wird man sie immerhin ansehen können, hat doch die Rechtsprechung gelegentlich damit sympathisiert.[6]

An die Ablehnung des vertraglichen Vergütungsanspruchs schließt sich die Behandlung eines Anspruchs aus unerlaubter Handlung an. Gewiss wird man schnell überblicken, dass es an einem Schaden des *B* fehlt, der weder einen Gewinnausfall noch besondere Betriebskosten durch die Teilnahme des *K* an der Karussellfahrt erlitten hat. Gleichwohl schaden einige zusätzliche Hinweise auf die sonstigen fehlenden Voraussetzungen des § 823 I und auch II nichts.

Im Bereicherungsrecht, das nunmehr zur Prüfung ansteht, wird der Anfänger wohl am wenigsten beheimatet sein. Von dem Unterschied zwischen Leistungskondiktion und Bereicherung in sonstiger Weise (wovon der wichtigste, aber nicht der einzige Fall die sog. Eingriffskondiktion ist) sollte er jedoch schon einmal gehört haben.[7] Die Kenntnis der üblichen Begriffsbestimmung der „Leistung" im bereicherungsrechtlichen Sinne bringt hier sicherlich Punkte, insbesondere wenn der Klausurant daran die Erörterung knüpft, ob bei einer rechtsgeschäftlichen Rechtsnatur der für den finalen Leistungsbegriff erforderlichen Zweckbestimmung überhaupt an einen Minderjährigen geleistet werden kann.[8] Wer dies verneint, hat noch einen Anspruch aus Bereicherung in sonstiger Weise zu prüfen, der dann jedenfalls zu bejahen ist. Einer Erwähnung und ausdrücklichen Ablehnung des sog. Entreicherungseinwands nach § 818 III bedarf es mangels irgendwelcher Anhaltspunkte im Sachverhalt nicht.

Das Ergebnis der ersten Karussellfahrt ist wohl eindeutig: Es besteht ein Bereicherungsanspruch des *B*.

III. Die Problemkreise der zweiten Karussellfahrt

Bei der Erörterung der zweiten Karussellfahrt, bei der wiederum von dem vertraglichen Vergütungsanspruch auszugehen ist, darf man keinesfalls den Fehler machen, gleichfalls eine Minderjährigkeit des *K* anzunehmen, der an diesem, um Mitternacht beginnenden Tag erst um siebzehn Uhr Geburtstag hat. Die Vorschrift des § 187 II 1, 2 ordnet ausdrücklich an, was schon nach dem Rechtsgefühl aus Gründen der Rechtssicherheit selbstverständlich erscheint: Schon mit dem *Beginn* des achtzehnten Geburtstages, also bereits um Mitternacht, tritt die Volljährigkeit (§ 2) ein.

---

5 Vgl. hierzu *Neuner* BGB AT § 37 III 3 Rn. 44 ff. S. 447 ff.; *Flume* BGB AT II § 8 S. 95; *Medicus/Petersen* BGB AT Rn. 245 ff. S. 113 ff.; MüKoBGB/*Busche* Vor § 145 Rn. 44 und § 147 Rn. 5 sowie *Petersen* Jura 2011, 907 ff.

6 Vgl. insb. BGHZ 21, 319 (335) = NJW 1956, 1475 ff.; BGHZ 23, 175 (177); *LG Bremen* NJW 1966, 2360 ff.

7 Vgl. hierzu *Medicus/Lorenz* SchuldR BT § 61 Rn. 4 ff. S. 410 f.; *Looschelders* SchuldR BT § 53 Rn. 3 f. S. 424; *Brox/Walker* SchuldR BT § 39 Rn. 2 ff. S. 463 f.; ausführlich *Reuter/Martinek* Ungerechtfertigte Bereicherung § 4 II 1 S. 80 ff.

8 Vgl. dazu *Reuter/Martinek* Ungerechtfertigte Bereicherung § 4 II 1 S. 80 ff. m. w. N.

Indem *K* auf dem Kettensitz Platz behält, gibt er konkludent eine Willenserklärung ab, die auf den Abschluss eines erneuten Beförderungsvertrags gerichtet ist. Einem „geheimen Vorbehalt" (Mentalreservation) des K muss man angesichts des § 116 S. 1 natürlich jede rechtliche Bedeutung versagen. Dagegen wird man seine ausdrücklich erklärte Verweigerung eines Vertragsabschlusses kaum ohne nähere Erörterung als unbeachtlich darstellen können. Selbstverständlich liegt es nahe, diese Erklärung als treuwidrige und nach § 242 unzulässige *protestatio facto contraria* zu betrachten.[9] Gleichwohl sollte der Klausurant aus Respekt vor der Privatautonomie Zurückhaltung mit einer vorschnellen Abfertigung des protestierenden *K* üben. Eine Abwägung mit dem Vertrauensschutzinteresse und die Entwicklung der Lösung unter Rückgriff auf die Vorschriften der §§ 632 und 612 erscheinen vorzugswürdig und empfehlenswert.[10]

IV. Schlussnotiz

Der Fall wirft alles in allem weder aufbaumäßig noch von der Problemtiefe her besondere Schwierigkeiten auf. Wichtig ist gerade bei solchen eher einfachen Klausuren, dass man sich bei der Behandlung der einzelnen Fragen wirklich knapp und präzise ausdrückt, Flüchtigkeitsfehler vermeidet und die Beherrschung der rechtlichen Fachausdrücke unter Beweis stellt. Wichtig ist weiter, dass man bei der Entwicklung des Lösungsweges im Gutachten- oder Erörterungsstil (der nie übertrieben werden darf) die Schwerpunkte richtig setzt und nicht über Selbstverständlichkeiten ein Scheingefecht führt. Durchaus dürfen Elemente des Urteilsstils verwendet werden, wo die Subsumtionsschritte unproblematisch sind. Die folgende Lösung versucht, dafür ein Beispiel zu geben.

C. Gliederung

Teil 1: Die erste Karussellfahrt

- I. Anspruch aus § 631 I
  - 1. Einordnung als Werkvertrag
  - 2. Zeitpunkt der Einigung
  - 3. Wirksamkeit der Willenserklärung von *K*
    Problem: beschränkte Geschäftsfähigkeit, Lehre vom „faktischen Vertrag"
- II. Ansprüche aus Delikt
  - 1. § 823 I
  - 2. § 823 II
  - 3. Schaden
- III. Ansprüche aus Bereicherungsrecht
  - 1. Leistungskondiktion (§ 812 I 1 Alt. 1)
    Problem: Leistung von *B* an *K*
  - 2. Nichtleistungskondiktion (§ 812 I 1 Alt. 2)

---

9 So die wohl h. M., vgl. dazu die in Fn. 4 Genannten.

10 Hierauf weisen zu Recht *Medicus/Petersen* BürgerlR § 10 I Rn. 188 ff., insb. Rn. 191 S. 88 ff. hin.

Teil 2: Die zweite Karussellfahrt

Anspruch aus § 631 I
I. Geschäftsfähigkeit des *K*
II. Geheimer Vorbehalt des *K*
III. Beachtlichkeit der Ablehnung des Vertragsschlusses
Problem: protestatio facto contraria, § 632

Teil 3: Gesamtergebnis

D. Lösung

Teil 1: Die erste Karussellfahrt

I. Anspruch aus § 631 I

B könnte gegen *K* einen Anspruch auf Bezahlung der ersten Karussellfahrt aus § 631 I haben. Voraussetzung dafür ist, dass zwischen den Parteien ein Werkvertrag zustande gekommen ist, §§ 631 ff., 104 ff., 145 ff.

1. Einordnung als Werkvertrag

Der hier in Rede stehende Vertragstyp enthält zwar auch miet- und dienstvertragliche Elemente, geschuldet wird jedoch in erster Linie die entgeltliche Beförderung einer Person, sei es auch nur zu Vergnügungszwecken. Da der Schwerpunkt eindeutig auf dem Erfolg der Beförderung liegt, wird man einen Vertrag über eine Karussellfahrt als Unterform eines Werkvertrages ansehen können, § 631 I, II.

2. Zeitpunkt der Einigung

In dem Bereitstellen der freien Kettensitze vor Fahrtbeginn und dem Hinweisschild auf das Fahrgeld ist noch kein Angebot des *B* zu einer entgeltlichen Karussellfahrt zu sehen, auch nicht im Sinne einer Offerte *ad incertas personas.* Einem Verpflichtungswillen des *B* schon zu diesem Zeitpunkt steht sein Interesse entgegen, sich eine Überprüfung der Fahrtteilnehmer im Hinblick auf Sicherheitsrisiken vorzubehalten, etwa betrunkene Fahrgäste und Rowdies fernzuhalten und Kinder besonders zu sichern. Es wäre zu umständlich, wenn *B* bei einem schon mit dem Platznehmen der Fahrgäste auf den Kettensitzen geschlossenen Vertrag im Falle von Unregelmäßigkeiten erst seine Willenserklärung anfechten oder bei mangelnder Zahlungswilligkeit nach §§ 280 I, III, 281 vorgehen müsste. Viel näher liegt es demgegenüber, in dem Platznehmen des einzelnen Fahrgastes auf dem Kettensitz ein durch schlüssiges Verhalten (konkludent) erklärtes Angebot zum Abschluss des Beförderungsvertrages zu sehen, das der Schausteller sodann beim Kassieren und Sichern der Sitze jeweils annehmen kann.

3. Wirksamkeit der Willenserklärung von *K*

Ob man dem entsprechenden Verhalten des *K* bei Antritt der ersten Karussellfahrt den objektiven Erklärungswert beimessen kann, dass er eine entgeltliche Karussellfahrt unternehmen wollte, ist wegen seiner Minderjährigkeit fraglich.

Am Vortage seines achtzehnten Geburtstages war *K* nur beschränkt geschäftsfähig, §§ 2, 106. Zur Abgabe eines Angebots auf Abschluss eines Beförderungsvertrages, durch den ihm der rechtliche Nachteil der Entgeltpflicht erwüchse, hätte er grundsätzlich der Zustimmung der Eltern als seiner gesetzlichen Vertreter bedurft §§ 107, 1626 I, 1629 I. *K*s Eltern, die erklärte Gegner des Karussellfahrens sind, hatten aber ihre Einwilligung (vorherige Zustimmung) versagt, so dass das Rechtsgeschäft zunächst schwebend unwirksam war, § 108 I.

Der Vertrag ist auch nicht durch eine nachträgliche Zustimmung (Genehmigung) wirksam geworden. Dabei kann dahingestellt bleiben, in welchem Zeitpunkt *K* genau die unbeschränkte Geschäftsfähigkeit und damit die Genehmigungszuständigkeit anstelle seiner Eltern gem. § 108 III erlangt hat. Denn jedenfalls ist weder von *K* noch von den Eltern eine Genehmigung erklärt worden. Auch ist eine derartige Genehmigung nicht zu erwarten.

An der Unwirksamkeit des Vertrages ändert es nichts, dass *K* die erste Fahrt durchaus mit seinem Taschengeld bezahlen wollte. Die Vorschrift des § 110 setzt voraus, dass der Minderjährige die vertragsmäßige Leistung mit eigenen Mitteln tatsächlich bewirkt hat. Nur die vollständige Erfüllung durch den Minderjährigen führt nach § 110 zur Wirksamkeit des Vertrages.

Auf die Wirksamkeit des Angebots des *K* nach den Vorschriften des Rechts der Willenserklärungen käme es indes nicht an, wenn man für das Zustandekommen des Vertrags bereits allein ein sozialtypisches Verkehrsverhalten ausreichen ließe, wie es die Lehre vom sozialtypischen Verhalten und vom faktischen Vertrag für Massengeschäfte des täglichen Lebens, insbesondere im Bereich der Daseinsvorsorge befürwortet. Es kann hier dahingestellt bleiben, ob man bereits die Teilnahme an einer Karussellfahrt als ein solches Massengeschäft des täglichen Lebens und das Besteigen eines Kettenkarussells dementsprechend als sozialtypisches Verhalten betrachten kann. Die genannte Lehre ist nämlich schon im Ansatz abzulehnen: Sie droht den Minderjährigenschutz des BGB zu umgehen und ist mit ihrem Anliegen angesichts des Erklärungswertes schlüssigen Verhaltens durchaus entbehrlich. Die bloße Inanspruchnahme einer Leistung kann noch keinen Vertrag jenseits der Vorschriften zum Zustandekommen von Rechtsgeschäften begründen.

II. Ansprüche aus Delikt

Fraglich ist, ob *B* einen Anspruch gegen *K* aus unerlaubter Handlung hat.

1. § 823 I

Für den Tatbestand des § 823 I fehlt es an der Verletzung eines absoluten Rechts des *B*. Das Recht am eingerichteten und ausgeübten Gewerbebetrieb als „sonstiges Recht" ist schon mangels eines zielgerichteten betriebsstörenden Eingriffs nicht berührt.

2. § 823 II

Auch eine Schutzgesetzverletzung nach § 823 II ist letztlich nicht ersichtlich. Da *K* die erste Fahrt durchaus bezahlen wollte, sind die Straftatbestände der §§ 265a oder 263 StGB nicht erfüllt.

3. Schaden

Im Übrigen ist dem *B* kein Schaden entstanden. Einen Ausfall anderer Einnahmen hat er bei dem nur schwach besetzten Karussell nicht erlitten. Die Betriebskosten haben sich durch die Fahrt des *K* nicht erhöht.

III. Ansprüche aus Bereicherungsrecht

B könnte gegen *K* aber einen Anspruch auf Zahlung von einem Euro aus ungerechtfertigter Bereicherung haben.

1. Leistungskondiktion (§ 812 I 1 Alt. 1)

In Betracht kommt eine Leistungskondiktion nach § 812 I 1 Alt. 1. Dann müsste *K* die vergnügliche Karussellfahrt, die ein vermögenswertes „Etwas" darstellt, durch eine Leistung des *B,* d. h. durch eine bewusste, gewollte und zweckgerichtete Vermögensmehrung erlangt haben. Da die Vermögensmehrung vom Leistenden zu einem Schuldgrund in Beziehung gesetzt werden muss, ist für eine Leistung die Abgabe einer Zweckbestimmung als unerlässlich anzusehen. Eine solche Zweckbestimmung, der die Rechtsnatur einer Willenserklärung zukommt, könnte *B* konkludent durch die Erklärung abgegeben haben, zum Zwecke der Erfüllung des vermeintlich geschlossenen Beförderungsvertrages die Karussellfahrt gewähren zu wollen. Diese Erklärung ist aber nur dem minderjährigen *K* selbst zugegangen, nicht aber seinen Eltern, §§ 130 I, 131 I, II 1. Der Zugang der Zweckbestimmung bei *K* ist nicht nach § 131 II 2 ausreichend, da die Leistung für ihn nicht lediglich rechtliche Vorteile, sondern auch den Nachteil einer Ersatzpflicht nach §§ 812 I 1, 818 II in voller Höhe der Fahrtkosten (*arg. e* § 346 II 2 Hs. 1) mit sich bringen würde. Der Minderjährigenschutz verbietet es, den *K* aus einem bereicherungsrechtlichen Rückgewährschuldverhältnis zu verpflichten. Mangels einer Leistung kommt daher ein Anspruch aus § 812 I 1 Alt. 1 nicht in Betracht.

2. Nichtleistungskondiktion (§ 812 I 1 Alt. 2)

Wohl aber steht dem *B* ein Anspruch aus § 812 I 1 Alt. 2 wegen einer Bereicherung „in sonstiger Weise" gegen *K* zu. Die Verpflichtung zum Ersatz des objektiven Wertes der Karussellfahrt nach § 818 II umfasst dabei allerdings nicht den von *B* üblicherweise bei einer Karussellfahrt erzielten Gewinn. Die Wertermittlungsschwierigkeiten, die fehlenden näheren Angaben des Sachverhalts sowie der Bagatellcharakter der in Rede stehenden Beträge rechtfertigen es jedoch, für den Wertersatzanspruch gleichfalls *einen* Euro zugrunde zu legen.

Teil 2: Die zweite Karussellfahrt

Es fragt sich, ob *B* von *K* die Bezahlung der zweiten Karussellfahrt nach § 631 I verlangen kann.

I. Geschäftsfähigkeit des *K*

Der Würdigung des schlüssigen Verhaltens des *K,* der auf dem Kettensitz Platz behielt, als Angebot zum Vertragsabschluss steht bei der zweiten Fahrt keine Minderjährigkeit mehr entgegen. Zwar wurde *K* um Mitternacht noch nicht im physischen Sinne achtzehn Jahre alt, weil seine Geburtsstunde an diesem Tag erst bei siebzehn Uhr lag. Nach der die Rechtssicherheit insoweit fördernden Vorschrift des

§ 187 II 1, 2 trat seine Volljährigkeit im Rechtssinne jedoch bereits um Mitternacht ein.

II. Geheimer Vorbehalt des *K*

Dass *K* bei der Abgabe seiner Willenserklärung, d. h. im Zeitpunkt des Heranschwebens auf dem Kettensitz zum kassierenden *B*, offenbar insgeheim keinen entgeltlichen Beförderungsvertrag abschließen wollte, hindert die Wirksamkeit seiner Willenserklärung nicht. Sein geheimer Vorbehalt ist nach § 116 S. 1 ohne Bedeutung.

III. Beachtlichkeit der Ablehnung des Vertragsschlusses

Problematisch aber ist, wie die ausdrückliche Ablehnung eines Vertragsabschlusses durch *K* gegenüber *B* zu würdigen ist.

Der ausdrückliche Hinweis, keinen Vertrag schließen zu wollen, wäre gewiss unerheblich, wenn man bereits aus sozialtypischem Verhalten und faktischem Vertragsverhältnis eine Gegenleistungspflicht für die Inanspruchnahme der Leistung ableiten wollte. Dies ist aber zugunsten der klassischen Rechtsgeschäftslehre schon hinsichtlich der ersten Karussellfahrt abgelehnt worden.

Bei vertragsrechtlicher Betrachtungsweise könnte man den Protest als einen gleichzeitig mit der konkludenten Erklärung zugegangenen Widerruf nach der Vorschrift des § 130 I 2 ansehen, die auch bei Willenserklärungen gegenüber einem Anwesenden entsprechende Anwendung findet. Dem steht jedoch entgegen, dass *K* den Kettensitz nicht verlassen, sondern das konkludent erklärte Vertragsangebot trotz seines verbalen Protestes aufrechterhalten hat. Die Widersprüchlichkeit seines Verhaltens legt es nahe, die mündliche Ablehnung eines Vertragsabschlusses als treuwidrige Verwahrung *(protestatio facto contraria)* nach § 242 für rechtlich unbeachtlich zu halten.

Damit ist indes Vorsicht geboten, denn immerhin wird in dem verbalen Protest der einem Vertragsabschluss ausdrücklich entgegengesetzte Wille eines privatautonomen Rechtssubjekts deutlich erkennbar. Das Vertrauensschutzinteresse des Geschäftspartners wiegt jedenfalls gering, wenn dieser sich noch nicht auf die konkludente Erklärung verlassen und Dispositionen getroffen hat. Im Grundsatz wird man dem rechtzeitigen ausdrücklichen Protest eine größere Bedeutung zumessen müssen als dem damit im Widerspruch stehenden konkludenten Verhalten. Ein Ausgleich ist dann über das Bereicherungsrecht zu suchen.

Jedoch kann der grundsätzliche Vorrang eines auf Ablehnung des Vertragsabschlusses gerichteten, ausdrücklich und rechtzeitig erklärten Willens gegenüber dem üblicherweise auf Vertragsabschluss gerichteten Erklärungsinhalt der Leistungsannahme dann nicht mehr aufrechterhalten werden, wenn der Handelnde insoweit keine privatautonome Dispositionsbefugnis (mehr) hat. Aus der werkvertraglichen Vorschrift des § 632, die eine Parallele für Dienstverträge in § 612 findet, lässt sich ableiten, dass ein Besteller ebenso wie ein Dienstherr seine Vergütungspflicht nicht durch einseitige Erklärung ausschließen kann. Da *K* durchaus die Leistung der Karussellfahrt in Anspruch nehmen, nur seiner Entgeltpflicht entgehen wollte, kann seiner mündlichen Erklärung im Ergebnis keine Rechtswirksamkeit beigemessen werden.

Teil 3: Gesamtergebnis

Im Ergebnis kann *B* von *K* für die erste Karussellfahrt aus § 812 I 1 Alt. 2 und für die zweite Karussellfahrt aus §§ 631, 632 jeweils einen Euro verlangen.

E. Lerntest

I. Fragen

1. Nach welcher Faustregel ist der Dienst- vom Werkvertrag abzugrenzen?
2. Welche Hauptargumente sprechen gegen die Lehre vom Zustandekommen „faktischer Verträge“ durch sozialtypisches Verhalten?
3. Wann genau tritt die Volljährigkeit bei einem am 2.4.1999 nachmittags um 15.30 Uhr Geborenen ein?

II. Antworten

1. Beim Dienstvertrag i. S. des § 611 ist die Bemühung, das „Wirken“, der Arbeitseinsatz geschuldet, beim Werkvertrag i. S. des § 631 dagegen das Ergebnis, das „*Be*wirken“, die Herbeiführung des vereinbarten Arbeitserfolgs.

2. Die (frühere) Lehre vom sozialtypischen Verhalten gefährdet den vom BGB besonders betonten Minderjährigenschutz. Sie ist auch letztendlich entbehrlich, weil im Rahmen der klassischen Rechtsgeschäftslehre einem schlüssigen Verhalten im Rechtsverkehr rechtsgeschäftlicher Erklärungswert zuerkannt werden kann.

3. Der am 2.4.1999 nachmittags um 15.30 Uhr Geborene wird in der Nacht vom 1. zum 2.4.2017 genau um null Uhr (Mitternacht) volljährig, § 2 i. V. m. § 187 II 1, 2.

Fall 4. Das Tafelsilber des Hieronymus

Der Schuldner- und der Gläubigerverzug im gegenseitigen Vertrag mit ihren recht komplizierten, teils ungeschriebenen Voraussetzungen und mit ihren wenig übersichtlichen, teils nur „versteckt" geregelten Rechtsfolgen sind das Thema der mittelschweren Anfängerklausur.

A. Sachverhalt

Hieronymus (H) hat sich zu einem Notverkauf des alten Tafelsilbers der Familie entschlossen. Er muss nämlich am 1.10. ein Darlehen in Höhe von 14.000 EUR an *Schlich (S)* zurückzahlen und braucht bis dahin Geld; bei verspäteter Rückzahlung muss er vereinbarungsgemäß 2.000 EUR Verzugsschaden an *S* bezahlen. *H* findet für das Tafelsilber einen Käufer in *Gottlieb (G)*, mit dem er einen Preis von 15.000 EUR vereinbart. Übergabe und Zahlung sollen am 15.9. im Hause des *H* erfolgen. Am vereinbarten Tag wartet *H* vergeblich auf *G*. Er ruft ihn schließlich an und fordert ihn auf, bis spätestens zum 1.10. das Tafelsilber abzuholen und zu bezahlen. Die Lage sei ernst, da er das Geld unbedingt brauche und sonst seinerseits in Verzug gegenüber seinem Gläubiger *S* gerate.

G erscheint jedoch erst am 2.10. bei *H*, um das Tafelsilber gegen Zahlung von 15.000 EUR abzuholen. *H* verlangt jetzt aber 17.000 EUR, weil *G* ihm auch die 2.000 EUR zu erstatten habe, die *S* nunmehr als Verzugsschaden von *H* verlangt. *G* lehnt die Mehrzahlung ab. Er habe vor dem 2.10. nicht zahlen können. Sein Schuldner *Knopp (K)*, dem er ein wertvolles Gemälde für 20.000 EUR verkauft habe, sei nämlich mit der für den 14.9. vereinbarten Zahlung in Verzug geraten und habe erst am Abend des 1.10. das Geld gebracht. *G* fordert *H* auf, das Tafelsilber bis zum 15.10. zum vereinbarten Kaufpreis von 15.000 EUR zu übergeben, andernfalls werde er vom Vertrag zurücktreten. *H* bleibt bei seiner Forderung, und *G* erklärt am 15.10. den Rücktritt vom Vertrag. Am 20.10. wird das Tafelsilber des *H* bei einem Wohnungseinbruch gestohlen. *H* hatte aus Nachlässigkeit vergessen, es wieder in den Safe einzuschließen. Von dem Täter fehlt jede Spur.

H verlangt von *G* Zahlung von 15.000 EUR Kaufpreis und 2.000 EUR Verzugsschaden. *G* verweigert die Zahlung „jetzt erst recht".

B. Gutachtliche Überlegungen

I. Fallfrage, Einstieg und Aufbau

Der in der Fallfrage angesprochene Kaufpreiszahlungsanspruch des *H* kann sich allein aus § 433 II ergeben. Erkennbar muss der Prüfungsschwerpunkt bei dieser Anspruchsgrundlage darauf liegen, ob ein wirksamer Rücktritt des *G* vom Kaufvertrag zum Erlöschen des Kaufpreiszahlungsanspruchs geführt hat. Dabei kommen zwei Rücktrittsgründe in Betracht: Nichtleistung nach § 323 I – hierauf hat sich *G* bei seiner Rücktrittserklärung am 15.10. gestützt; sodann Unmöglichkeit, § 326 V – dies macht *G* inzwischen zumindest konkludent durch seine Zahlungsverweigerung

„jetzt erst recht" geltend. Unmöglichkeit sollte an sich vor dem allgemeinen Rücktrittsgrund des § 323 I wegen Nichtleistung geprüft werden, da § 326 V Hs. 2 als Spezialnorm die Fristsetzung entbehrlich stellt; zudem schließt Unmöglichkeit eine sanktionsfähige Nichtleistung aus. Hier könnte allerdings für *G* bereits *vor* Eintritt einer Unmöglichkeit der Leistung des *H* ein Rücktrittsgrund wegen Nichtleistung gegeben sein. In einem solchen Fall muss das zeitlich frühere Leistungshindernis einer Nichtleistung bei damals noch bestehender Möglichkeit der Leistung vorrangig gewürdigt werden. Denn bei einem schon hierauf gestützten Rücktrittsgrund kann sich der spätere Verlust der Kaufsache mangels fortbestehender Leistungspflicht nicht mehr leistungsstörungsrechtlich als Unmöglichwerden der Leistung, sondern allenfalls noch im Rahmen des Rückgewährschuldverhältnisses (§ 346 II, III) auswirken.

Als zweite, für den Verzugsschaden in Höhe von 2.000 EUR in Betracht kommende Anspruchsgrundlage gerät §§ 280 I, II, 286 I ins Blickfeld. Man verwerfe dagegen schnell den Gedanken an §§ 280 I, III, 281 I, denn *H* will offensichtlich keinen Schadensersatz *statt* der Leistung geltend machen, sondern verlangt von *G* den bloßen Verzögerungsschaden zusätzlich zur Erfüllung.[1]

Damit sind die Anspruchsgrundlagen und die ersten Gliederungspunkte für den Lösungsaufbau ermittelt. Ansprüche von oder gegen *S* und *K* spielen nach der Fallfrage keine Rolle. Diese beiden Randfiguren dienen lediglich der Einbettung des Verhältnisses zwischen *H* und *G* in eine „Verzugskette": Man überblickt anhand einer Fallskizze und einer kleinen Datentabelle leicht, dass der Zahlungsverzug des *K* zum Verzug des *G* gegenüber *H* und dieser zum Verzug des *H* gegenüber *S* geführt hat. Die rechtliche Würdigung des Rechtsverhältnisses zwischen *H* und *G* erweist sich jedoch im Einzelnen als schwierig.

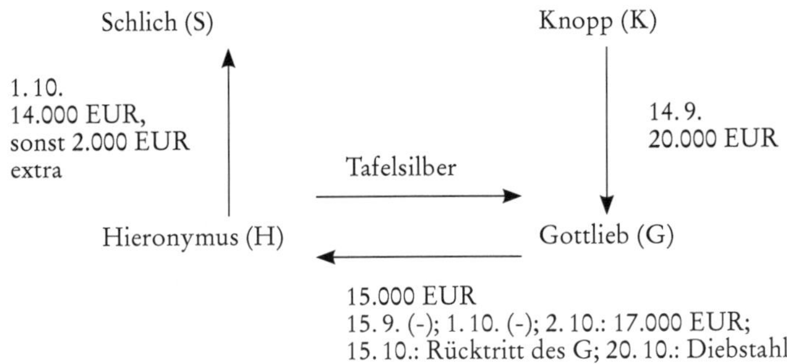

II. Rücktrittsrecht des *G* nach § 323

Überprüft man im Rahmen des möglichen Rücktrittsrechts des *G* nach § 323 I die Voraussetzungen für eine Nichtleistung des *H* schon am 15.9., dem vereinbarten Fälligkeitstermin, muss man sich an den wichtigen Grundsatz erinnern, dass beim gegenseitigen Vertrag keine Nichtleistung im Sinne des § 323 I vorliegt, sofern dem Anspruch die Durchsetzbarkeit fehlt.[2] Liegen die Voraussetzungen der Einrede des

---

[1] Vgl. zum Verhältnis der §§ 280 I, II 286 zum Schadensersatz statt der Leistung: *Brox/ Walker* SchuldR AT § 23 Rn. 31 S. 286; zur Frage, ob in einer rechtzeitigen Schlechtleistung eine verspätete ordnungsgemäße Leistung zu sehen ist vgl. BGHZ 181, 317 (320 ff.).

[2] Vgl. dazu MüKoBGB/*Ernst* § 323 Rn. 47.

Hieronymus

Gottlieb

nichterfüllten Vertrages nach § 320 I vor, so entsteht auch kein Rücktrittsrecht aus § 323 I. In diesem Licht konnte zulasten des *H* keinesfalls am 15.9., sondern allenfalls am 2.10. eine Nichtleistung festzustellen sein. Auch dies ist indes fragwürdig, weil *G* nun zwar 15.000 EUR als Kaufpreiszahlung anbot, möglicherweise aber inzwischen 17.000 EUR schuldete. Bei einer Zahlungsverpflichtung des *G* in Höhe von weiteren 2.000 EUR am 2.10. stünde dem *H* die Einrede aus § 320 I immer noch zu.[3] An dieser Stelle wird dem Bearbeiter deutlich, dass der Anspruch des *H* gegen *G* auf Ersatz des Verzögerungsschadens in Höhe von 2.000 EUR inzident geprüft werden muss: Die Durchsetzbarkeit des Anspruchs gegen *H* hängt letztlich von einem fehlenden Schuldnerverzug des *G* ab.

Es macht nun wenig Mühe, Schritt für Schritt den Anspruch aus §§ 280 I, II, 286 zu prüfen, einen Schuldnerverzug des *G* mit der vollen Kaufpreiszahlung zu bejahen und folglich eine Nichtleistung des *H* hinsichtlich der Eigentums- und Besitzverschaffungspflicht zu verneinen. Bei den Prüfungsschritten ist darauf zu achten, dass die verschiedenen Leistungspflichten und die Positionen der Parteien als Gläubiger und als Schuldner – beim gegenseitigen Vertrag ist ja jede Partei beides – nicht durcheinandergebracht werden. Im Ergebnis kann *G* nicht nach § 323 I zurücktreten.

---

[3] Zu den in Teilen umstrittenen Anforderungen an die Verzugsbeendigung vgl. Staudinger/*Feldmann* (2019) BGB § 286 Rn. 127 f.; BeckOGK/*Dornis,* 1.3.2020, BGB § 286 Rn. 238 ff. jeweils m. w. N.

III. Rücktrittsrecht des *G* nach §§ 326 V, 323 I

Als nächster Prüfungspunkt drängt sich nun angesichts des Diebstahls des Tafelsilbers die Frage eines Rücktrittsrechts des *G* nach §§ 326 V, 323 I auf. Da § 323 I wegen der grundsätzlich erforderlichen Fristsetzung auf Fälle der noch möglichen Leistung zugeschnitten ist, findet die Norm über § 326 V entsprechende Anwendung. Es handelt sich um eine Rechtsgrundverweisung, die auch § 323 VI erfasst. Es liegt auf der Hand, dass allein die zweite Alternative des Annahmeverzugs näher zu begutachten ist. Beim Tatbestandsmerkmal des Vertretenmüssens nach § 323 VI Alt. 2 müssen die Rechtskenntnisse des Klausuranten aus Vorlesungen und Lehrbüchern auf die richtige Spur führen, dass der Verschuldensmaßstab des Schuldners gegenüber dem Grundsatz des § 276 I für die Dauer eines Annahmeverzuges des Gläubigers gem. § 300 I modifiziert, nämlich auf Vorsatz und grobe Fahrlässigkeit beschränkt ist.[4] Damit steht die Frage eines Gläubigerverzugs des *G* mit seinen Käuferpflichten zur Kaufpreiszahlung und Abnahme der Kaufsache, § 433 II, auf dem Prüfstand.[5] Nach §§ 293, 296 ist in der Tat schon am 15.9. Annahmeverzug eingetreten. Den nur leicht fahrlässig (nachlässig) verschuldeten Verlust der Kaufsache hat *H* mithin nicht zu vertreten, so dass das Rücktrittsrecht durch § 326 VI Alt. 2 ausgeschlossen ist. *G* bleibt daher zur Kaufpreiszahlung verpflichtet.

Damit ist der Fall eigentlich schon gelöst. Wer noch Zeit hat, mag darauf hinweisen, dass der Anspruch des *H* gegen *G* auf den Verzögerungsschaden von 2.000 EUR bereits in der Inzidentprüfung zum Kaufpreiszahlungsanspruch bejaht wurde und von der später eingetretenen Unmöglichkeit der Leistung des *H* unberührt bleibt.[6] Einen gefälligen Eindruck macht es auch, wenn der Bearbeiter abschließend seine Ergebnisse in Beantwortung der Fallfrage prägnant zusammenfasst.

C. Gliederung

I. Anspruch aus § 433 II
  1. Erlöschen durch Rücktritt (§§ 346 I, 323 I)
    a) Rücktrittsgrund am 15.9.
      Problem: Einrede des nicht erfüllten Vertrags (§ 320)
    b) Rücktrittsgrund am 2.10.
      Problem: Teilleistung wegen Verzugsschadens
    c) Zwischenergebnis
  2. Erlöschen durch Rücktritt infolge Unmöglichkeit (§§ 346 I, 326 V, 323 I)
    a) Unmöglichkeit
    b) Ausschluss des Rücktrittsrechts
    c) Zwischenergebnis
  3. Erlöschen wegen Unmöglichkeit der Gegenleistung (§ 326 I 1 Hs. 1)
II. Anspruch aus §§ 280 I, II, 286
III. Gesamtergebnis

---

4 *Larenz* SchuldR AT § 25 II a, S. 395; *Brox/Walker* SchuldR AT § 26 Rn. 12 S. 334 f.; RGZ 60, 160 ff.

5 Vgl. zu den Leistungspflichten des Käufers: *Grunewald* KaufR-HdB VI § 13 I S. 300 ff.

6 Vgl. MüKoBGB/*Ernst* § 281 Rn. 116 ff.; *Larenz* SchuldR AT § 23 Vor I S. 344.

D. Lösung

I. Anspruch aus § 433 II

H könnte gegen *G* zunächst einen Anspruch auf Bezahlung des Tafelsilbers aus § 433 II in Höhe von 15.000 EUR haben. Ein entsprechender Kaufvertrag ist zwischen den Parteien geschlossen worden. Der damit entstandene Kaufpreisanspruch ist jedoch möglicherweise wieder erloschen.

1. Erlöschen durch Rücktritt

Dies könnte aufgrund des von *G* am 15.10. erklärten Rücktritts vom Vertrag der Fall sein. Bei einem wirksamen Rücktritt wäre das kaufvertragliche Schuldverhältnis in ein Rückgewährschuldverhältnis umgewandelt, § 346 I; noch nicht erbrachte Leistungen wie die Kaufpreiszahlung durch *G* würden dann entfallen. Voraussetzung dafür ist neben der Rücktrittserklärung des *G*, dass ein Rücktrittsgrund vorliegt. Ein Rücktrittsgrund könnte sich für *G* aus § 323 I unter dem Gesichtspunkt einer Nichtleistung des *H* ergeben.

a) Rücktrittsgrund am 15.9

H könnte schon am 15.9. eine fällige Leistung nicht erbracht haben.

Nach der zwischen den Parteien getroffenen Vereinbarung war der Anspruch des *G* auf Übertragung des Eigentums und Verschaffung des Besitzes an dem Tafelsilber gem. § 433 I 1 bereits am 15.9. fällig. Hieran ändert es nichts, dass *H* den *G* an diesem Tag zur Abnahme und Bezahlung des Tafelsilbers bis spätestens 1.10. aufgefordert hat. Keinesfalls kann in dieser Zahlungsaufforderung eine Änderung des Fälligkeitstermins im Wege einer Stundungsvereinbarung über die Verkäuferpflichten des *H* gesehen werden. Nach der ausdrücklichen Bestimmung des 15.9. als Fälligkeitstermin hätte ein vertraglicher Aufschub von Leistungspflichten einer ausdrücklichen Vereinbarung bedurft.

Fraglich ist jedoch, ob *H* am 15.9. überhaupt zur Leistung verpflichtet war. Da ihn keine Vorleistungspflicht traf, brauchte er nach § 320 I seine Leistung als Verkäufer nur Zug um Zug gegen die Erbringung der Gegenleistung durch *G* zu erbringen. Das Leistungsverweigerungsrecht des § 320 I stellt sich dabei nach dem Wortlaut der Vorschrift als eine Einrede dar („kann … verweigern“), nicht hingegen als eine die Leistungspflicht selbst berührende Einwendung. Im Interesse der Entlastung des Rechtsverkehrs vom Austausch reiner Förmlichkeiten wird man indes schon das bloße Bestehen des Einrederechts aus § 320 I als Hindernis für die Annahme einer Nichtleistung im Sinne des § 323 I ausreichen lassen müssen. Da *G* seine Gegenleistung am 15.9. nicht einmal angeboten hat, sie auch offenbar nicht hätte erbringen können, stand *H* diese Einrede zu. Insbesondere brauchte er seine eigene Leistung nicht ausdrücklich anzubieten, um sein Einrederecht zu wahren, denn die Parteien hatten eine Abholung des Tafelsilbers am 15.9. vereinbart (*arg. e* § 296 S. 1). *H* war mithin am 15.9. keinem durchsetzbaren Leistungsbegehren des *G* ausgesetzt.

b) Rücktrittsgrund am 2.10.

Möglicherweise liegt eine fällige und durchsetzbare Leistungspflicht vor, der *H* nicht nachgekommen ist, indem G ihm die Abnahme des Tafelsilbers und die Zahlung des Kaufpreises in Höhe von 15.000 EUR am 2.10. anbot.

Das die Durchsetzbarkeit hindernde Einrederecht des nichterfüllten Vertrages nach § 320 I endet, wenn der Gläubiger seinerseits seine Leistung anbietet. Allerdings muss das die Einrede vernichtende Angebot sämtliche vertragsgemäßen Leistungen des Gläubigers umfassen. Nach § 266 ist der Gläubiger nicht zu Teilleistungen hinsichtlich der von ihm seinerseits geschuldeten Leistung (insoweit ist er seinerseits „Schuldner" i. S. des § 266) berechtigt. Es fragt sich, ob *G* am 2.10. die von ihm geschuldete Leistung dem *H* in vollem Umfang angeboten hat.

Möglicherweise war *G* nicht nur zur Kaufpreiszahlung und zur Abnahme der Kaufsache, sondern auch zum Ersatz des von *H* verlangten Verzugsschadens in Höhe von 2.000 EUR verpflichtet. Ein dahingehender Anspruch des *H* könnte aus §§ 280 I, II, 286 bestanden haben. Die Verpflichtung des *G* zum Ersatz eines inzwischen eingetretenen Verzugsschadens würde danach in das Synallagma des gegenseitigen Vertrages integriert, so dass sie gemeinsam mit der primären Leistungspflicht eine einheitliche Schuld i. S. des § 266 und einen Bestandteil der geschuldeten Leistung bildet.

Es bedarf freilich einer Überprüfung der Voraussetzungen des § 286 I. Die Kaufpreisschuld des *G* aus § 433 II war am 15.9. fällig. Zu dieser Zeit war *H* bereit und in der Lage, das Tafelbesteck zu liefern. Da *G* die Kaufsache bei *H* abzuholen hatte und hierfür ein Termin nach dem Kalender bestimmt war, brauchte *H* das Tafelbesteck weder tatsächlich noch mündlich anzubieten, um nicht seinerseits der Einrede aus § 320 I ausgesetzt zu sein. Einer Mahnung des *G* bedurfte es nach § 286 II Nr. 1 nicht, da die Leistungszeit nach dem Kalender bestimmt war *(dies interpellat pro homine). G* hat den Verzug auch nach §§ 286 IV, 276 zu vertreten. Insbesondere rechtfertigt seine mangelnde Zahlungsfähigkeit am 15.9. keine Befreiung nach § 275 I von der Kaufpreiszahlungspflicht. Das Ausbleiben der von *K* erwarteten Zahlung für das von *G* verkaufte Gemälde fällt danach ohne weiteres in den Risikobereich des *G („Geld hat man zu haben").* Es ist mithin festzustellen, dass *G* bereits am 15.9. in Schuldnerverzug geriet. Der nach §§ 280 I, II, 286 zu ersetzende Verzugsschaden beläuft sich auf 2.000 EUR. Wegen des Verzuges des *G* ist *H* seinerseits gegenüber *S* in Verzug geraten und hat den Schaden des *S* zu ersetzen. *H* kann den entsprechenden Betrag als eigenen Schaden von *G* ersetzt verlangen.

Weil *G* dem *H* am 2.10. insgesamt 17.000 EUR schuldete, aber nur 15.000 EUR anbot, bestand das Leistungsverweigerungsrecht des *H* fort. Er hätte am 2.10. nur Zug-um-Zug gegen Zahlung von 17.000 EUR das Tafelsilber liefern müssen. *H* ist mithin auch am 2.10. mit keiner durchsetzbaren Leistungspflicht belastet. Die von *G* gesetzte Nachfrist bis zum 15.10. war damit gegenstandslos.

c) Zwischenergebnis

G konnte daher am 15.10. mangels eines Rücktrittsgrundes nicht rechtswirksam vom Vertrag zurücktreten. Der Kaufpreiszahlungsanspruch des *H* gegen *G* aus § 433 II blieb bestehen.

2. Erlöschen durch Rücktritt infolge Unmöglichkeit (§§ 346 I, 326 V, 323 I)

Fraglich ist aber, ob nicht durch den Diebstahl des Tafelsilbers am 20.10. ein Rücktrittsgrund für *G* nach §§ 326 V, 323 I entstanden ist, den er durch die Verweigerung der Zahlung „jetzt erst recht" geltend macht.

a) Unmöglichkeit

Mit dem Diebstahl des Silbers wurde die Leistung des *H* nachträglich unmöglich. Dabei kann nach § 275 I dahingestellt bleiben, ob bei einem Diebstahl des Leistungsgegenstandes durch einen unauffindbaren Dritten ein subjektives oder objektives Unmöglichwerden vorliegt.

b) Ausschluss des Rücktrittsrechts

Das Rücktrittsrecht dürfte aber nicht nach § 323 VI Alt. 2, der über § 326 V als Rechtsgrundverweisung entsprechende Anwendung findet, ausgeschlossen sein. Zwar liegt ein Annahmeverzug vor. Jedoch dürfte *H* das Unmöglichwerden nicht zu vertreten haben. Zwar ist in dem Versäumnis des erneuten Einschließens des Tafelsilbers im Safe eine leichte Fahrlässigkeit („Nachlässigkeit“) zu sehen; *H* hätte das Tafelsilber in den Safe einschließen sollen. Erst aufgrund dieser Nachlässigkeit ist es zu dem Diebstahl gekommen. Auch hat der Schuldner nach § 276 I 1, II grundsätzlich leichte Fahrlässigkeit zu vertreten. Das gilt aber nach § 300 I nicht während des Annahmeverzugs des Gläubigers. *G*, der das Tafelsilber am 15.9. bei *H* hätte abholen sollen, befand sich seit diesem Tage nach §§ 293, 296 in Gläubigerverzug. Damit ist das Rücktrittsrecht nach § 323 VI Alt. 2 ausgeschlossen.

c) Zwischenergebnis

Wegen § 323 VI Alt. 2 kommt für *G* auch kein Rücktrittsrecht nach §§ 326 V, 323 I in Betracht.

3. Erlöschen wegen Unmöglichkeit der Gegenleistung

H könnte aber seinen Kaufpreisanspruch aus § 433 II infolge einer weder von ihm noch von *G* zu vertretenden nachträglichen Unmöglichkeit verloren haben, § 326 I 1 Hs. 1. Ein beiderseits nicht zu vertretendes Unmöglichwerden könnte in dem Diebstahl des Tafelbestecks gesehen werden, der hier zum endgültigen Verlust der Kaufsache geführt hat. Allerdings ist die Vorschrift des § 326 II 1 Alt. 2 zu beachten, die sich gegenüber § 326 I 1 Hs. 1 als *lex specialis* darstellt. Danach behält *H* seinen Kaufpreisanspruch, weil *G* zur Zeit des Diebstahls und damit des Eintritts der Unmöglichkeit in Annahmeverzug war und *H* das Unmöglichwerden seiner Leistung wegen § 300 I nicht zu verantworten hat.

II. Anspruch aus §§ 280 I, II, 286

Fraglich ist, ob *H* von *G* noch die Zahlung von 2.000 EUR Verzugsschaden verlangen kann. Die Voraussetzungen der §§ 280 I, II, 286 sind bereits vorstehend geprüft und bejaht worden. Der Anspruch des *H* auf Ersatz des Verzögerungsschadens entfällt auch nicht durch den nachfolgenden Eintritt der Unmöglichkeit seiner Leistung. Bei einer nachträglichen Unmöglichkeit erlischt die Leistungspflicht lediglich mit *ex-nunc*-Wirkung nach § 275 I, während das Schuldverhältnis als solches mit geändertem Inhalt fortbesteht. Der nachfolgende Eintritt der Unmöglichkeit der Leistung des *einen* Vertragsteils lässt mithin die Verpflichtung des anderen Vertragsteils zum Ersatz eines zwischenzeitlich entstandenen Verzögerungsschadens unberührt.

III. Gesamtergebnis

Im Ergebnis hat *H* gegen *G* einen Anspruch auf Zahlung des Kaufpreises und des Verzugsschadens in Höhe von insgesamt 17.000 EUR aus § 433 II und §§ 280 I, II, 286.

E. Lerntest

I. Fragen

1. Worauf ist der Schadensersatzanspruch aus §§ 280 I, II, 286 im Gegensatz zu dem aus §§ 280 I, III, 281 gerichtet?
2. Welche Folge hat es für eine Vertragspartei, bei der ansonsten alle Voraussetzungen eines Rücktrittsrechts wegen Nichtleistung nach § 323 I vorliegen, dass die andere Partei ihrerseits nicht lieferbereit ist?
3. Wie wirkt sich ein Annahmeverzug des Gläubigers auf den Umfang des Vertretenmüssens (Verschuldensmaßstab) des Schuldners aus?

II. Antworten

1. §§ 280 I, II, 286 gewähren einen Anspruch auf Ersatz des bloßen Verzögerungsschadens (Verspätungsschadens) zusätzlich zum Erfüllungsanspruch (Schadensersatz neben der Leistung), während §§ 280 I, III, 281 einen Schadensersatzanspruch statt der Leistung (anstelle des Erfüllungsanspruchs) einräumen.

2. Solange die andere Vertragspartei nicht ihrerseits leistungsfähig und -bereit ist, liegen die Voraussetzungen der Einrede des nichterfüllten Vertrages nach § 320 I vor, was eine Nichtleistung der einredeberechtigten Partei mangels Durchsetzbarkeit trotz Vorliegens der Voraussetzungen der §§ 323 I hindert.

3. In Abweichung vom Grundsatz des § 276 I hat der Schuldner während des Annahmeverzugs des Gläubigers nach § 300 I nur Vorsatz und grobe Fahrlässigkeit zu vertreten.

Fall 5. Klecksels Verschwörung beim Schimmelwirt

Leistungsstörungen bei Kaufverträgen gehören zu den häufigsten BGB-Klausurthemen. Der folgende Fall „spielt" im Unmöglichkeitsrecht und verlangt vom Bearbeiter die Kenntnis der Vorschriften zu den gegenseitigen Verträgen mit ihrem dogmatischen Hintergrund. Die Klausur ist im mittleren Schwierigkeitsbereich angesiedelt.

A. Sachverhalt

Der Kunsthändler *Dr. Hinterstich (H)* hat zufällig erfahren, dass sich der Sammler *Gnatzel (G)* für das abstrakte Gemälde „Die Verschwörung" des Künstlers *Kuno Klecksel (K)* interessiert. *H* setzt sich mit *K* in Verbindung und kauft ihm das Gemälde für 3.000 EUR ab. Er übergibt ihm diesen Betrag sogleich in bar und vereinbart mit ihm, dass das Bild am Abend des nächsten Tages in der Gaststätte „Zum Schimmel" übergeben werden soll. Noch am selben Tage verspricht *H* das Gemälde dem *G* für 4.000 EUR. Die Übergabe des Bildes und des Geldes soll gleichfalls am Abend des folgenden Tages – eine halbe Stunde später – beim Schimmelwirt erfolgen. *H* freut sich über das gute Geschäft und *G* über den bevorstehenden Erwerb des Gemäldes.

Am folgenden Abend treffen *K* und *G* schon erheblich früher als *H* beim Schimmelwirt ein. Die beiden werden schnell miteinander bekannt und tauschen sich über die Hintergründe ihrer Begegnung aus. Weil sie dem *H* das Geschäft missgönnen, kommen sie bald auf den Gedanken, dass *K* das Bild für 3.500 EUR an *G* verkaufen könnte. So geschieht es; Bild und Bargeld werden übergeben. Als *H* schließlich beim Schimmelwirt eintrifft und „die Verschwörung" erkennt, ist er empört. Er verlangt von *G* 4.000 EUR. Dieser erklärt ihm jedoch lächelnd, dass er vom Kaufvertrag zurücktrete. Von *K* verlangt *H* 3.500 EUR, doch dieser bietet ihm nur die Rückgabe der 3.000 EUR an. Welche *vertraglichen* Ansprüche haben die drei Beteiligten gegeneinander?

B. Gutachtliche Überlegungen

I. Fallfrage und Einstieg

Man braucht nicht lange nachzudenken, um den Fall im Recht der Leistungsstörungen beim Kaufvertrag und dort insbesondere im Unmöglichkeitsrecht anzusiedeln. Die Konstellation eines erneuten Verkaufs einer schon verkauften Sache durch den Verkäufer, die hier im Verhältnis zwischen *K* (Verkäufer), *H* (Erstkäufer) und *G* (Zweitkäufer) begegnet, ist ebenso vertraut wie die eines anderweitigen Erwerbs der einem Käufer (Zweitkäufer *G*) verkauften Sache durch eben diesen Käufer. Hier hat sich der Zweitkäufer *G* mit dem Verkäufer *K* unter Umgehung des Erstkäufers *H* „kurzgeschlossen". Die Besonderheit des Falles ist also, dass sich die kaufvertraglichen Rechtsbeziehungen durch das Geschäft gerade zwischen *K* und *G* zu einem Dreiecksverhältnis ergänzen – und Dreiecksverhältnisse sind – wie schon der Anfänger weiß – auch zivilrechtlich heikel.

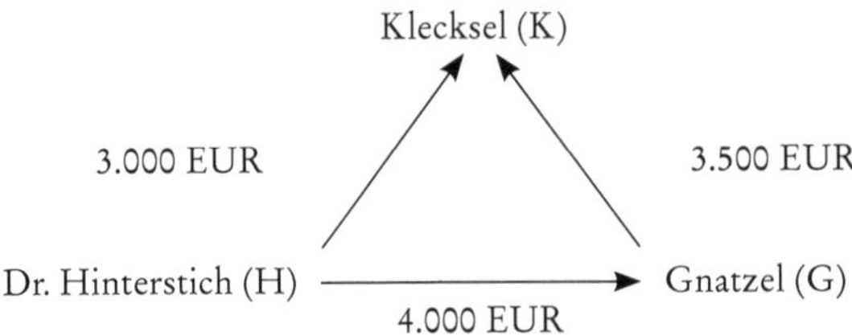

Wenn ausdrücklich nach den „vertraglichen" Ansprüchen gefragt ist, so soll dies dem Bearbeiter die falsche Fährte eventueller deliktischer Ansprüche, etwa aus § 823 II i. V. m. einem strafrechtlichen Schutzgesetz oder aus § 826, ersparen und seine Konzentration allein auf die leistungsstörungsrechtlichen Ansprüche lenken. Die beiden Sätze vor der Fallfrage legen es nahe, mit dem Anspruch des *H* gegen *G* auf Kaufpreiszahlung zu beginnen. Die Alternative eines Falleinstiegs mit einem Anspruch des *H* gegen *K* empfiehlt sich auch aufbautechnisch kaum: Es ist leicht übersehbar, dass ein Schadensersatzanspruch des *H* gegen *K* aus §§ 280 I, III, 283 einen Schaden voraussetzt, der aber von den Rechtsbeziehungen zwischen *H* und *G* abhängt.

Man verliere keine Worte über das Zustandekommen eines Kaufpreiszahlungsanspruchs des *H* gegen *G* aus § 433 II. Hier braucht auch nicht auf die Art der Unmöglichkeit der Leistung des *H* eingegangen zu werden, denn selbst eine anfängliche könnte die Wirksamkeit des Vertrags nicht hindern, § 311a I.[1] Ohne Umschweife sollte man auf die erste Kernfrage des Falles zusteuern, ob *G* vom Kaufvertrag nach §§ 326 V, 323 I wirksam zurückgetreten ist. Das ist der beste Einstieg.

II. Nachträgliche objektive oder anfängliche subjektive Unmöglichkeit

Der Klausurant wird ins Grübeln kommen, wenn er die im Verhältnis *H* – *G* in Rede stehende Art der Unmöglichkeit zu analysieren sucht. Anders als bis zur Schuldrechtsreform von 2002 ist es nicht mehr notwendig, das System sämtlicher Unmöglichkeitsarten *en detail* präsent zu haben und in der Lösung engagiert auszubreiten. Vielmehr behandelt insbesondere § 275 I die subjektive und objektive Unmöglichkeit gleich;[2] beide Formen ziehen keine unterschiedlichen Rechtsfolgen nach sich. Demgegenüber ist unverändert eine Abgrenzung zwischen anfänglicher und nachträglicher Unmöglichkeit in der Klausur geboten, entscheidet doch sich danach beispielsweise, ob Anspruchsgrundlage für Schadensersatz allein § 311a II ist oder ob die §§ 280 I, III, 283 einschlägig sind. Vor diesem Hintergrund ist eine entsprechende Schwerpunktsetzung in der Klausurbearbeitung angezeigt.

Trotz der Vereinfachungen bedarf die Feststellung der Unmöglichkeit im Verhältnis *H* – *G* weiterhin einiger Erörterung, da eine präzise Feststellung im Gutachten nicht unterbleiben kann. Viele Bearbeiter werden gleich eine nachträgliche Unmöglichkeit anvisieren, weil dem *H* die Eigentums- und Besitzverschaffung an dem Gemälde erst dadurch endgültig unmöglich wurde, dass *K* das Bild unmittelbar an *G* lieferte. Dabei wird man eine *nachträgliche objektive Unmöglichkeit* annehmen müssen, wenn das dingliche Verfügungsgeschäft zwischen *K* und *G* rechtswirksam ist, denn

[1] Vgl. dazu *Brox/Walker* SchuldR AT § 22 Rn. 11 S. 247 f.; MüKoBGB/*Ernst* § 311a Rn. 1 ff.; *Emmerich* LeistungsstörungsR § 5 II Rn. 5 ff. S. 58 f.

[2] BT-Drs. 16/6040 S. 128; *Brox/Walker* SchuldR AT § 22 Rn. 3 ff. S. 245 ff.; zu den Abgrenzungen der Unmöglichkeitsformen *Musielak* JA 2011, 801 ff.

Dr. Hinterstich

Klecksel und Gnatzel

niemand kann einem besitzenden Eigentümer Besitz und Eigentum verschaffen.[3] An eine nachträgliche *subjektive* Unmöglichkeit (Unvermögen) der Leistung des *H* ließe sich im Fall der Unwirksamkeit des Geschäfts zwischen *K* und *G* denken, denn hier bliebe eine Eigentumsverschaffung am Bild jedenfalls durch *K* möglich.[4] Unter Umständen bliebe sie sogar auch dem Schuldner *H* möglich, der sich die Herausgabeansprüche des *K* gegen *G* abtreten lassen und sodann das Bild zur kurzen Hand nach § 929 S. 2 an *G* übereignen könnte; als Leistungsstörungsform käme dann allein ein Verzug des *H* in Betracht. Die Zweifel an der Wirksamkeit der Übereignung des Bildes von *K* an *G* werden durch den „verschwörerischen" Charakter des Geschäfts

---

[3] Vgl. *Larenz* SchuldR AT § 21 I a S. 305 ff.; MüKoBGB/*Ernst* § 275 Rn. 41; *Emmerich* LeistungsstörungsR § 3 Rn. 21 S. 23 f.

[4] *Brox/Walker* SchuldR AT § 22 Rn. 7 S. 246 f.

genährt, greifen jedoch im Ergebnis kaum durch. Für eine Unwirksamkeit nach § 138 I reicht es noch nicht aus, dass die beiden dem *H* den Gewinn missgönnen. *K* und *G* haben zwar ihre Vertragspflichten gegenüber *H* verletzt, was gewiss leistungsstörungsrechtliche Sanktionen nach sich zieht, doch ginge ein Sittenwidrigkeitsverdikt über ihr *Verfügungsgeschäft* zu weit.[5] Deshalb trat mit dem Erwerb des *G* für *H* jedenfalls endgültig objektive Unmöglichkeit ein.

Es liegt jedoch auch der Gedanke an eine schon *anfängliche subjektive Unmöglichkeit* (ursprüngliches Unvermögen) nahe, da *H* bei Vertragsabschluss mit *G* keine Verfügungsmacht über die Kaufsache innehatte und sie auch später nicht erlangte. Nicht *H,* sondern allein *K* konnte dem *G* Eigentum und Besitz an dem Bild verschaffen; das ist die typische Lage einer anfänglichen subjektiven Unmöglichkeit.[6] Andererseits hatte *H* durch den Vertrag mit *K* bereits Vorsorge für seine Leistungsfähigkeit bei Fälligkeit gegenüber *G* getroffen. *K* war zu dieser Zeit auch bereit und in der Lage, seinerseits zu leisten und damit die Leistungsfähigkeit des *H* herzustellen, so dass das ursprüngliche Unvermögen des *H* gegenüber *G,* wenn man es überhaupt bejahen will, jedenfalls zunächst *behebbar* und noch nicht endgültig war. Die zunächst behebbare anfängliche subjektive Unmöglichkeit wandelte sich durch das Verfügungsgeschäft zwischen *K* und *G* nachträglich in eine objektive Unmöglichkeit der Leistung des *H* um, die erst einen Wegfall des Erfüllungsanspruchs des *G* gegen *H* bewirken konnte.

Es ist nicht leicht, sich durch diese Gemengelage hindurch zu finden. Vor Augen halten sollte man sich, dass im Rahmen der hier zu prüfenden §§ 320 ff. BGB eine Differenzierung zwischen den Unmöglichkeitsarten unerheblich ist. Insbesondere findet § 326 sowohl auf die anfängliche und nachträgliche als auch auf die objektive und die subjektive Unmöglichkeit Anwendung. Diese Erkenntnis zwingt zu einer angemessenen Schwerpunktsetzung und jeweiligen Diskussionstiefe. Im Ergebnis zeigt sich folgendes Bild:

Keinesfalls kann *G* vom Kaufvertrag mit *H* zurücktreten, nachdem er selbst es war, der das endgültige Leistungshindernis durch den Direkterwerb des Bildes von *K* herbeigeführt hat. Hier steht § 323 VI Alt. 1 entgegen, der bei Unmöglichkeit über § 326 V entsprechende Anwendung findet. Das Rücktrittsrecht ist ausgeschlossen, da *G* allein für die Unmöglichkeit verantwortlich ist. Nach der Versagung eines Rücktrittsrechts für *G* ist der Blick auf § 326 II 1 Alt. 1 zu lenken, aus dem sich jetzt zwanglos das Bestehenbleiben des Kaufpreisanspruchs für *H* ergibt.

III. Die „runde" Lösung

Weit weniger Schwierigkeiten wirft das Verhältnis zwischen *H* und *K* auf, denn hier erkennt der Bearbeiter mühelos den typischen Fall einer nachträglichen subjektiven Unmöglichkeit der Leistung des Schuldners *(K),* die zu dem Rücktrittsrecht des Gläubigers *(H)* aus §§ 326 V, 323 I, dem Schadensersatz aus §§ 280 I, III, 283 sowie dem Anspruch aus § 285 führt. Von diesen Wahlmöglichkeiten ist für *H* freilich allein der Anspruch auf das stellvertretende commodum (3.500 EUR) wirtschaftlich interessant, den § 285 I eröffnet – freilich bei bestehenbleibender Gegenleistung des *H,* der die 3.000 EUR Kaufpreis schon an K gezahlt hat. Damit ist eine Vermögenslage geschaffen, die nach einer Korrektur ruft, denn keinesfalls können dem *H* nun im Ergebnis 7.500 EUR zufließen. Für eine „runde" Lösung drängen sich zwei Wege auf: *G* kann von *H* einmal nach § 285 I Abtretung des Anspruchs verlangen, den *H*

---

5 *Medicus/Petersen* BGB AT Rn. 679 ff., insb. 706 S. 297 ff.; *BGH* NJW 1981, 2184 (2185).

6 *Emmerich* LeistungsstörungsR § 3 Rn. 32 S. 28; *Brehm* JuS 1988, 706 ff.

gegen *K* aus § 285 I hat. Eleganter und einfacher für *G* ist der Weg über die – oft übersehene – Vorschrift des § 326 II 2, die bei teleologischer Auslegung auch eine unmittelbare Anrechnung des Anspruchs des *H* gegen *K* mit einem Wert von 3.500 EUR auf den Kaufpreiszahlungsanspruch des *H* gegen *G* erlaubt, so dass *H* lediglich noch 500 EUR von *G* verlangen kann. Wenn man bei den Vorüberlegungen auf diese Vorschrift gestoßen ist, bietet es sich aufbautechnisch an, die Prüfung des § 326 II 2 gleich an die Bejahung des Kaufpreisanspruchs des *H* gegen *G* anzuschließen und die Ansprüche des *H* gegen *K* inzident zu prüfen.

Damit ist für den Bearbeiter, für den Leser und auch für die Beteiligten eine ökonomische Lösung des Falles gefunden. Erkennbar wirtschaftlich uninteressante Ansprüche können ohne Weiteres weggelassen werden. Aus dem Verhältnis zwischen *K* und *G* lassen sich ohnehin keine Ansprüche ableiten. Im Ergebnis zeigt die Lösung – und das begründet den Reiz dieses Falles –, dass die Instrumente des Leistungsstörungsrechts genau in jene Vermögenslage münden, die bei ordentlicher Erfüllung aller Verträge eingetreten wäre. Nicht einfach ist es, den Lösungsweg knapp und präzise darzustellen. Der folgende Versuch versteht sich nur als *ein* denkbarer Lösungsweg, zu dem es aufbaumäßig und inhaltlich (kaum im Ergebnis) gleichwertige Alternativen geben mag.

C. Gliederung

I. Anspruch des *H* gegen *G* aus § 433 II
- 1. Erlöschen durch Rücktritt (§§ 346 I, 326 V, 323 I)
  - a) Entbehrlichkeit der Fristsetzung
  - b) Ursprüngliches Unvermögen
    Problem: Beschaffungsmöglichkeit
  - c) Objektive Unmöglichkeit
    Problem: Wirksamkeit der Veräußerung an *G*
  - d) Kein Ausschluss des Rücktrittsrechts (§ 323 VI Alt. 1)
- 2. Erlöschen nach § 326 I 1 Hs. 1
  - a) Ausnahme bei überwiegender Verantwortlichkeit (§ 326 II 1 Alt. 1)
  - b) Anrechnung nach § 326 II 2
    Problem: Anspruch *H* gegen *K* aus § 285 I

II. Gesamtergebnis

D. Lösung

I. Anspruch des *H* gegen *G* aus § 433 II

H könnte gegen *G* einen Anspruch auf Zahlung von 4.000 EUR aus § 433 II haben.

1. Erlöschen durch Rücktritt

Möglicherweise ist der Kaufpreiszahlungsanspruch des *H* durch den von *G* erklärten Rücktritt erloschen. Als Rücktrittsgrund kommt ein gesetzliches Rücktrittsrecht nach §§ 346 I, 326 V, 323 I in Betracht.

a) Entbehrlichkeit der Fristsetzung

In § 326 V ist eine Rechtsgrundverweisung auf § 323 enthalten, da bei einer unmöglichen Leistung keine fällige Leistung im Sinne des § 323 I vorliegen kann und diese Vorschrift daher entsprechende Anwendung finden muss. Entbehrlich wird in der Folge die sonst grundsätzlich erforderliche Fristsetzung.

b) Ursprüngliches Unvermögen

Für ein Rücktrittsrecht müsste die Leistung des *H,* Übergabe und Übereignung einer mangelfreien Kaufsache (§ 433 I), unmöglich sein. Im Rahmen des § 326 V ist jede Art der Unmöglichkeit tatbestandlich ausreichend.

Zu denken ist an ein ursprüngliches Unvermögen, weil *H* schon bei Abschluss des Kaufvertrages mit *G* weder Eigentum an dem Bild innehatte noch sonst dinglich verfügungsberechtigt war. Hieran änderte sich auch später nichts mehr. Man könnte allerdings einwenden, dass *H* bei Vertragsabschluss seine Leistungsfähigkeit bis zum nächsten Abend (Fälligkeit) ermöglichen wollte und aller Voraussicht nach auch konnte. *H* hatte sogar bereits Vorsorge für seine Lieferfähigkeit getroffen, indem er seinerseits *K* zur Lieferung des Bildes verpflichtet hatte, der zunächst auch ohne weiteres zur Leistung bereit und in der Lage war. Es stellt sich die Frage, ob ein ursprüngliches Unvermögen dann *nicht* vorliegt oder zumindest dann unbeachtlich bleiben muss, wenn der Schuldner bei Vertragsabschluss eine begründete Erwerbsaussicht hatte, sich den geschuldeten Leistungsgegenstand also zur Erfüllung seiner Leistungspflicht bis zu deren Fälligkeit beschaffen konnte. Wie bereits dargelegt, erfordert es die Sicherheit des Rechtsverkehrs, dass der Schuldner, der den Leistungsgegenstand bei Vertragsabschluss nicht in der eigenen Verfügungsmacht hat, im Rahmen seiner Erfüllungshaftung das Risiko der Leistungsfähigkeit bzw. der Beschaffungsmöglichkeit bis zur Fälligkeit der Leistung übernimmt. Die Beschaffungsmöglichkeit allein, mag sie auch obligatorisch abgesichert sein, schließt anfängliches Unvermögen nicht aus.

Allerdings führt dieser Befund für den Gläubiger *G* nicht schon zu einem Rücktrittsrecht aus §§ 326 V, 323 I. Die zunächst behebbare anfängliche subjektive Unmöglichkeit der Leistung des *H* ließ den Erfüllungsanspruch des *G* noch unberührt. Die Regeln des Unmöglichkeitsrechts setzen ein endgültiges, andauerndes, nicht behebbares Leistungshindernis voraus, während bei fortwährender Beschaffungsmöglichkeit allein Verzug als Leistungsstörungsform gegeben sein kann. Erst wenn sich die zunächst bestehende Beschaffungsmöglichkeit für den Schuldner zerschlägt, wandelt sich das zunächst behebbare ursprüngliche Unvermögen in eine endgültige Unmöglichkeit um, die zum Erlöschen des Erfüllungsanspruchs nach § 275 I führt.

c) Objektive Unmöglichkeit

Hier könnte eine endgültige Unmöglichkeit der Leistung des *H* dadurch eingetreten sein, dass *G* das Bild bereits von *K* erhalten hat. Im Falle der *Wirksamkeit* des dinglichen Verfügungsgeschäfts über das Bild mit der Folge eines rechtsgeschäftlichen Eigentumserwerbs des *G* von *K* hätte sich für den Kaufvertrag zwischen *H* und *G* die zunächst behebbare anfängliche subjektive Unmöglichkeit nachträglich zu einer objektiven Unmöglichkeit entwickelt: Niemand kann einem besitzenden Eigentümer Besitz und Eigentum verschaffen. Bei einer *Unwirksamkeit* des Veräußerungsgeschäfts zwischen *K* und *G* bliebe das Unvermögen des *H* noch behebbar: *H* könnte dann vom Eigentümer *K* die Übereignung des Bildes gem. §§ 929 S. 1, 931 durch Abtretung der Herausgabeansprüche des *K* gegen *G* (§§ 985, 812 I 1) verlangen und sodann eine Übereignung zur kurzen Hand an *G* nach § 929 S. 2 vornehmen.

Für die somit klärungsbedürftige Frage der Wirksamkeit des Veräußerungsgeschäfts zwischen *K* und *G* rückt § 138 I ins Blickfeld. Gewiss hat sich *K* durch die anderweitige Veräußerung des Bildes vertragswidrig gegenüber *H* verhalten. Auch hat *G* gegenüber *H* seine Nebenpflicht aus § 242 verletzt, alles die erfolgreiche Durchführung des Kaufvertrages Gefährdende zu unterlassen. Von diesen „Vertragsbrüchen" darf man jedoch nicht auf eine Sittenwidrigkeit des schuldrechtlichen Verpflichtungsvertrages oder gar des dinglichen Erfüllungsgeschäfts zwischen den vertragsbrüchigen Partnern schließen, die sich über eine Ausschaltung ihres Mittelsmannes verständigen. Denn grundsätzlich ist von der Relativität der schuldrechtlichen Verpflichtungen auszugehen, die für Dritte jeweils ohne Bindungswirkung sind und nicht unter Hinweis auf die Sittenordnung auf die Ebene absoluter, gegen jedermann geschützter Rechtspositionen gehoben werden dürfen. Dass *K* und *G* kollusiv dem *H* das Geschäft und den Gewinn missgönnen und sich über ein Veräußerungsgeschäft unter Umgehung des *H* verständigt haben, reicht für ein Sittenwidrigkeitsverdikt über das Verfügungsgeschäft nicht aus. Ein derartiges Verhalten mag allenfalls seine leistungsstörungsrechtliche Sanktion erfahren.

d) Kein Ausschluss des Rücktrittsrechts

Hat sich aufgrund der wirksamen Veräußerung des Bildes von *K* an *G* das zunächst behebbare ursprüngliche Unvermögen des *H* nachträglich in eine endgültige objektive Unmöglichkeit umgewandelt, so bleibt nunmehr zu fragen, ob das Rücktrittsrecht des *G* nicht durch § 323 VI Alt. 1 ausgeschlossen ist. Das Risiko einer vertragswidrigen Veräußerung des Gegenstandes durch seinen Lieferanten an einen Dritten hat grundsätzlich der Verkäufer gegenüber seinem Abnehmer zu tragen. Es darf aber nicht unberücksichtigt bleiben, dass hier der vom Lieferanten *(K)* erwerbende Dritte *(G)* gerade *derjenige* ist, der vom Verkäufer *(H)* als Abnehmer *(G)* vorgesehen war. Weil *G* die Leistungsfähigkeit des *H* selbst zerstört hat, braucht *H* dafür nicht einzustehen. Im Verhältnis zu *H* ist *G* allein für die Herbeiführung der Unmöglichkeit verantwortlich. Es wäre überdies ein zu § 242 in Widerspruch stehendes *venire contra factum proprium,* wenn *G* nach §§ 326 V, 323 I vom Vertrag zurücktreten könnte.

2. Erlöschen nach § 326 I 1 Hs. 1

a) Ausnahme bei überwiegender Verantwortlichkeit (§ 326 II 1 Hs. 1 Alt.1)

Möglicherweise hat *H* jedoch seinen Anspruch auf Kaufpreiszahlung gegen *G* nach § 326 I 1 Hs. 1 verloren. Mit der Veräußerung des Bildes von *K* an *G* wurde *H* von seiner Eigentums- und Besitzverschaffungspflicht sowie – mangels Vertretenmüssens – von Schadensersatzverpflichtungen gegenüber *G* nach § 275 I frei. Nach § 326 I 1 Hs. 1 verliert er dann grundsätzlich seinen Anspruch auf die Gegenleistung (Kaufpreiszahlung). Demgegenüber bliebe sein Anspruch auf die Gegenleistung gem. § 326 II 1 Alt. 1 bestehen, wenn *G* seinerseits für das Unmöglichwerden der Leistung allein oder weit überwiegend verantwortlich wäre. Genau dies wird man indes bejahen müssen. *G* hat sich gegenüber *H* vertragswidrig verhalten, als er das Gemälde von *K* zu Eigentum erwarb und hierdurch die Unmöglichkeit der Leistung des

Schuldners selbst herbeiführte. *H* kann mithin von *G* Zahlung von 4.000 EUR nach §§ 433 II, 326 II 1 Alt. 1 verlangen.

b) Anrechnung nach § 326 II 2

Allerdings fragt sich, ob der Anspruch nicht gem. § 326 II 2 gemindert ist. *G* könnte nach dieser Vorschrift das Recht haben, von seiner Gegenleistung solche Beträge abzuziehen, die im Vermögen des Schuldners zu einer Besserstellung gegenüber der Situation bei ordnungsgemäßer Durchführung des Vertrages führen würden. Derartige anrechenbare Posten könnten sich aus Ansprüchen ergeben, die *H* gegen *K* nach §§ 280 I, III, 283 oder aus § 285 I zustehen.

Zunächst ist leicht zu erkennen, dass er keinen Schadensersatz statt der Leistung (§§ 280 I, III, 283) verlangen kann. Hierfür mangelt es an einem Schaden, da er von *G* durchaus seinen Kaufpreis erhält und insbesondere keinen entgangenen Gewinn nach § 252 zu beklagen hat. Zwar könnte *H* vom Vertrag mit *K* zurücktreten und die schon entrichteten 3.000 EUR Kaufpreis zurückverlangen, die ihm *K* ohnehin anbietet. Doch geht sein Interesse über diesen Betrag hinaus.

Die gewünschte Rechtsfolge ergibt sich vielmehr aus § 285 I. Dem *K* ist die Eigentums- und Besitzverschaffungspflicht an dem Gemälde aus dem Kaufvertrag mit *H* nachträglich unmöglich geworden, als er die wirksame Übereignung an *G* vornahm. Die entscheidende Frage ist, ob *H* nach § 285 I den Kaufpreis von 3.500 EUR, den *K* von *G* erhalten hat, als stellvertretendes commodum bei freilich bestehenbleibender Gegenleistung verlangen kann. Diese Frage ist unbedenklich zu bejahen. Nach dem Grundgedanken des § 285 I, der auf die Korrektur ungerechtfertigter Vermögensverschiebungen gerichtet ist, darf dem Schuldner der Spekulationsgewinn aus einem dem Gläubiger gegenüber rechtswidrigen Geschäft *(commodum ex negotiatione cum re)* nicht verbleiben; andernfalls wären derartige Vertragsverletzungen für ihn risikolos. *H* kann mithin von *K* 3.500 EUR verlangen.

Hierbei handelt es sich im Verhältnis zu *G* um einen anrechenbaren Posten nach § 326 II 2. Der Anwendbarkeit dieser Anrechnungspflicht steht nicht der enge Wortlaut der Norm entgegen. In teleologischer Auslegung des Gesetzes müssen sämtliche Vorteile angerechnet werden, die dem Schuldner infolge der unmöglich gewordenen Leistung zufließen und die ohne eine Anrechnung auf die bestehenbleibende Gegenleistung des Gläubigers zu einer Besserstellung des Schuldners gegenüber der Lage bei ordnungsgemäßer Durchführung des Vertrages führen würden. Mit der Anrechnung jenes Anspruchs mit einem Wert von 3.500 EUR mindert sich ohne weiteres *Gs* Gegenleistungspflicht auf 500 EUR. Ohne Interesse ist danach für ihn der – an sich offenstehende, aber umständlichere – Weg, von *H* nach § 285 I Abtretung des Anspruchs gegen *K* zu verlangen.

II. Gesamtergebnis

Als *Gesamtergebnis* zur Rechtslage kann danach festgehalten werden: *H* hat gegen *G* einen Anspruch auf Zahlung von 4.000 EUR aus §§ 433 II, 326 II 1 Alt. 1, doch ist hiervon gem. § 326 II 2 der Betrag von 3.500 EUR abzuziehen, auf den *H* einen Anspruch gegen *K* aus § 285 I besitzt, so dass *H* nur noch 500 EUR von *G* verlangen kann. Die danach hergestellte Vermögenslage entspricht letztlich genau derjenigen, die bei ordnungsgemäßer Erfüllung aller Kaufverträge bestanden hätte.

E. Lerntest

I. Fragen

1. Kann die Unmöglichkeit der Leistung zur Nichtigkeit des Vertrages führen?
2. Welche Arten der Unmöglichkeit müssen in einschlägigen Klausuren zwingend abgegrenzt werden, und welche Arten werden hingegen vom Gesetz gleich behandelt?
3. Was ist die Funktion der sog. Anrechnungspflicht gem. § 326 II 2?

II. Antworten

1. Nein. Anders als nach § 306 a.F. gilt seit der Schuldrechtsreform § 311a I, der ausdrücklich eine Wirksamkeit anordnet.

2. Strikt zu differenzieren ist zwischen der anfänglichen und der nachträglichen Unmöglichkeit, da beide unterschiedliche Rechtsfolgen nach sich ziehen können. Gleichbehandelt werden hingegen die objektive und die subjektive Unmöglichkeit (vgl. § 275 I).

3. Durch die Anrechnungspflicht nach § 326 II 2 sollen sämtliche Vorteile abgeschöpft werden, die dem Schuldner infolge der unmöglich gewordenen Leistung zufließen und die ohne eine Anrechnung auf die bestehenbleibende Gegenleistung des Gläubigers zu einer Besserstellung des Schuldners gegenüber der Lage bei ordnungsgemäßer Durchführung des Vertrages führen würden.

Fall 6. Krischan der Pfeifendieb

Dieser Klausurfall im Bürgerlichen Recht hat Grundprobleme der Werkmängelhaftung und der Abgrenzung des Schadensersatzes statt der Leistung von Ansprüchen aus §§ 280 I, 241 II und aus unerlaubter Handlung zum Gegenstand. Zugleich verlangt er vom Bearbeiter die sorgfältige Differenzierung zwischen vertraglicher Erfüllungsgehilfen- und deliktischer Verrichtungsgehilfenhaftung. Schließlich enthält der als mittelschwer einzustufende Fall ein Anwendungsbeispiel zur schadensersatzrechtlichen Problematik der sog. Schadensanlage.

A. Sachverhalt

Doktor Bauxel (B), ein begeisterter Pfeifenraucher und -sammler, hat für 1.500 EUR antiquarisch eine Jugendstil-Wandvitrine erworben, um darin die Prachtexemplare seiner Pfeifensammlung unterzubringen. Er vereinbart telefonisch mit Schreinermeister *Zwiele (Z),* dass dieser noch am gleichen Tage seinen bekanntermaßen untadeligen und zuverlässigen Gesellen *Krischan (K)* vorbeisenden solle, um den Schaukasten fachmännisch zu befestigen. Am Nachmittag trifft *K,* der mit seinen zwanzig Jahren gleichfalls ein passionierter Pfeifenraucher ist, bei *B* ein und bestaunt zunächst dessen Pfeifensammlung, die zum Einsortieren in die Vitrine auf dem Tisch ausgebreitet ist. Von seiner Leidenschaft getrieben, kann *K* der Versuchung nicht widerstehen und steckt eine Meerschaumpfeife im Wert von 200 EUR – unbemerkt von *B* – in seine Tasche, um sie seiner eigenen Sammlung einzuverleiben. Anschließend dübelt *K* die Vitrine in die Wohnzimmerwand. Dabei verwendet er allerdings aus Nachlässigkeit und Aufregung Dübel und Schrauben, die zur dauerhaften Befestigung der schweren Vitrine eindeutig zu schwach sind. *B* begleicht einige Tage später die von *Z* übersandte Rechnung in Höhe von 100 EUR.

Mehr als vier Jahre später versagen die Dübel und Schrauben – wie jeder Fachmann erwarten musste – ihren Dienst. Die schwere Vitrine stürzt trotz durchaus üblicher Belastung zu Boden und zerbirst in tausend Stücke. Zu allem Unglück wird dabei *Bs* junger und reinrassiger Pudel Nero schwer verletzt und muss in die Tierklinik gebracht werden. Trotz sofortiger Operation stirbt Pudel Nero an den Unfallfolgen, doch stellt der Arzt fest, dass der Hund ohnehin in wenigen Wochen an einem angeborenen Hirntumor verschieden wäre. Am Abend dieses Pechtags bemerkt *B* beim Aufräumen der Scherben auch das Fehlen der Meerschaumpfeife. Er rekonstruiert, dass allein der unbekannt verzogene *K* als Pfeifendieb in Betracht kommt. Voller Wut verlangt *B* nun von *Z* 1.500 EUR für die Wandvitrine, Rückerstattung des Werklohns in Höhe von 100 EUR, 200 EUR für die gestohlene Meerschaumpfeife, 1.000 EUR Wertersatz für seinen Pudel Nero und 120 EUR Tierarztkosten. Zu Recht?

B. Gutachtliche Überlegungen

I. Fallfrage und Gutachtenaufbau

Wer von wem was verlangt, gibt die Auflistung am Schluss des Sachverhalts eindeutig zu erkennen. Der Klausurant muss lediglich die Frage des „woraus" klären,

Krischan

dies allerdings für eine Vielzahl verschiedener Schadensposten. Es ist ratsam, die vom Aufgabensteller bestimmt nicht ohne Grund, sondern vielmehr – hier wie in vergleichbaren Fällen – zur Hilfestellung bereits geordnete Reihenfolge der geforderten Geldbeträge beim Aufbau des Gutachtens aufzugreifen und für jeden Schadensposten einen besonderen Gliederungspunkt vorzusehen. Die Alternative wäre, zunächst nach vertraglichen, vertragsähnlichen und deliktischen Anspruchsgrundlagen zu gliedern, um sodann beim ersatzfähigen Schadensumfang die geltend gemachten Einzelposten zu diskutieren. Doch führt dies leicht zur Unübersichtlichkeit und erlaubt kaum die Formulierung klarer Fragestellungen am Anfang der einzelnen Gliederungspunkte. Man vermag den Überblick ungleich besser zu behalten, wenn man für jeden einzelnen Schadensposten gesondert die in Betracht kommenden vertraglichen und deliktischen Anspruchsgrundlagen durchdenkt und darstellt.

Natürlich wurde zwischen *B* und *Z* ein Werkvertrag geschlossen, so dass der Bearbeiter zielstrebig auf die in § 634 genannten Rechte und Ansprüche für die geltend gemachten Schäden zusteuern wird. Direkt führt der Weg zu §§ 634 Nr. 4, 280 ff. Es ist leicht erkennbar, dass die Unterschiede zwischen den in § 280 I und III genannten Anspruchsgrundlagen und die Abgrenzung zwischen Mangelschaden, unmittelbarem und mittelbarem Mangelfolgeschaden am Beispiel der einzelnen Schadensposten erörtert werden sollen. Der Klausurbearbeiter muss sich zwingend die allgemeine Abgrenzung zwischen Schadensersatz statt der Leistung (§§ 280 I, III, 281 ff.) und Schadensersatz neben der Leistung („wegen Pflichtverletzung", § 280 I) vor Augen halten. Die Aufgabenstellung „schreit" geradezu danach, hierauf besonderes Augenmerk zu legen. Als wichtiger Merksatz gilt: Wäre der Schaden durch eine ordnungsgemäße (gedachte) Nacherfüllung vermieden worden, so ist er vom Schadensersatz statt der Leistung umfasst; ansonsten handelt es sich um einen

Schadensersatz neben der Leistung.[1] Der Schadensersatz statt der Leistung tritt also an die Stelle des Erfüllungsanspruchs.

Pudel Nero

Als weitere Anspruchsgrundlage für die einzelnen Schadensposten drängt sich die Verrichtungsgehilfenhaftung aus § 831 I 1 auf. Die Herausforderung der Aufgabenstellung liegt offenbar darin, dass für die einzelnen Schadensposten die Anspruchsvoraussetzungen und Anspruchsinhalte der §§ 634 Nr. 4, 280 ff. und der Verrichtungsgehilfenhaftung nach § 831 I 1 analysiert und in ein sinnvolles Gefüge gebracht werden sollen. Dieser klausurpsychologische Hintergrund des Falles, den auch der Anfänger schnell erfassen sollte, verbietet jedenfalls einen vorschnellen Rückgriff auf die Verjährungsvorschrift des § 634a und auf die Exkulpationsmöglichkeit des § 831 I 2. Man muss der Versuchung widerstehen, sich durch den Hinweis auf die Verjährung bzw. Exkulpationsmöglichkeit die Lösung einfach zu machen. Dadurch verbaut man sich lediglich die Möglichkeit der offenbar erwünschten Erörterung von Problemen.

Bei der Erarbeitung eines ersten groben Gliederungsrasters und einer Vorprüfung der einzelnen Anspruchsgrundlagen sollten dem geübten Bearbeiter aufgrund seines dogmatischen Grundwissens aus Vorlesungen und Lehrbüchern sowie aufgrund schon einer gewissen Klausurerfahrung drei weitere Problemkreise ins Blickfeld geraten, bei deren Behandlung in der Fall-Lösung Punkte gesammelt werden können: Zum einen erfordert der Fall eine präzise Trennung zwischen vertraglicher

---

[1] Vgl. zur Abgrenzungsproblematik stellvertretend *Gerhardt* Jura 2012, 251 ff.; *Ostendorf* NJW 2010, 2833 ff.; *Bredemeyer* ZGS 2010, 71 ff.; *S. Lorenz* JuS 2008, 203 ff.; Staudinger/*Schwarze* (2019) BGB § 280 Rn. E15 ff.; Staudinger/*Kaiser* Eckpfeiler des Zivilrechts Rn. H185 ff. m. w. N.; BGHZ 181, 317 (319 ff.).

Erfüllungs- und deliktischer Verrichtungsgehilfenschaft. Erfüllungsgehilfe i. S. des § 278 ist, wer mit Wissen und Wollen des Schuldners in dessen Pflichtenkreis tätig ist; Verrichtungsgehilfe i. S. des § 831 ist derjenige, dem vom Geschäftsherrn in dessen Interesse eine Tätigkeit übertragen worden und der von den Weisungen des Geschäftsherrn abhängig ist.[2] Durch alle Stadien der gutachtlichen Überlegungen muss im Auge behalten werden, dass allein eine Haftung des *Z* in Rede steht; ein verheerender Fehler wäre es, auf Ansprüche des *B* gegen *K* auszuweichen, die nach der Fallfrage unzweifelhaft ohne Interesse sind, soweit sie nicht – wie freilich im Rahmen des § 831 I 1 – als Vorfrage erörtert werden müssen. Einen weiteren Schwerpunkt des Gutachtens wird man in der Frage sehen müssen, ob den *Z* eine Haftung für die von *K* gestohlene Pfeife des *B* treffen kann, insbesondere ob eine derartige vorsätzliche Schädigungshandlung des Gehilfen von der Verschuldenszurechnungsnorm des § 278 und von der Haftung für vermutetes Verschulden des Geschäftsherrn aus § 831 gedeckt ist. Hier geht es um ein Standardproblem, für das man die kaum zweifelhafte Standardlösung parat haben sollte.[3] Schließlich wirft die Klausur bei dem Wertersatzanspruch für den Pudel Nero die Frage nach der Berücksichtigungsfähigkeit einer sog. Reserveursache im hypothetischen Kausalverlauf auf.[4] Auch hier muss der Bearbeiter auf sein dogmatisches Wissen zurückgreifen, mit dem er die vorliegende Fallkonstellation als „Anlagefall" identifizieren sollte.[5] Liegt zur Zeit des schädigenden Ereignisses bereits eine anderweitig verursachte, konkret fassbare wertmindernde Schadensanlage vor, die nach der Verkehrsauffassung gleichsam nur noch die Hülle des Rechtsgutes für das spätere schädigende Ereignis übrig lässt, so muss dies jedenfalls bei der Schadensberechnung zugunsten des späteren Schädigers berücksichtigt werden. Der todkranke Hund ist hierfür ein Schulbeispiel.

II. Die Lösungsskizze

Nach dem sorgfältigen Lesen und Vergegenwärtigen des Sachverhaltes (5 Minuten) und der ersten Vorprüfung zur Ermittlung der Anspruchsgrundlagen und der wichtigsten Problempunkte (15 Minuten) sollte man sich eine gute halbe Stunde für die Entwicklung einer stichwortartigen Lösungsskizze als Fahrplan nehmen. Für die spätere Niederschrift, bei der dem Bearbeiter oft noch unvorhergesehene Einzelheiten auf- und einfallen, bleibt dann noch mehr als eine Stunde Zeit.

III. Chancen und Gefahren der Klausur

Die Aufgabenstellung konfrontiert den Bearbeiter mit einer Vielfalt von Sachverhaltselementen und von Rechtsfragen, die in der knappen Zeit nur schwer zu bewältigen ist. Es versteht sich, dass es zuerst darum gehen muss, zügig Ordnung zu schaffen und dabei den Blick auf das Wesentliche zu lenken. Die Vielzahl der Anspruchsgrundlagen zwingt in der Darstellung der Fall-Lösung zu äußerster Konzentration auf die entscheidungserheblichen Gesichtspunkte. Unter keinen Umständen darf man sich über

---

[2] Zur Definition des Erfüllungsgehilfen vgl. BGHZ 98, 330 (334); *Medicus/Lorenz* SchuldR AT § 31 III 2 Rn. 376 ff. S. 165 ff.; zur Definition des Verrichtungsgehilfen vgl. demgegenüber MüKoBGB/*Wagner* § 831 Rn. 14 ff.; *Medicus/Lorenz* SchuldR BT § 80 Rn. 10 S. 499 f.

[3] Vgl. zum Diebstahl „bei Gelegenheit" der Erfüllung: *Medicus/Lorenz* SchuldR AT § 31 III 2c Rn. 381 f. S. 168 f.; *Brox/Walker* SchuldR AT § 20 Rn. 32 S. 232; vgl. zum Diebstahl „bei Gelegenheit" einer Verrichtung i. S. d. § 831: *Larenz/Canaris* SchuldR BT II § 79 III 2d S. 480 f.; BGHZ 11, 151 (153 ff.).

[4] Vgl. dazu allgemein *Lange/Schiemann* Schadensersatz § 4 III–VII S. 184 ff.; MüKoBGB/*Oetker* § 249 Rn. 207 ff.

[5] Vgl. dazu *Brox/Walker* SchuldR AT § 30 Rn. 20 S. 382 f.

Selbstverständlichkeiten wie das Zustandekommen des Werkvertrags oder die Mangelhaftigkeit des Werks ausmehren.[6] Um in der zur Verfügung stehenden Zeit eine „runde“ Lösung des Falles niederschreiben zu können, bedarf es einer sehr gedrängten Darstellung der wirklichen Streitfragen unter Verzicht auf bloße Gesetzesparaphrasen und unter lediglich beiläufiger Erwähnung der kaum ernstlich zweifelhaften Subsumtionsvorgänge. Man spare sich vor allem Wiederholungen. Wenn bei den einzelnen Schadensposten immer wieder auf bereits vorher erörterte Anspruchsgrundlagen zurückgegriffen werden muss, so braucht nach der erstmaligen detaillierten Prüfung später nur noch der konkrete Streitpunkt vorgestellt zu werden. Schon der ausdrückliche Hinweis auf die vorherigen, jetzt wiederum einschlägigen Ausführungen wäre für den Bearbeiter zeitraubend und für den Prüfer nur langweilig.

Die große Gefahr dieser Klausur liegt darin, in der Vielzahl und Vielfalt der Einzelheiten zu ersticken und zu den zentralen, die Einzelheiten überstrahlenden und sie letztlich ordnenden Abgrenzungsfragen nicht vorzudringen. Die Chance zu einer gelungenen Lösung hat dagegen derjenige Bearbeiter, der schon früh auf die Kunst der Unterscheidung zwischen Wichtigem, weniger Wichtigem und Unwichtigem Wert gelegt und diese Kunst im Klausurentraining geübt hat.

C. Gliederung

I. Ansprüche wegen der beschädigten Vitrine
  1. Vertraglicher Schadensersatz (§§ 634 Nr. 4, 280 I)
    a) Abgrenzung Schadensersatz statt und neben der Leistung
    b) Anspruchsvoraussetzungen
    c) Einrede der Verjährung
  2. Deliktischer Schadensersatz (§§ 831 I 1, 823 I)
    a) Widerrechtliche Rechtsgutsverletzung durch Verrichtungsgehilfen
    b) Exkulpation
II. Rückerstattung des Werklohns
  Problem: Verjährung
III. Schadensersatz für die Pfeife
  1. Anspruch aus §§ 280 I, 241 II
    Problem: Verschuldenszurechnung nach § 278
  2. Deliktische Ansprüche
IV. Wertersatz für Pudel Nero
  1. Anspruch aus §§ 634 Nr. 4, 280 I, III, 281 I
    Problem: Abgrenzung Schadensersatz statt und neben der Leistung
  2. Anspruch aus §§ 634 Nr. 4, 280 I
    a) Haftungsvoraussetzungen
    b) Schadenszurechnung
      Problem: Schadensanlage
  3. Anspruch aus §§ 831 I, 823 I
V. Ersatz der Tierarztkosten

[6] Zur Mangelhaftigkeit des Werks genügt der Hinweis auf § 633 II, der eine für unproblematische Fälle ausreichende Definition des Mangels enthält vgl. dazu *Medicus/Lorenz* SchuldR BT § 37 Rn. 3 S. 271.

D. Lösung

I. Ansprüche wegen der beschädigten Vitrine

1. Vertraglicher Schadensersatz (§§ 634 Nr. 4, 280 I)

Möglicherweise hat *B* in Anbetracht des zwischen den Parteien telefonisch geschlossenen Werkvertrages einen Anspruch gegen *Z* auf Zahlung von 1.500 EUR als Schadensersatz neben der Leistung aus §§ 634 Nr. 4, 280 I, 241 II.

a) Abgrenzung Schadensersatz statt und neben der Leistung

Abzugrenzen ist zunächst zwischen dem Schadensersatz statt der Leistung (§§ 634 Nr. 4, 280 I, III, 281 ff.) und dem Schadensersatz neben der Leistung (§§ 634 Nr. 4, 280 I). Aus der Teleologie des grundsätzlichen Fristsetzungserfordernisses im Rahmen des Schadensersatzes statt der Leistung (§ 281 I 1) folgt, dass ein solcher immer dann anzunehmen ist, wenn der Schaden durch eine (gedachte) ordnungsgemäße Nacherfüllung vermieden worden wäre. Die Zerstörung der Vitrine geht hier über das eigentliche Erfüllungsinteresse des *B* hinaus und ist vielmehr von seinem Integritätsinteresse umfasst, seine sonstigen Rechtsgüter unbeschädigt zu sehen. Einschlägig kann daher nur ein Anspruch auf Schadensersatz neben der Leistung sein.

b) Anspruchsvoraussetzungen

Weiterhin müssen die Tatbestandsvoraussetzungen der §§ 634 Nr. 4, 280 I, 241 II vorliegen. Das gemäß § 631 I, II versprochene Werk, die sichere und dauerhafte Befestigung des Schaukastens an der Wohnzimmerwand, war aufgrund der Verwendung ungeeigneter Dübel und Schrauben mangelhaft i. S. d. § 633 I, II 2 Nr. 2. Der Unternehmer *Z* müsste diesen Mangel des Werkes zu vertreten haben, § 280 I 2. Zwar ist ihm ein eigenes fahrlässiges oder gar vorsätzliches Verhalten als Schuldner der Vertragsleistung nach § 276 I nicht vorzuwerfen, auch nicht in Form eines Auswahlverschuldens. Er hat aber in seinem Pflichtenkreis den Gesellen *K* wissentlich und willentlich tätig werden lassen. Für den von ihm eingesetzten Erfüllungsgehilfen haftet der Schuldner nach § 278 S. 1 wie für eigenes Verschulden. *K* aber hätte bei Anwendung der im Verkehr erforderlichen Sorgfalt erkennen müssen, dass die von ihm verwendeten Dübel und Schrauben zu schwach für die Last der Vitrine waren, § 276 I 1, II. Eine Fristsetzung bzw. deren Entbehrlichkeit ist keine Voraussetzung für einen Anspruch auf Schadensersatz neben der Leistung.

c) Einrede der Verjährung

Nachdem zwischen Montage und Glasbruch schon vier Jahre vergangen waren, liegt die Möglichkeit einer Verjährung des Schadensersatzanspruchs nach § 634a I nahe. Zwar beträgt für Bauwerke einschließlich nachträglicher Ergänzungen oder Reparaturen die Verjährungsfrist jeweils fünf Jahre (§ 634a I Nr. 2). Der Einbau einer Wandvitrine ist aber für die Benutzbarkeit des Gebäudes gewiss nicht von wesentlicher Bedeutung, so dass hier schon nach Ablauf der regelmäßigen Verjährungsfrist dem *Z* die Einrede der Verjährung nach §§ 634a I Nr. 3, 214 I zusteht.

2. Deliktischer Schadensersatz (§§ 831 I 1, 823 I)

B könnte den Vitrinenschaden vielleicht aus §§ 831 I 1, 823 I ersetzt verlangen.

a) Widerrechtliche Rechtsgutverletzung durch Verrichtungsgehilfen

Da dem Gesellen *K* die Vitrinenmontage im Rahmen seines weisungsgebundenen und sozial abhängigen Arbeitsverhältnisses von Meister *Z* übertragen wurde, ist *K* dessen Verrichtungsgehilfe. Es fehlt auch nicht an einer widerrechtlichen Schadenszufügung i. S. d. rechtswidrigen Verwirklichung des objektiven Tatbestandes einer Deliktsnorm. Die unzureichende Befestigung der Vitrine führte unmittelbar zu einer Eigentumsverletzung, als der Schaukasten herabstürzte und zersprang, § 823 I. Die zu diesem Schaden führende Verletzungshandlung erfolgte auch in Ausführung der Verrichtung.

b) Exkulpation

Der Schadensersatzanspruch aus §§ 831 I 1, 823 I gründet in einem vermuteten eigenen Auswahl- oder Überwachungsverschulden des Geschäftsherrn. Diese Vermutung kann durch den Exkulpationsbeweis des § 831 I 2 widerlegt werden, den *Z* wegen der bekannten Zuverlässigkeit und Untadeligkeit *Ks* leicht erbringen kann.

II. Rückerstattung des Werklohns

Eine Rückerstattung des Werklohns in Höhe von 100 EUR kommt einmal auf der Grundlage eines Rücktritts nach §§ 634 Nr. 3, 326 V, 323 I, 346 I in Betracht. Zum anderen ist der Werklohn als „frustriertes“ Erfüllungsinteresse am Werk selbst, mithin als Mangelschaden von dem Schadensersatzanspruch statt der Leistung nach §§ 634 Nr. 4, 280 I, III, 283 umfasst. Nach § 325 können Rücktritt und Schadensersatz, auch derjenige statt der Leistung, nebeneinander geltend gemacht werden; dies darf lediglich nicht zu einer Doppelkompensation führen. Indes ist der Anspruch auf Schadensersatz der regelmäßigen Verjährungsfrist nach §§ 634a I Nr. 3, 195, 199 I unterworfen, so dass nach der zu erwartenden Einrede des § 214 I eine Werklohnrückerstattung ausscheidet; der Rücktritt als Gestaltungsrecht ist in diesem Fall ebenfalls unwirksam nach §§ 634a I Nr. 3, IV 1, 218 I 1, sofern sich *Z* hierauf beruft.

III. Schadensersatz für die Pfeife

1. Anspruch aus §§ 280 I, 241 II

Grundlage für einen Anspruch auf Zahlung von 200 EUR als Schadensersatz für die gestohlene Pfeife könnten §§ 280 I, 241 II sein. Aufgrund des Werkvertrages trafen den *Z* Schutzpflichten bezüglich der Integrität aller Rechtsgüter des *B*, zu denen auch das Eigentum an der Meerschaumpfeife gehörte. In dem Diebstahl der Pfeife ist eine rechtswidrige und vorsätzliche Eigentumsverletzung zu sehen. Fraglich ist jedoch, ob das Verschulden des *K* dem *Z* auch hier nach §§ 278 S. 1, 276 I zugerechnet werden kann. Es ist nämlich zu beachten, dass *K* den Diebstahl nicht in Erfüllung der werkvertraglichen Leistungspflichten des *Z*, sondern lediglich bei Gelegenheit der Erfüllung begangen hat. Sinn und Zweck des § 278 bestehen darin, dem Unternehmer, der aus der Tätigkeit von Gehilfen Gewinn ziehen kann, auch das Risiko der Verletzung von Rechtsgütern des Vertragspartners durch vorsätzliche oder sorgfaltswidrige Handlungen dieser Gehilfen aufzubürden. Diese *ratio legis* würde verfehlt, wollte man dem Unternehmer auch die Verantwortung für einen vorsätzlich begangenen Diebstahl seines Gehilfen anlasten, denn ein derartiges Schadensrisiko wird durch die Gegenleistung des Bestellers nicht kompensiert. Die Rechtsgutverletzung steht in einem solchen Falle in keinem sachlichen, sondern nur in zufälligem zeitlichen Zusammenhang mit der vom Unternehmer geschuldeten Leistung. Das Risiko einer vorsätzlich begangenen Straftat muss der Rechtsgutinhaber selbst tragen, der auch die Vorteile aus seiner Rechtsstellung, hier etwa als Eigentümer, genießt: *casum sentit dominus.* Mangels einer Verschuldenszurechnung scheidet deshalb ein Schadensersatzanspruch aus §§ 280 I, 241 II wegen des Pfeifendiebstahls aus.

2. Deliktische Ansprüche

Denkbar bleibt jedoch ein Schadensersatzanspruch aus §§ 831 I, 823 I bzw. § 823 II i.V.m. § 242 StGB. Fraglich ist hier zunächst, ob die Schadenszufügung des Verrichtungsgehilfen *K* „in Ausführung der Verrichtung" erfolgt ist. Auch hier bedarf es der Besinnung auf Sinn und Zweck der Norm, Vorteile und Nachteile der Einschaltung von Gehilfen in ein ausgeglichenes Verhältnis zu bringen. In diesem Licht ist leicht zu erkennen, dass es auch außerhalb und unabhängig von einer Sonderverbindung nicht gerechtfertigt ist, dem Geschäftsherrn das Risiko einer vorsätzlich begangenen Straftat seines Gehilfen aufzubürden. Der Pfeifendiebstahl steht mit der Aufgabe des Dübelns und Verschraubens der Vitrine in keiner sachlichen Verbindung, sondern erfolgte lediglich bei Gelegenheit der Verrichtung. Das Tatbestandsmerkmal der Schadenszufügung „in Ausführung der Verrichtung" ist nicht erfüllt. Abgesehen davon stünde *Z* wiederum die Exkulpationsmöglichkeit des § 831 I 2 offen.

IV. Wertersatz für Pudel Nero

1. Anspruch aus §§ 634 Nr. 4, 280 I, III, 281 I

Möglicherweise hat *B* gegen Z wegen des Todes seines Pudels Nero (Zerstörung *quasi* einer Sache, § 90a) einen Anspruch auf Schadensersatz statt der Leistung in Höhe von 1.000 EUR aus §§ 634 Nr. 4, 280 I, III, 281 I. Es ist allerdings fraglich, ob es sich um einen Schadensersatz statt der Leistung oder neben der Leistung handelt. Maßgeblich ist, ob der Schaden durch eine (gedachte) ordnungsgemäße Nacherfüllung vermieden worden wäre. Angewendet auf den Fall bedeutet dies, dass ein Schadensersatz *neben* der Leistung geltend gemacht wird: Eine Neumontage der – überdies zerstörten – Vitrine ließe den Pudel Nero nicht wieder auferstehen und machte seine Verletzungen nicht rückgängig. Die tödliche Verletzung des Pudels kann daher nur als ein mittelbar durch den Mangel des Werkes verursachter Folgeschaden angesehen werden. Da §§ 634 Nr. 4, 280 I, III, 281 das durch Schlechtleistung des Unternehmers verletzte Erfüllungsinteresse des Bestellers, nicht aber das Integritätsinteresse bezüglich außerhalb der Werkleistung stehender sonstiger Rechtsgüter schützen, wird dieser mittelbare Mangelfolgeschaden nicht von jener Vorschrift erfasst. Unabhängig von der Verjährungsvorschrift des § 634a I Nr. 3 scheidet insoweit ein Schadensersatzanspruch statt der Leistung aus.

2. Anspruch aus §§ 634 Nr. 4, 280 I

Wohl aber kommt für diesen Schadensposten ein Anspruch aus §§ 634 Nr. 4, 280 I in Betracht.

a) Haftungsvoraussetzungen

In der unsachgemäßen Befestigung der Vitrine, die später beim Herabstürzen *Bs* Eigentum an dem Pudel Nero zerstörte, ist eine Verletzung der Pflicht zur mangelfreien Leistung aus § 633 I zu sehen. Gerade vor derartigen Unfällen musste *B* durch eine fachmännische Anbringung des Schaukastens geschützt werden. Das Verschulden seines Gesellen *K* muss sich *Z* gem. §§ 278 S. 1, 276 I zurechnen lassen. Während Schadensersatz *statt* der Leistung bei einem derartigen mittelbaren Mangelfolgeschaden nicht einschlägig ist, eröffnen die §§ 634 Nr. 4, 280 I in diesen Fällen einen Schadensersatzanspruch *neben* der Leistung, der gem. §§ 634a I Nr. 3, 195 der regelmäßigen Verjährungsfrist von 3 Jahren unterliegt.

b) Schadenszurechnung

Bedenken gegen diesen Schadensersatzanspruch ergeben sich jedoch unter Berücksichtigung des angeborenen Hirntumors des Pudels Nero; diese Reserveursache hätte, wenn auch mit zeitlicher Verzögerung, ohnehin zum Verlust des Hundes geführt. Es ist sehr fragwürdig, ob man eine derartige Reserveursache (hypothetische Kausalität) im Rahmen der Schadenszurechnung berücksichtigen kann. Letztlich ist schwer erklärbar, warum der einmal entstandene Schadensersatzanspruch nachträglich wieder untergehen soll. Schließlich hat der Geschädigte die Sachgefahr gegen die Risiken eingetauscht, die sich nunmehr aus der Realisierung seines Ersatzanspruchs ergeben. Deshalb ist es schwerlich angemessen, ihn zusätzlich und weiterhin durch die Berücksichtigung von Reserveursachen mit der Sachgefahr zu belasten. Wenn deshalb Reserveursachen auch regelmäßig unbeachtet gelassen werden sollten, so liegt doch hier der Sonderfall einer wertmindernden Schadensanlage vor, die bereits beim späteren schädigenden Ereignis real fassbar war. In derartigen „Anlagefällen“ muss die schadensträchtige Anlage jedenfalls dann bei der Schadensberechnung ins Gewicht fallen, wenn die Verkehrsauffassung das betroffene Rechtsgut bereits als weitgehend entwertet betrachtet. In extremen Fällen kann dies dazu führen, dass eine Schadenszurechnung ganz unterbleibt. Hier hätte der junge Pudel Nero ohne das schädigende Ereignis nur noch wenige Wochen zu leben gehabt. Der für einen gesunden Pudel berechnete Wertersatz von 1.000 EUR erscheint daher unangemessen. Allenfalls ließe sich an einen Ersatz für den Wert des Pudels unter Berücksichtigung des hypothetischen Todeszeitpunktes denken. Der Sachverhalt bietet für die Verfolgung dieser Frage keine Ansatzpunkte.

3. Anspruch aus §§ 831 I 1, 823 I

Ein Schadensersatzanspruch aus §§ 831 I 1, 823 I muss unabhängig von der Exkulpationsmöglichkeit des Z gleichfalls an der internen Schadensanlage des zum Unfallzeitpunkt nach der Verkehrsauffassung bereits entwerteten Pudels scheitern.

V. Ersatz der Tierarztkosten

Die Tierarztkosten in Höhe von 120 EUR stellen sich ebenfalls als ein mittelbarer Mangelfolgeschaden dar, für dessen Ersatz allein der Schadensersatz neben der Leistung aus §§ 634 Nr. 4, 280 I in Betracht kommt. Die interne Schadensanlage mit ihrem Entwertungscharakter wirkt sich insoweit weder auf die adäquat kausale Schadenszurechnung noch auf die Schadensberechnung aus. Als im Ergebnis einziger Schadensersatzanspruch steht deshalb dem *B* ein Anspruch auf Ersatz der Tierarztkosten in Höhe von 120 EUR gegen *Z* zu.

E. Lerntest

I. Fragen

1. Definieren Sie die Begriffe Erfüllungsgehilfe und Verrichtungsgehilfe.
2. Mit welchem Merksatz ist allgemein der Schadensersatz statt der Leistung von dem Schadensersatz neben der Leistung abzugrenzen?
3. Was besagt der Begriff Schadensanlage?

II. Antworten

1. Erfüllungsgehilfe i. S. d. § 278 ist, wer mit Wissen und Wollen des Schuldners in dessen Pflichtenkreis tätig ist. Verrichtungsgehilfe i. S. d. § 831 ist derjenige, dem vom Geschäftsherrn in dessen Interesse eine Tätigkeit übertragen worden und der von den Weisungen des Geschäftsherrn abhängig ist.

2. Schadensersatz statt der Leistung (vgl. § 280 III) greift bei solchen Schäden ein, die durch eine (gedachte) ordnungsgemäße Nacherfüllung vermieden worden wären. In allen anderen Fällen liegt Schadensersatz neben der Leistung vor, für den die weiteren Voraussetzungen des § 280 III nicht gelten.

3. Von einer wertmindernden Schadensanlage wird gesprochen, wenn zur Zeit eines schädigenden Ereignisses bereits eine anderweitig verursachte Schädigung vorliegt, aufgrund derer nach der Verkehrsauffassung bereits eine weitgehende Entwertung des Rechtsguts eingetreten ist (es besteht nur noch die „äußere Hülle des Rechtsguts“). In solchen Ausnahmefällen ist die Reserveursache des ersten schädigenden Ereignisses für die Schadenszurechnung bzw. -berechnung zugunsten des Schädigers zu berücksichtigen (Beispiel: todkranker Hund wird überfahren).

Fall 7. Krackes dicke Backe

Probleme des Stellvertretungsrechts, insbesondere die Anfechtbarkeit einer schon betätigten Innenvollmacht mit den Konsequenzen für einen Anspruch auf Ersatz des Vertrauensschadens sowie das Institut der Untervollmacht stehen im Mittelpunkt des eher leichten Falls einer BGB-Anfängerübung.

A. Sachverhalt

Kracke (K) liegt mit entzündetem Weisheitszahn im Bett und erleidet Höllenqualen. Er bittet den fünfzehnjährigen Nachbarssohn *Fritz (F)*, ihm beim Apotheker *Dr. Bauxel (B)* einen Eisbeutel zu besorgen. Bezahlen werde er diesen nach seiner Genesung selbst. Ausdrücklich nennt *K* hierfür einen Höchstpreis von 15 EUR. Dabei verspricht er sich aber, denn ihm schwirrt bei der Nennung des Höchstpreises das Alter des *F* im Kopf herum; eigentlich will er einen Höchstpreis von 10 EUR angeben. *F* begibt sich eilends zu *B* und sucht dort einen Eisbeutel zum Preis von 15 EUR aus, den er im Namen des *K* kauft und anschließend abliefert.

Als *F* zwei Tage später *K* wieder besucht, dauern die Zahnschmerzen an. Unter Hinweis auf seine noch angeschwollene Backe bittet *K* den *F* erneut um einen Gefallen. Er soll für ihn bei *B* ein Schmerzmittel besorgen, das *K* später wieder selbst bezahlen wolle. *F* solle nichts unversucht lassen, ihm vor der Nachtruhe ein linderndes Mittel zu verschaffen. *F* – selbst mit der schönen Adele verabredet – schickt daraufhin seinen dreizehnjährigen Bruder *Conrad (C)* zu *B*. Dort erklärt *C*, dass er ein Schmerzmittel für *K* kaufen solle, das dieser später selbst bezahlen werde. Nach kurzer Beratung wird Einigkeit über eine Packung „Hüpfewieder" zum Preis von 20 EUR erzielt. Noch am selben Abend bringt *F* das Mittel dem erleichterten *K*.

Eine Woche später ist *K* wieder gesund und sucht den Apotheker *B* auf. Als dieser die Bezahlung des Eisbeutels fordert, klärt sich *Ks* Versprecher bei der Angabe des Höchstpreises gegenüber *F* auf. *K* hält den Eisbeutel für überteuert, verweigert jegliche Bezahlung und bietet die Rückgabe der Ware an. *B* erklärt demgegenüber, schon der Betrag von 15 EUR sei ein Freundschaftspreis gewesen. Er hätte den Eisbeutel inzwischen, was zutrifft, ohne Weiteres für 25 EUR verkaufen können. *B* behält für sich, dass der Eisbeutel in Wirklichkeit nur einen Wert von 10 EUR besitzt. Im Übrigen erinnert er an die noch offenstehende Rechnung in Höhe von 20 EUR für die Packung „Hüpfewieder", die *C* geholt hatte. *K* entgegnet erregt, er habe *C* nicht beauftragt und werde auch nichts bezahlen. Noch am Abend stellt *K* den neuwertigen Eisbeutel vor *Bs* Tür. *B* fragt nach seinen Rechten gegen K.

Fallabwandlung: Wie ist die Rechtslage zu beurteilen, wenn *F* statt des *C* seinen sechsjährigen Bruder *Pepi (P)* mit folgendem Zettel zu *B* gesandt hätte: „Bitte geben Sie dem kleinen Pepi für Kracke das Schmerzmittel ‚Hüpfewieder' für 20 EUR mit. Kracke wird später selbst bezahlen. Ihr Fritz."

B. Gutachtliche Überlegungen

I. Der Eisbeutel-Komplex

In dem überschaubaren Sachverhalt sind zwei vom Bearbeiter getrennt zu würdigende Fälle aneinandergereiht: der Kauf des Eisbeutels und der des Schmerzmittels. Die Fallabwandlung bezieht sich lediglich auf den zweiten Teil und kann vom Bearbeiter annexmäßig am Schluss gewürdigt werden.

Im Eisbeutel-Fall geht es zunächst um einen Anspruch des *B* auf Kaufpreiszahlung, § 433 II. Am Zustandekommen des Kaufvertrages, insbesondere an einer wirksamen Vertretung des *K* durch *F* sind keine Zweifel angebracht.[1] Die spätere Äußerung des *K* gegenüber *B* muss aber als Anfechtungserklärung ausgelegt werden, mit der der Kaufvertrag rückwirkend vernichtet werden soll. Fraglich ist zunächst, auf welche Willenserklärung sich die Anfechtungserklärung überhaupt bezieht, denn eine Anfechtung „des Vertrages“ gibt es, streng genommen, nicht. *K* selbst hat gegenüber *B* keine auf den Abschluss eines Kaufvertrags gerichtete Willenserklärung (Angebot oder Annahme, §§ 433, 145 ff.) abgegeben. Vielmehr wird die entsprechende Willenserklärung seines Vertreters *F* ihm als Vertretenem nur zugerechnet, § 164 I. Zwar kann der Vertretene gem. § 166 I auch die ihm zugerechnete Vertretererklärung bei Willensmängeln des Vertreters anfechten;[2] *F* hat seinen Willen gegenüber *B* indes fehlerfrei zum Ausdruck gebracht. Als anfechtbare Willenserklärung des *K* kommt somit lediglich die Vollmachtserteilung an *F* in Betracht, die *K* aber nicht gegenüber *B* als Außenvollmacht, sondern allein gegenüber *F* als Innenvollmacht ausgesprochen hat, § 167 I. Diese Überlegung sollte zum Ausgangspunkt der Lösung des ersten Teils gewählt und aufrechterhalten werden. Man weiche demgegenüber nicht vorschnell auf eine Analogie zu § 166 II und auf den Gedanken aus, dass *K* die Willenserklärung des *F* oder aber „den Vertrag“ mit *B* wegen seines eigenen (des *K*) Irrtums anfechten könne. Die zutreffende Vorstellung einer engen Verbindung zwischen Vertretergeschäft und Bevollmächtigung darf nicht einfach die dogmatisch-konstruktive Trennung zwischen beiden beiseiteschieben, sondern muss auf deren Grundlage Berücksichtigung finden. Eine Analogie (hier: zu § 166 II) setzt bekanntlich eine Lücke voraus, die dann nicht besteht, wenn *K* die Bevollmächtigung anfechten und sich im Ergebnis vom Geschäft lösen kann.

Kracke

[1] Zu den Voraussetzungen der Stellvertretung: *Neuner* BGB AT § 49 II Rn. 6 ff. S. 600 ff.; ausführlich auch *Medicus/Petersen* BGB AT §§ 54 ff. Rn. 880 ff. S. 383 ff.

[2] Vgl. dazu *Medicus/Petersen* BGB AT § 55 I Rn. 898 S. 391 f.; MüKoBGB/*Schubert* § 166 Rn. 1 ff.

Fritz und Conrad

Während sich der Anfechtungsgrund als klassischer Fall eines Erklärungsirrtums nach § 119 I Alt. 2 in Form eines „Versprechers“ aus dem Sachverhalt unmittelbar ableiten lässt, bedarf das Erfordernis des Zugangs der Anfechtungserklärung bei dem richtigen Anfechtungsgegner nach § 143 näherer Überlegungen. Hier ist der erste Klausurschwerpunkt angesiedelt, auf den man zielstrebig zusteuern und den man spätestens auf der zweiten Seite der Ausarbeitung erörtern sollte. Wer den Problemkreis der Anfechtung einer bereits betätigten Innenvollmacht nicht von Lehrbüchern und Vorlesungen her gewärtig hat, wird vielleicht einige Mühe mit Aufbau, Darstellung und Begründung haben. Denn eigentlich müsste nach § 143 III 1 *F* Anfechtungsgegner sein, doch hat *K* die Anfechtung nur gegenüber *B* erklärt. Auch wer mit diesem stellvertretungsrechtlichen Standardproblem wenig vertraut ist, wird es jedoch aufgrund der Interessenlage im Ergebnis für allein angemessen halten, dass der Geschäftspartner und nicht der Vertreter der richtige Empfänger der Anfechtungserklärung des Vertretenen bei einer schon betätigten Innenvollmacht ist.[3] Zur Begründung reicht der Hinweis aus, dass die Rechtsfolgen der Anfechtungserklärung letztlich den *B* treffen sollen, dessen Kaufpreisanspruch mit dem Wegfall der Vertretungsmacht des *F* rückwirkend entzogen werden soll. Man sollte bestrebt sein, die Behandlung dieser Frage freizuhalten von dem damit zusammenhängenden, aber aus Gründen der Übersichtlichkeit besser erst später zu erörternden Problem der Anspruchsberechtigung nach § 122.

Zusätzliche Punkte kann man damit verdienen, dass man die grundsätzliche Frage aufwirft, ob nicht die Anfechtung einer Vollmachtserteilung nach dem Gebrauch der Vollmacht trotz Vorliegens eines nach §§ 119 ff. beachtlichen Willensmangels aus Vertrauensschutzgründen gänzlich ausgeschlossen sein muss – ein Thema für den besonders ambitionierten Klausuranten, dessen Erörterung schon vertiefte Kenntnisse des Stellvertretungsrechts erfordert. Im Ergebnis wird man jedoch eine Anfechtung zulassen müssen, weil sich der in Rede stehende Willensmangel nicht auf

[3] Vgl. dazu *Neuner* BGB AT § 50 II 5 Rn. 22 ff. S. 632 f.; *Flume* BGB AT § 52 Nr. 5c S. 870; *v. Tuhr* BGB AT II/2 § 85 IV (S. 388 ff.); *Medicus/Petersen* BGB AT § 57 II 4c Rn. 945 S. 413; *Petersen* AcP 201 (2001), 375 (385 ff.); *Schwarze* JZ 2004, 588 ff.

das Innenverhältnis zwischen Vertretenem und Vertreter beschränkt, sondern auf das Geschäft mit dem Dritten „durchschlägt".[4]

Damit ist der Kaufpreisanspruch entfallen. Ins Blickfeld rückt nun der Anspruch auf Ersatz des Vertrauensschadens nach § 122. Das – zweite – Klausurproblem ist hier, ob dem Geschäftsgegner der Anspruch zusteht, obwohl die Haftungsordnung des Vertretungsrechts ihm eigentlich einen Anspruch aus § 179 gegen den *falsus procurator* einräumt, der sodann seinerseits nach § 122 vom Scheinvertretenen Regress verlangen kann.[5] Allerdings ist diese Anspruchskette „übers Dreieck" bei einem minderjährigen vollmachtlosen Vertreter wegen § 179 III 2 im Regelfall (und auch hier) versperrt. Im Übrigen gebietet es im Falle des Gebrauchs der Innenvollmacht vor der Anfechtung schon der Ziel- und Zweckverbund von Bevollmächtigung und Vertretergeschäft, dem Geschäftsgegner unmittelbar einen Anspruch aus § 122 gegen den anfechtenden Scheinvertretenen zu gewähren; insoweit ist eine konsequente Gleichstellung der bereits betätigten Innenvollmacht mit einer Außenvollmacht angezeigt.

Untersuchungsbedürftig bleibt die Höhe des zu leistenden Schadensersatzes. Dem Bearbeiter müssen hierfür die Begriffe Vertrauensschaden bzw. negatives Interesse und Erfüllungsschaden bzw. positives Interesse vertraut sein.[6] Mit dem Zahlenmaterial des Sachverhalts wird er sodann errechnen können, dass der nach § 122 ersatzfähige Vertrauensschaden nicht den entgangenen Gewinn (15 EUR) umfasst, sondern durch den Erfüllungsschaden (5 EUR) begrenzt ist.

II. Der Schmerzmittel-Komplex

Für den Anspruch des *B* auf Bezahlung des Schmerzmittels aus § 433 II kommt es darauf an, ob *K* wirksam durch *C* vertreten wurde, obwohl es an einer ausdrücklichen Vollmachtserteilung fehlt. Der Klausurant sollte mit dem gesetzlich nicht geregelten Institut der Untervollmacht vertraut sein[7] und erkennen, dass die Vollmachtserteilung des *K* an *F* auch eine Befugnis zur Unterbevollmächtigung des *C* umfasste. Die Befugnis eines Vertreters zur Unterbevollmächtigung ist kaum zweifelhaft, wenn der Geschäftsherr kein erkennbares Interesse an einer persönlichen Wahrnehmung des Geschäfts durch den Hauptbevollmächtigten (etwa wegen dessen besonderer Vertrauensstellung oder Befähigung) besitzt. *F* konnte deshalb im Namen des Geschäftsherrn *K* dem Unterbevollmächtigten *C* Vertretungsmacht unmittelbar für *K* einräumen. Nicht etwa hat der Hauptvertreter *F* den *C* – was grundsätzlich auch möglich wäre – zu seinem eigenen Untervertreter bestellt. Im Ergebnis steht danach *B* der Anspruch aus § 433 II zu.

III. Die Fallabwandlung

Fallabwandlungen sind bei Klausuranten unbeliebt, denn sie stören die Konzentration auf den Ausgangsfall und die Zeiteinteilung. Sie sind auch in ihrer Bedeutung nicht immer leicht zu übersehen. Zu Unrecht vermuten manche Studenten häufig eine besondere Tücke in einer Fallabwandlung. Sehr selten wirft sie aber gegenüber

[4] So insb. *Medicus/Petersen* BGB AT § 57 II 4c Rn. 945 S. 413 f.; *Neuner* BGB AT § 50 II 5 Rn. 25 S. 632.

[5] Wie Fn. 3.

[6] Vgl. *Neuner* BGB AT § 41 IV 3 Rn. 156 ff. S. 507 f.; Staudinger/*Singer* (2017) BGB § 122 Rn. 13 ff.; MüKoBGB/*Armbrüster* § 122 Rn. 17 ff.

[7] MüKoBGB/*Schubert* § 167 Rn. 79 ff.; *Neuner* BGB AT § 50 III 1 Rn. 33 ff. S. 634 ff.; *Medicus/Petersen* BGB AT § 57 II 7 Rn. 950 f. S. 415.

dem Ausgangsfall schwerer wiegende oder ganz neue Probleme auf. In aller Regel versteht sie sich nur als Zusatzfrage, bei deren Beantwortung der Bearbeiter zeigen soll, dass er den Blick auf das rechtlich Wesentliche der in einigen Punkten unterschiedlichen Sachverhaltsgestaltung zu lenken versteht; deshalb sind Fallabwandlungen bei Aufgabenstellern durchaus beliebt.

In unserer Fallabwandlung soll die gesetzlich nicht ausdrücklich geregelte Stellung eines Boten im Unterschied zu der eines Vertreters diskutiert werden.[8] Während der Stellvertreter eine eigene Willenserklärung im fremden Namen abgibt, die dem Vertretenen nach § 164 I zugerechnet wird, überbringt der Bote lediglich eine fremde Willenserklärung. Deshalb kann auch ein Geschäftsunfähiger wie der sechsjährige *P* ohne Weiteres Bote sein. Auf dieser Grundlage ist unschwer zu erkennen, dass *P* als Bote des *F*, und zwar als Erklärungsbote für dessen Kaufvertragsangebot sowie als dessen Empfangsbote für die Annahmeerklärung des *B* auftrat. Auch in der Fallabwandlung besteht mithin ein Kaufpreisanspruch des *B* gegen den vertretenen *K*.

C. Gliederung

Teil 1: Der Eisbeutel

I. Kaufpreisanspruch aus § 433 II
  1. Erteilung einer wirksamen Vollmacht durch *K*
  2. Anfechtung der Vollmacht
    a) Anfechtungserklärung
      Problem: Anfechtungsgegner
    b) Anfechtungsrecht
      Problem: Anfechtung einer ausgeübten Innenvollmacht
  3. Ergebnis zu I

II. Schadensersatzanspruch aus § 122 I
  1. Anspruchsberechtigung des *B*
    Problem: angefochtene Innenvollmacht
  2. Schadensumfang

Teil 2: Schmerzmittel

Kaufpreisanspruch aus § 433 II

I. Erteilung einer Vollmacht
  Problem: Untervollmacht

II. Wirksamkeit der Vollmacht

Teil 3: Abwandlung

I. Stellvertretung durch *P*

II. *P* als Erklärungsbote

---

[8] *Vgl.* dazu MüKoBGB/*Schubert* § 164 Rn. 71 ff.; *Neuner* BGB AT § 49 II 2 Rn. 13 ff. S. 601 ff.; *Medicus/Petersen* BGB AT § 54 II 2 Rn. 885 ff. S. 385 f.

D. Lösung

Teil 1: Der Eisbeutel

I. Kaufpreisanspruch aus § 433 II

B kann nur dann einen Anspruch auf Zahlung des Kaufpreises in Höhe von 15 EUR aus § 433 II gegen *K* haben, wenn dieser durch *F* beim Abschluss des Kaufvertrages wirksam vertreten wurde.

1. Erteilung einer wirksamen Vollmacht durch *K*

F hat den Kaufvertrag mit *B* erkennbar in fremdem Namen, nämlich ausdrücklich für *K* geschlossen und war auch zum Kauf des Eisbeutels zum Preise von höchstens 15 EUR bevollmächtigt, §§ 164 I, 167. Die beschränkte Geschäftsfähigkeit des fünfzehnjährigen *F*, §§ 2, 106, hindert weder die wirksame Vollmachtserteilung, § 131 II 2, noch steht sie der Wirksamkeit seiner gegenüber *B* abgegebenen Erklärung entgegen, § 165. Denn der Minderjährige erhält mit der Vertretungsmacht lediglich einen für ihn gefahrlosen Zuwachs an Rechtsmacht. Insbesondere wird er allein durch die von dem Grundgeschäft, etwa einem Auftrag, § 662, abstrakte Vollmachtserteilung nicht zur Vornahme von Vertretungshandlungen *verpflichtet.*

2. Anfechtung der Vollmacht

a) Anfechtungserklärung

Möglicherweise ist der damit entstandene Kaufpreisanspruch jedoch aufgrund des Gesprächs zwischen *K* und *B* über den Versprecher bei der Vollmachtserteilung wieder erloschen. In diesem Gespräch hat *K* seinen Willen zum Ausdruck gebracht, sich vom Kaufvertrag zu lösen. Man wird seine Äußerung als Anfechtungserklärung auslegen müssen. Dabei kommt als anfechtbare Willenserklärung lediglich die Vollmachtserteilung an *F* in Betracht, die *K* aber nicht gegenüber *B* als Außenvollmacht, sondern allein gegenüber *F* als Innenvollmacht ausgesprochen hat, § 167 I. Da die Bevollmächtigung ein einseitiges Rechtsgeschäft ist, wäre nach § 143 III 1 *F* der geeignete Anfechtungsgegner. Es ist indes zu berücksichtigen, dass *K* mit der Anfechtung der Innenvollmacht letztlich auf die Beseitigung der Bindungswirkung der von *F* gegenüber *B* abgegebenen Erklärung abzielt. Da die Rechtsfolgen der Anfechtungserklärung den Geschäftspartner treffen sollen, ist es interessengerecht, die schon betätigte Innenvollmacht einer Außenvollmacht gleichzustellen und den Geschäftspartner als tauglichen Anfechtungsgegner anzusehen. Ansonsten (bei einer Anfechtungserklärung gegenüber dem Bevollmächtigten) könnte der Vertretene dem Dritten den schon begründeten Anspruch rückwirkend entziehen, § 142 I, ohne dass dieser davon erfahren müsste. Neben der richtigerweise gegenüber *B* abgegebenen Anfechtungserklärung bedarf es eines Anfechtungsgrundes. Der Versprecher des *K* hinsichtlich des Höchstpreises des Eisbeutels ist der typische Fall eines Erklärungsirrtums gem. § 119 I Alt. 2 *(lapsus linguae). K* wollte eine Vollmacht dieses Inhalts überhaupt nicht erteilen.

b) Anfechtungsrecht

Gleichwohl bleiben Zweifel an einem Anfechtungsrecht des *K* bestehen, wenn man auf die Interessenlage des *B* schaut. Dieser sieht sich als Geschäftspartner der rückwirkenden Unwirksamkeit der Vollmachtserteilung ausgesetzt, obwohl diese Erklärung ihm gegenüber nicht abgegeben wurde und der Willensmangel zunächst das Innenverhältnis zwischen dem Vertretenen als Erklärendem und dem Vertreter als Erklärungsempfänger betrifft. Man wird die grundsätzliche Frage aufwerfen müssen, ob nicht die Anfechtung einer Vollmachtserteilung nach dem Gebrauch der Vollmacht gänzlich ausgeschlossen sein muss, so dass sich der Vertreter an dem Geschäft mit dem Dritten trotz eines nach §§ 119 ff. beachtlichen Willensmangels festhalten lassen muss. Dieser Gedanke liegt insbesondere im Licht des Rechtsscheinsprinzips als Ausfluss des das Privatrecht beherrschenden Vertrauensschutzgedankens nahe. Bei einer Anscheinsvollmacht etwa muss sich der Vertretene zum Schutz des gutgläubigen Dritten behandeln lassen, als hätte er eine Vollmacht erteilt. Hier steht ihm kein Anfechtungsrecht zu, obwohl er nicht einmal das Vertreterhandeln kannte. Damit verträgt es sich schwer, dass der Vertretene, der tatsächlich eine Vollmacht erteilt hat, die Befugnis zur rückwirkenden Beseitigung durch Anfechtung besitzen soll; hier erscheint der Dritte nicht weniger schutzwürdig als bei einer Anscheinsvollmacht, der Vertretene sogar minder schutzwürdig.

Diese Bedenken müssen eine Anfechtung der Vollmachtserteilung nach Vollmachtgebrauch regelmäßig hindern, wenn der Willensmangel des Vertretenen sich allein auf das Innenverhältnis zum Vertreter bezieht. Im vorliegenden Fall jedoch ist der Willensmangel des *K* nicht hierauf beschränkt, sondern schlägt auf das Geschäft mit dem Dritten durch. Der Vorschrift des § 166 I und II ist der Rechtsgedanke zu entnehmen, dass alle Willensmängel des Vertretenen, die sich auf das Vertretergeschäft beziehen und sich auf den vom Vertreter geschlossenen Vertrag auswirken, als für das Vertretergeschäft erheblich anzuerkennen sind und zur Anfechtung berechtigen müssen. Der Versprecher des *K* betrifft gerade den Inhalt des von *F* abzuschließenden Geschäfts und hätte dem *K* bei eigenem Handeln ebenso gut gegenüber *B* unterlaufen können. In solchen Fällen besteht kein Grund, den Dritten stärker zu schützen, als er bei einem eigenen Handeln des Vertretenen geschützt würde. Hier muss sich der Vertretene vom Vertrag lösen können.

3. Ergebnis zu I

Die Anfechtung führt rückwirkend zur Nichtigkeit der Bevollmächtigung des *F*, dessen Erklärung rückwirkend die eines Vertreters ohne Vertretungsmacht ist und mithin gegenüber *K* keine Bindungswirkung entfaltet. *B* hat damit keinen Anspruch auf Zahlung der 15 EUR aus § 433 II.

II. Schadensersatzanspruch aus § 122 I

B könnte jedoch gegen den anfechtenden *K* einen Schadensersatzanspruch aus § 122 I haben.

1. Anspruchsberechtigung des *B*

Nach dem Wortlaut des § 122 I ist bei Anfechtung einer empfangsbedürftigen Willenserklärung der Adressat der angefochtenen Erklärung, hier also *F* als Empfänger der angefochtenen Vollmachtserteilung, anspruchsberechtigt. Indes orientiert sich dieser Wortlaut an dem Regelfall, dass der Empfänger der angefochtenen Erklärung auch Adressat der Anfechtungserklärung ist, § 143 III 1. Es erscheint naheliegend, für die Anspruchsberechtigung nach § 122 I die Konsequenzen daraus zu ziehen, dass bei einer bereits betätigten Innenvollmacht ebenso wie bei einer Außenvollmacht der Geschäftsgegner als geeigneter Anfechtungsgegner anzusehen ist.

Fraglich ist jedoch, ob sich eine eigene Anspruchsberechtigung des Anfechtungsgegners in die Haftungsordnung des Vertretungsrechts einfügen lässt. Im Regelfall nämlich stehen dem Geschäftsgegner die Ansprüche aus § 179 gegen den vollmachtlosen Vertreter zu. Er kann wahlweise Erfüllung oder Schadensersatz vom *falsus procurator* verlangen. Wenn ein nach Anfechtung der Vollmachtserteilung vollmachtloser Vertreter vom Geschäftsgegner nach § 179 in Anspruch genommen wurde, kann er seinerseits aus § 122 I den Scheinvertretenen in Regress nehmen. Dieses Ordnungsgefüge sieht keinen unmittelbaren Anspruch des Geschäftsgegners gegen den Scheinvertretenen vor, auf den nur „übers Dreieck" der Schaden des Vertragspartners abgewälzt wird.

Wenn allerdings – wie hier – der vollmachtlose Vertreter in der Geschäftsfähigkeit beschränkt ist und ohne Zustimmung des gesetzlichen Vertreters gehandelt hat, unterliegt er gem. § 179 III 2 keiner *falsus-procurator*-Haftung. Dann bliebe der Geschäftsgegner auf seinem Schaden „sitzen". Der Scheinvertretene wäre von jeder Schadensersatzpflicht freigestellt, da er vom minderjährigen *falsus procurator* nicht nach § 122 I in Regress genommen werden könnte; er profitierte reflexmäßig vom Minderjährigenschutz. Nur bei einer unmittelbaren Anspruchsberechtigung des Geschäftsgegners aus § 122 I lässt sich das allein interessengerechte Ergebnis erreichen, dass letztlich der Vertretene den Schaden, den er durch seinen Irrtum bzw. die Anfechtung der Vollmachtserteilung verursacht hat, selbst trägt. Im Übrigen wird schon im Regelfall der Regressweg der §§ 179, 122 dem Ziel- oder Zweckverbund von Bevollmächtigung und Vertretergeschäft nicht gerecht, wenn die Erteilung der Innenvollmacht durch einen Willensmangel beeinflusst ist und der Bevollmächtigte vor der Anfechtung bereits ein Vertretergeschäft wahrgenommen hat. Die angefochtene Innenvollmacht muss konsequent der angefochtenen Außenvollmacht gleichgestellt werden, denn der Vollmachtgeber will in beiden Fällen durch die Anfechtung der Vollmachtserteilung erreichen, dass das bereits abgeschlossene Geschäft keine Wirkung mehr gegen ihn entfaltet. Im Ergebnis ist es deshalb sachlich berechtigt und allein interessengerecht, *B* als Anspruchsberechtigten i. S. des § 122 I anzusehen.

2. Schadensumfang

Untersuchungsbedürftig bleibt aber der Umfang des danach ersatzfähigen Schadens. Da *B* den Eisbeutel für 25 EUR hätte anderweitig verkaufen können, dieses Geschäft aber im Vertrauen auf die Gültigkeit der Bevollmächtigung und die Bindungswirkung des mit *K*, vertreten durch *F*, geschlossenen Vertrages nicht getätigt hat, beläuft sich sein Vertrauensschaden (negatives Interesse) auf den entgangenen Gewinn in Höhe des hypothetischen Kaufpreises des Geschäfts (25 EUR) abzüglich des Wertes der Sache (10 EUR), mithin auf 15 EUR. Allerdings begrenzt § 122 I den ersatzfähigen Vertrauensschaden auf die Höhe des positiven Erfüllungsinteresses, um den Ersatzberechtigten nicht besser zu stellen als bei Erfüllung des Vertrages mit dem Anfechtenden. Der Erfüllungsschaden aber beläuft sich lediglich auf den hypothetischen Kaufpreis von 15 EUR abzüglich des Wertes der Sache in Höhe von 10 EUR, mithin auf 5 EUR. Im Ergebnis kann *B* von *K* mithin nach § 122 I lediglich 5 EUR Schadensersatz verlangen.

Teil 2: Das Schmerzmittel

Möglicherweise hat *B* zudem einen Anspruch gegen *K* auf Zahlung des Kaufpreises für das Schmerzmittel in Höhe von 20 EUR aus § 433 II. Voraussetzung hierfür ist, dass *K* wirksam durch *C* vertreten wurde.

I. Erteilung einer Vollmacht

An einer ausdrücklichen Vollmachtserteilung für *C* durch *K* nach § 167 I fehlt es. *K* hat nur dem *F* eine rechtsgeschäftliche Vertretungsmacht eingeräumt. Die Willenserklärung des *C* gegenüber *B* könnte dem *K* jedoch zugerechnet werden, wenn dessen Vertreter *F* eine wirksame Untervollmacht an *C* erteilt hat. Hierfür müsste die Bevollmächtigung des *F* die Erteilung einer Untervollmacht an *C* umfassen. Auch wenn *K* keine ausdrückliche Unterbevollmächtigung gestattet hat, lässt es doch die Interessenlage als angemessen erscheinen, seine Vollmachtserteilung gegenüber *F* dahingehend auszulegen, dass er auch mit der Erteilung einer Untervollmacht an einen Untervertreter einverstanden war. Denn ihm kam es nur darauf an, noch am selben Tage ein Schmerzmittel zu erhalten. Zur Erreichung dieses Ziels sollte *F* „nichts unversucht lassen“. Es gibt keinen Anhaltspunkt für ein besonderes Interesse des *K* daran, dass *F* den Geschäftsabschluss persönlich – etwa aufgrund besonderer Vertrauensstellung oder Befähigung – vornehmen sollte.

II. Wirksamkeit der Vollmacht

Weder der Bevollmächtigung des *F*, noch der Unterbevollmächtigung des *C* steht deren beschränkte Geschäftsfähigkeit entgegen, §§ 131 II 2, 165. Der spätere Sinneswandel des *K* im Gespräch mit *B* vermag die Wirksamkeit der Vollmacht an *F*, der Untervollmacht an *C* und damit die Bindungswirkung des Kaufvertrages für *K* nicht zu beeinträchtigen. Insbesondere fehlt es an einem Anfechtungsgrund. *B* hat danach einen Anspruch auf Zahlung des Kaufpreises in Höhe von 20 EUR für das Schmerzmittel aus § 433 II.

Teil 3: Abwandlung

Fraglich ist, ob *B* auch nach der Fallabwandlung einen Kaufpreisanspruch gegen *K* aus § 433 II hat.

I. Stellvertretung durch *P*

Man könnte denken, dass *P* wie im Ausgangsfall *C* als Untervertreter für *K* aufgetreten ist. Da der sechsjährige *P* gem. § 104 Nr. 1 geschäftsunfähig ist, wäre seine Willenserklärung jedoch nach § 105 I rechtsunwirksam. Bei genauer Betrachtung des dem *P* von *F* mitgegebenen Zettels ist jedoch festzustellen, dass *P* keine eigene Willenserklärung abgegeben hat, sondern nur als Überbringer einer fremden Willenserklärung aufgetreten ist. Die Erklärung auf dem Zettel enthielt bereits die wesentlichen Bestandteile eines Antrags zum Abschluss eines Kaufvertrages, so dass *P* weder zum Preis noch zum Kaufgegenstand ein eigener Entscheidungsspielraum verblieb. Anders als *C* im Ausgangsfall konnte er kein Schmerzmittel selbst aussuchen und damit eine eigene Willenserklärung im Namen des *K* formulieren.

II. *P* als Erklärungsbote

Ein Kaufvertrag zwischen *B* und *K* kann aber dadurch zustande gekommen sein, dass *P* als Bote eingeschaltet wurde. Ohne weiteres umfasste die Vollmachtserteilung für *F* durch *K* auch die Bestellung eines Boten. *P* ist zunächst als Bote für den Vertreter *F* aufgetreten, dessen Willenserklärung er dem *B* überbracht hat. *P* trat zugleich als Empfangsbote des *F* auf, indem er diesem mit dem Schmerzmittel auch die Annahmeerklärung des *B* übermittelte, die *F* als Empfangsvertreter für *K* nach

§ 164 III entgegennahm. *B* kann auch in der Fallabwandlung von *K* 20 EUR für das Schmerzmittel nach § 433 II verlangen.

E. Lerntest

I. Fragen

1. Kann man einen Kaufvertrag wegen eines Willensmangels nach §§ 119 ff. anfechten?
2. Was ist der Unterschied zwischen einem Stellvertreter und einem Boten?
3. Wer ist der Anfechtungsgegner und der Anspruchsberechtigte für den Schadensersatzanspruch aus § 122, wenn bei einer vom Vertreter schon betätigten Innenvollmacht der Vertretene die Vollmachtserteilung nach §§ 119 ff. anficht?

II. Antworten

1. Anfechtbar ist nach §§ 119 ff., 142 ff. nicht „der Vertrag" als zweiseitiges Rechtsgeschäft, mag auch § 143 II vom Anfechtungsgegner „bei einem Vertrag" sprechen. Vielmehr kann nur die einzelne, für einen Vertrag konstitutive Willenserklärung (Angebot oder Annahme) angefochten werden, womit freilich auch der Vertrag als von Anfang an nichtig anzusehen ist.

2. Der Stellvertreter gibt eine *eigene* Willenserklärung im fremden Namen ab, die dem Vertretenen nach § 164 I zugerechnet wird; der Bote überbringt lediglich eine *fremde* Willenserklärung.

3. Die bereits betätigte Innenvollmacht steht für die Anfechtung und den Schadensersatzanspruch des Anfechtungsgegners im Regelfall einer Außenvollmacht gleich, weil der Anfechtende letztlich auf die Beseitigung der Bindungswirkung oder vom Vertreter gegenüber dem Geschäftspartner abgegebenen Erklärung abzielt. Letzterer ist daher Anfechtungsgegner und Berechtigter für den Anspruch auf Ersatz des Vertrauensschadens.

Fall 8. Bählamms Bettwäsche

Der eher leichte Fall für eine Anfängerklausur hat seine Schwerpunkte im Allgemeinen Teil des BGB und im Allgemeinen Schuldrecht: die Auslegung von Willenserklärungen, die Irrtumsanfechtung, der Erlassvertrag, die Leistung an Erfüllungs statt und die Genehmigung der von einem Vertreter ohne Vertretungsmacht abgegebenen Willenserklärung sind die Themenbereiche.

A. Sachverhalt

Der Dichter *Balduin Bählamm (B)* entschließt sich, seine weiße, von der Großmutter geerbte Bettwäsche durch eine schickere zu ersetzen, und kauft im Geschäft des Kaufmanns *Hanno von Hinkelsmark (H)* für 40 bare Taler Kopfkissen- und Federbett-Bezüge aus schwarzer Seide, die ihm in einem großen Paket nach Hause geliefert werden sollen. Weil er sein hausbackenes, aber noch gut erhaltenes altes Bettzeug günstig veräußern möchte, begibt er sich sodann zum Händler *Johann Kolbe (K),* der in seinem Wäschegeschäft auch eine Second Hand-Abteilung unterhält. *K* bietet zunächst nur 10 Taler für die von *B* beschriebene alte Bettwäsche. *B* hat an mindestens 20 Taler gedacht und weist auf den hohen Nostalgiewert des Bettzeugs hin. Die beiden verhandeln einige Zeit, bis *K* einen schriftlichen Text aufsetzt, wonach er dem *B* die Wäsche für 15 Taler abkauft. *B* muss sie aber am nächsten Tag gewaschen, gebügelt und verpackt zur Abholung bereitstellen. Auch heißt es in einem Satz: „Die Berufung auf einen Irrtum ist jedenfalls ausgeschlossen. Ware gegen Geld." *B* unterschreibt. Am nächsten Tag bringt *K* dem *B* das Geld. *B* händigt ihm das Wäschepaket mit den Worten aus: „Hier ist Omas Bettwäsche." Am Abend stellt sich jedoch heraus, dass *B* dem *K* das falsche Paket gegeben hatte. Er hat es mit dem daneben stehenden, kurz zuvor von *H* angelieferten Paket mit dem neuen Bettzeug verwechselt. *B* verlangt Herausgabe unter Berufung auf die Verwechslung. *K* jedoch weist auf die unterschriebene Erklärung hin. Er fordert vielmehr von *B* auch noch die „geschuldete" alte Bettwäsche.

Aus Empörung über die Dreistigkeit des *K* ruft *B* den *H* an, gibt sich als *K* aus und bestellt zur sofortigen Lieferung die teuerste Bettwäsche „Hochzeitstraum" mit Brüsseler Spitzen für 150 Taler. *H* erkennt zwar sofort die Stimme des *B,* glaubt aber, dieser handele mit dem Einverständnis des ihm bekannten *K.* Als *H* den „Hochzeitstraum" bei *K* anliefert und sich auf die telefonische Bestellung des *B* beruft, nimmt *K* die Wäsche entgegen. Er sagt zu *H,* dass er dies nur „unter Vorbehalt" tue und erst einmal sehen wolle, was dahinterstecke. *K* schenkt den „Hochzeitstraum" noch am Wochenende seiner Nichte, die zufällig gerade ihre Hochzeit feiert. Dem *B* schreibt *K:* „Vielen Dank für die Bestellung. Sie sind wohl Hellseher? Sie haben mir die Qual der Wahl erspart." Die später von *H* geforderte Zahlung der 150 Taler lehnt *K* ab; er meint, *B* müsse zahlen, der ja die Wäsche gekauft habe.

B. Gutachtliche Überlegungen

I. Fallfragen und Anspruchsgrundlagen

Unverkennbar besteht der Sachverhalt aus zwei Teilen juristisch selbstständiger Bedeutung, so dass es sich eigentlich um zwei Fälle handelt, die nur durch die Gleichheit der beteiligten Personen und die Gemeinsamkeit des Bettwäsche-Sujets miteinander verbunden sind. Im ersten Komplex, der um die Verwechslung der beiden Pakete kreist, geht es um einen Herausgabeanspruch des *B* gegen *K*, der sich einmal aus § 985, aber auch aus § 812 I 1 Alt. 1 (Leistungskondiktion) ergeben kann. Den Herausgabeansprüchen aus § 1007 kommt im vorliegenden Fall neben § 985 keine selbstständige Bedeutung zu. Daneben soll ausweislich des letzten Satzes des ersten Absatzes auch ein Anspruch des *K* gegen *B* auf Lieferung der „richtigen" Bettwäsche geprüft werden, für den als Anspruchsgrundlage nur § 433 I 1 in Betracht kommt.

Im zweiten Sachverhaltsteil, in dessen Mittelpunkt die Bettwäsche „Hochzeitstraum" steht, stellt sich zunächst die Frage nach dem Zahlungsanspruch des *H* gegen *K*, der sich nur aus § 433 II ergeben kann. Im Hinterkopf zu behalten ist, dass *H* sich möglicherweise an *B* wenden will, wenn *K* als Schuldner des Kaufpreises ausfallen sollte. Mit diesen Überlegungen ist der Klausuraufbau mit den einzelnen Anspruchsgrundlagen vorstrukturiert.

II. Paketverwechslung und Anfechtungsgrund

Im Sachverhaltsteil der Paket- und Wäscheverwechslung muss der Klausurant bei der Prüfung des Tatbestandsmerkmals „Eigentümer" seiner ersten Anspruchsgrundlage (§ 985) die Möglichkeit eines Eigentumsverlustes des *B* an *K* erörtern. Er mag hier Zweifel haben, ob das übergebene Paket mit der „falschen" Bettwäsche wirklich Gegenstand des dinglichen Einigungsvertrages zwischen den Parteien war. Durchgreifend können diese Zweifel aber kaum sein, denn im Lichte des sachenrechtlichen Bestimmtheitserfordernisses kann es nur darauf ankommen, dass die zu übereignende Sache gegenständlich klar bezeichnet ist.[1] Bei einem ausgehändigten Paket beziehen sich die Einigungserklärungen auf diese „greifbare" Sache. Wenn Fehlvorstellungen über die Identität dieser Sache bei einer Partei oder auf beiden Seiten herrschen, so ist damit der Anwendungsbereich der Irrtumslehre eröffnet, doch bleibt der Bestand der Willenserklärungen und damit die Wirksamkeit des Einigungsvertrages zunächst unberührt.

Freilich schiebt sich nun die Frage in den Vordergrund, ob *B* seine Einigungserklärung nach § 119 I anfechten kann.[2] Die Einigung als ein aus zwei Willenserklärungen bestehender dinglicher Verfügungsvertrag unterliegt ja grundsätzlich den Regeln des Allgemeinen Teils des BGB und damit der Rechtsgeschäftslehre. Man mühe sich nicht allzu lange mit den Abgrenzungsschwierigkeiten zwischen Inhalts- und Erklärungsirrtum ab.[3] Eine Zuordnung von *Bs* Irrtum zu einer der Alternativen des § 119 I hängt letztlich davon ab, ob man den vermeintlichen Inhalt des Pakets (alte Bettwäsche) bereits in die normative Erklärungsbedeutung seines Übereignungsangebots

---

1 Vgl. *Baur/Stürner* SachenR § 51 B I Rn. 8 S. 639 i. V. m. § 4 III Rn. 17 ff. S. 39 f.; *K. Müller* SachenR S. 731 f. Rn. 2371 ff.; BGHZ 21, 52 ff.

2 Vgl. zur Irrtumsanfechtung *Musielak* JuS 2014, 491 ff. und 583 ff.

3 Vgl. dazu *Köhler* BGB AT § 7 IV Rn. 16 f. S. 74 f.; *Neuner* BGB AT § 41 III Rn. 37 ff. S. 482 ff.; *Pawlowski* BGB AT § 4 III b Rn. 537 ff. S. 272 ff.

aufnimmt (dann Inhaltsirrtum in Form eines Identitätsirrtums) oder ob man die Erklärung des *B* nur auf „dieses Paket mit der darin befindlichen Wäsche" bezieht (dann Erklärungsirrtum in Form eines „Vergreifens"). Es ist wegen der Gleichheit der Rechtsfolgen ohne weiteres zulässig, die Abgrenzung hier dahingestellt bleiben zu lassen, nachdem das Auseinanderfallen von Geschäftswille und Erklärung feststeht.

Balduin Bählamm

III. Der Anfechtungsausschluss

Nach der Anfechtungserklärung und dem Anfechtungsgrund ist nun ein möglicher Ausschluss der Anfechtbarkeit durch Parteivereinbarung zu prüfen. Wer hier fragt, ob der Ausschluss der Anfechtung zulässig ist, fragt schon falsch, denn in unserer Privatrechtsordnung ist erlaubt, was nicht verboten ist. Und verboten ist keineswegs eine Parteivereinbarung, die das Irrtumsrisiko bei einer Übereignung allein der irrenden Partei aufbürdet und eine Anfechtung wegen Irrtums ausschließt, denn sogar eine einseitige Verzichtserklärung auf das Gestaltungsrecht der Anfechtung ist – auch vor Entstehen des Anfechtungsrechts – wirksam.[4] Nur bei einem Anfechtungsausschluss durch allgemeine Geschäftsbedingungen wird man an eine Unwirksamkeit denken können (§ 307), nicht aber bei einer individualvertraglich ausgehandelten Vereinbarung.

Nach dem Scheitern des Anspruchs aus § 985 rückt das Bereicherungsrecht ins Blickfeld. Ein Rechtsgrund für die Übereignung der *neuen* Bettwäsche fehlt gewiss. Aber es drängt sich sofort die Frage auf, ob der Anfechtungsausschluss nicht auch einen Bereicherungsanspruch sperren muss. Denn letztlich geht es wiederum um die „Berufung auf einen Irrtum". Hier ist der Bearbeiter zu einer einfühlsamen Auslegung der Vereinbarung aufgerufen. Zweierlei spricht wohl für eine weite, auf ein Rückabwicklungsverbot hinauslaufende Auslegung. Zum ersten bliebe der Anfechtungsausschluss zu allermeist wirkungslos, wollte man ihn nur auf das dingliche Rechtsgeschäft beziehen und eine bereicherungsrechtliche Rückabwicklung zulassen. Das Risiko eines Irrtums und einer Rückabwicklung verbliebe entgegen dem Parteiwillen doch dem irrtumsfreien Geschäftspartner. Zum zweiten legt die Sach- und Interessenlage beim Handel mit gebrauchten Sachen ein Rückabwicklungsverbot bei Irrtümern und eine Verfahrensweise nach dem Grundsatz „Ware gegen Geld ohne Rückgewähr bei Irrtümern" nahe. Konstruktiv wird man in jenem Anfechtungs- und Rückabwicklungsausschluss auch einen Erlass- oder Verzichtsvertrag[5]

---

[4] Vgl. zum Verzicht auf subjektive Rechte *Larenz/Wolf* BGB AT § 15 III 3 Rn. 35 f. S. 248; zur Abdingbarkeit der Irrtumsanfechtung MüKoBGB/*Armbrüster* § 119 Rn. 151.

[5] Vgl. dazu *Brox/Walker* SchuldR AT § 17 Rn. 1 S. 160 f.; *Medicus/Lorenz* SchuldR AT § 25 I Rn. 309 ff. S. 130 ff.; ausführlich *Gernhuber* SchuldR-HdB III S. 367 ff.

nach § 397 I bezüglich eines künftig etwa entstehenden Bereicherungsanspruchs des *B* sehen müssen.

Johann Kolbe

IV. Die Annahme an Erfüllungs statt

Die letzte Rechtsfrage im Komplex der verwechselten Bettwäsche ist, ob *K* noch seinen kaufvertraglichen Erfüllungsanspruch auf Eigentums- und Besitzverschaffung an dem *alten* Bettzeug geltend machen kann. Hier bedarf es einer gewissen dogmatisch-konstruktiven Phantasie des Klausuranten, um dem Gebot des Rechtsgefühls, wonach eine solche Dreistigkeit nicht durchgehen darf, gesetzlich abgesicherte Geltung zu verschaffen. Die richtige Lösung kann nur sein, dass *K* die verwechselte Wäsche an Erfüllungs statt angenommen hat.[6] Damit ist der Lieferungsanspruch des *K* nach § 364 I erloschen. Man wird diese Auslegung wiederum aus der wirtschaftlichen Zielsetzung des Geschäfts und den Parteiinteressen ableiten müssen, wonach ein Tauschakt „Ware gegen Geld" unter Ausschluss weiterer Ansprüche gewollt war.

V. Der „Hochzeitstraum"

Weniger Schwierigkeiten wirft der zweite Sachverhaltskomplex auf, bei dem zunächst die telefonische Bestellung des *B* zu würdigen ist. *H* hat das Handeln des *B* *unter* fremdem Namen zwar durchschaut, er durfte jedoch davon ausgehen, dass *B* jedenfalls den *K* verpflichten, also *in* seinem Namen handeln wollte.[7] Der Vertragspartner wurde für *H* durch den Namen des ihm bekannten *K* individualisiert. Das Risiko, dass *B* tatsächlich keine Vertretungsmacht besaß (vgl. § 179 III 1), ist *H* eingegangen.

Nun geht es noch um die Frage, ob, gegenüber wem und wann *K* eine Genehmigung des *falsus procurator*-Handelns erklärt hat. Denn hiervon hängt es ab, ob *H* den *K* als Vertragspartner oder den *B* als vollmachtlosen Vertreter (§ 179 I) in Anspruch nehmen kann. Insoweit steht lediglich schlichte Gesetzesanwendung in Rede. Die Vorschriften der §§ 177 I und II sowie 182 I enthalten die Lösung: *K* hat gegenüber

---

6 Vgl. zur Annahme an Erfüllungs statt *Brox/Walker* SchuldR AT § 14, Rn. 6 ff. S. 134 ff.; *Medicus/Lorenz* SchuldR AT § 22 III Rn. 279 ff. S. 116 ff.; ausführlich *Gernhuber* SchuldR-HdB III S. 183 ff.

7 Vgl. zum Unterschied zwischen Handeln *unter* und *in* fremdem Namen *Neuner* BGB AT § 49 II 4 Rn. 52 ff. S. 610 f.; *Köhler* BGB AT § 11 II 5 Rn. 23 S. 161 f.; *Brox/Walker* BGB AT § 24 I 3d Rn. 13 ff. S. 242 ff.

B dessen Handeln durch seinen Brief genehmigt. Deshalb ist er rückwirkend (§ 184 I) Vertragspartner geworden und muss die 150 Taler an *B* zahlen.

C. Gliederung

I. Anspruch *B* gegen *K* aus § 985
   Eigentum des B?
   1. Einigung und Übergabe nach § 929 S. 1
   2. Anfechtung der Einigung
   3. Ausschluss der Anfechtung
II. Anspruch *B* gegen *K* aus § 812 I 1 Alt. 1
   1. Anspruchsvoraussetzungen
   2. Vertraglicher Ausschluss des Anspruchs
      Problem: Reichweite der Irrtumsklausel
III. Anspruch *K* gegen *B* aus § 433 I 1
IV. Anspruch *H* gegen *K* aus § 433 II
   1. Vertretung des *K* durch *B*
   2. Genehmigung des *K* (§ 177 I)

D. Lösung

I. Anspruch *B* gegen *K* aus § 985

B kann vom Besitzer *K* die Herausgabe der schwarzen Seidenwäsche nach § 985 nur verlangen, wenn er noch deren Eigentümer ist und *K* kein Recht zum Besitz hat.

1. Einigung und Übergabe nach § 929 S. 1

B könnte sein Eigentum durch einen rechtsgeschäftlichen Eigentumsübergang nach § 929 S. 1 an *K* verloren haben. Neben der Übergabe, die sich hier durch Einräumung des unmittelbaren Besitzes an dem neuen Bettzeug nach § 854 I vollzogen hat, bedarf es einer wirksamen Einigung zwischen Veräußerer *B* und Erwerber *K* über den Eigentumsübergang. Man könnte denken, dass sich die Einigung der beiden nur auf die alte Wäsche bezogen hätte, denn *K* musste das Einigungsangebot des *B* so auffassen, dass sich in dem Paket das alte Bettzeug befinde. Das ändert aber nichts daran, dass beide einen Eigentumswechsel an dem konkret ausgehändigten Paket mitsamt seinem Inhalt bewirken wollten, mögen sie sich auch über die Identität seines Inhalts im Irrtum befunden haben. Der dingliche Verfügungsvertrag ist über das übergebene Paket zustande gekommen.

2. Anfechtung der Einigung

Möglicherweise hat *B* aber seine Einigungserklärung wirksam angefochten und damit den dinglichen Verfügungsvertrag zu Fall gebracht. Man kann den Fall als einen Inhaltsirrtum i. S. d. § 119 I Alt. 1 ansehen, da die Sache, auf die sich die Erklärung des *B* bezog, eine andere als die von *B* gemeinte war (Identitätsirrtum). Aber der Fall steht auch einem Erklärungsirrtum i. S. d. § 119 I Alt. 2 nahe, da sich *B* bei der Aushändigung des falschen Wäschepakets „vergriffen" hat und eine Erklärung des Inhalts, dass er das Eigentum an der im übergebenen Paket befindlichen Wäsche übertrage, überhaupt nicht abgeben wollte. Die Abgrenzung kann indes wegen der Gleichheit der Rechtsfolgen dahingestellt bleiben; jedenfalls klaffen die normative Erklärungsbedeutung und die Vorstellung i. S. d. Geschäftswillens des *B* auseinander.

3. Ausschluss der Anfechtung

Allerdings könnten die Parteien durch die schuldrechtliche Vereinbarung, wonach die „Berufung auf Irrtum jedenfalls ausgeschlossen" sein sollte, die Anfechtungsmöglichkeit des § 119 I abbedungen haben. Diese Vorschrift ist kein zwingendes Recht. Den Parteien muss es unbenommen bleiben, ihre rechtsgeschäftlichen Beziehungen durch einen Ausschluss der Anfechtungsmöglichkeit zu gestalten. Solange ein Anfechtungsausschluss individualvertraglich ausgehandelt und nicht formularvertraglich vorgesetzt wird, bedarf es keiner besonderen Rechtfertigung für eine derartige Vereinbarung, die lediglich der Sittenwidrigkeitskontrolle des § 138 unterliegt. Die Vertragsklausel ist dahingehend auszulegen, dass gerade eine irrtümliche Aushändigung und Übereignung von Sachen keiner Irrtumsanfechtung unterliegen sollte. Der Anspruch des *B* aus § 985 scheitert im Ergebnis bereits daran, dass ein wirksamer und nicht mehr anfechtbarer Eigentumsübergang stattgefunden hat.

II. Anspruch *B* gegen *K* aus § 812 I 1 Alt. 1

In Betracht kommt aber ein Rückübereignungsanspruch des *B* gegen *K* aus ungerechtfertigter Bereicherung nach § 812 I 1 Alt. 1 (Leistungskondiktion).

1. Anspruchsvoraussetzungen

Es fragt sich, ob *K* das Eigentum an der neuen Bettwäsche, das ihm von *B* zur Erfüllung des abgeschlossenen Kaufvertrages übertragen, mithin geleistet wurde, ohne Rechtsgrund erlangt hat. Da der Kaufvertrag vom Vortage das alte Bettzeug zum Gegenstand hatte, kann er nicht als Rechtsgrund für den Eigentumswechsel an der neuen Bettwäsche dienen; insoweit fehlt es an einer schuldrechtlichen Vereinbarung. Es hat auch anlässlich der irrtümlichen Übergabe des neuen Bettzeugs keine Vertragsänderung stattgefunden; der Kaufvertrag bezog sich immer nur auf die alte Bettwäsche. Es ist jedoch zu überlegen, ob die Vereinbarung, wonach eine „Berufung auf Irrtum jedenfalls ausgeschlossen" sein sollte, nicht auch die Geltendmachung des Bereicherungsanspruchs hindert. Man könnte in ihr einen Verzicht des *B* auf die Erhebung sämtlicher Rückgewähransprüche bezüglich der ausgehändigten Sache sehen, soweit solche Ansprüche auf einen Irrtum gestützt werden könnten. Zwar ist dem Schuldrecht ein einseitiger Verzicht des Gläubigers auf Forderungen fremd. In Betracht kommt aber eine Würdigung der Vertragsklausel als vertraglicher Verzicht im Wege eines Erlassvertrages nach § 397 I. Ein derartiger verfügender Vertrag, der formfrei abgeschlossen werden kann, muss sich auch auf erst künftig eventualiter entstehende Forderungen beziehen können, deren Entstehen sodann durch die Vereinbarung gehindert wird.

2. Vertraglicher Ausschluss des Anspruchs

Fraglich ist, ob der Klausel eine derart folgenreiche Bedeutung beigemessen werden kann. Angesichts der Umstände des Falles und der Interessenlage liegt eine weite Auslegung der Vereinbarung nahe. Gerade im Handel mit gebrauchten Sachen kommt es auf schnellen und reibungslosen Umsatz an, der nicht mit langwierigen und kostspieligen Rückabwicklungsrisiken belastet werden darf. Hier muss gelten: was dem Trödler gegen Bargeld ausgehändigt wird, ist nicht mehr rückforderbar. Ohne eine solche Absicherung könnten die Branchen des Altwarenhandels schwerlich überleben; zumindest müssten sich die Kunden auf erhebliche Kürzungen des Entgelts für ihre gebrauchten Sachen einrichten. Die Klausel ist das Ergebnis von Verhandlungen der Parteien und hat auch die Preisbildung beeinflusst. Sie läuft darauf hinaus, dass *B* und *K* ein Rückabwicklungsverbot für den vollzogenen Tauschakt Ware gegen Bargeld ausgehandelt und *B* mit dem Irrtumsrisiko belastet haben. Wollte man den Anfechtungsausschluss lediglich auf den dinglichen Verfügungsvertrag beziehen, liefe er regelmäßig leer, weil über die Leistungskondiktion eine Rückabwicklung erreicht werden könnte. Die dogmatische Besonderheit des deutschen Abstraktionsprinzips und das danach konstruktiv getrennte Rechtsschicksal von dinglichem Verfügungs- und schuldrechtlichem Verpflichtungsvertrag dürfen nicht zu einer sachwidrigen Trennung praktisch einheitlicher Rechtsgeschäfte führen, die ihrem wirtschaftlichen Gesamtsinn zuwider liefe. Es erscheint mithin als allein sach- und interessengerecht, den Anfechtungsausschluss zugleich als vertraglichen Verzicht auf irrtumsbedingte Bereicherungsansprüche zu verstehen. *B* hat keinen Anspruch gegen *K* auf Rückübereignung des neuen Bettzeugs aus § 812 I 1 Alt. 1.

III. Anspruch *K* gegen *B* aus § 433 I 1

Möglicherweise hat *K* aber noch seinen kaufvertraglichen Anspruch gegen *B* auf Übereignung der alten Bettwäsche nach § 433 I 1. Da die irrtümliche Übereignung der neuen Bettwäsche nicht der geschuldeten Leistung des *B* entsprach (§ 362 I), könnte man denken, dass der Anspruch des *K* auf die alte Bettwäsche noch nicht erfüllt und nunmehr fällig sei, § 271 I. Jedoch hat der Ausschluss der Anfechtbarkeit wegen Irrtums auch eine den *K* belastende Wirkung. Die Vereinbarung muss nämlich aufgrund ihres wirtschaftlichen Gesamtzusammenhangs dahingehend verstanden werden, dass *K* das ausgehändigte Paket unabhängig von seinem Inhalt an Erfüllungs statt annimmt, der Leistung also jedenfalls Tilgungswirkung beimessen wird. Auch für ihn gilt: Ware gegen Geld. Es ist mithin eine Ersatzerfüllung nach § 364 I eingetreten, die den kaufvertraglichen Anspruch des *K* zum Erlöschen gebracht hat.

IV. Anspruch *H* gegen *K* aus § 433 II

Ein Anspruch des *H* gegen *K* auf Zahlung der 150 Taler für die Bettwäsche „Hochzeitstraum" aus § 433 II hängt davon ab, ob *B* den *K* bei Abschluss des Kaufvertrages wirksam vertreten hat.

1. Vertretung des *K* durch *B*

Bei dem Telefongespräch mit *H* hat *B* „unter fremdem Namen" handeln wollen. Da *H* seine Verstellung jedoch durchschaut hat und aus den Worten des *B* durchaus ein Handeln für *K* ableiten durfte (§ 164 I 2), ist die Bestellung durchaus als eine Erklärung des *B* „in fremdem Namen" (des *K*) auszulegen. Für *H* wurde der Vertragspartner durch den ihm bekannten *K* individualisiert. Freilich fehlte dem *B* zur Zeit der Wäschebestellung die Vertretungsmacht. Zu keiner Zeit hatte *K* dem *B* Vollmacht erteilt, § 167 I. Deshalb konnte die auf einen Kaufvertragsabschluss gerichtete Erklärung des *B* nicht für und gegen *K* wirken, § 164 I 1. Vielmehr blieb der Vertrag nach § 177 I schwebend unwirksam und von einer Genehmigung des *K* abhängig.

2. Genehmigung des *K* (§ 177 I)

Eine Genehmigung liegt nicht schon in der Entgegennahme der Bettwäsche, die ausdrücklich unter Vorbehalt erfolgte. Zu dieser Zeit kannte *K* den Inhalt des abgelieferten Pakets noch nicht. Auch im Verschenken der Bettwäsche an die Nichte kann man keine Genehmigung sehen. Zwar mag *K* zu diesem Zeitpunkt entschieden haben, dass er das Geschäft für sich wirken lassen wolle. Es fehlt jedoch noch an einer Genehmigungserklärung mit Außenwirkung gegenüber dem Geschäftsgegner *H* oder dem *falsus procurator B.* Wohl aber ist in dem Schreiben des *K* an *B* eine Genehmigungserklärung zu sehen. *K* konnte diese Erklärung auch dem *B* gegenüber abgeben, ohne den *H* etwas davon wissen zu lassen, § 182 I. Auch war die Genehmigungserklärung des *K* gegenüber *B* nicht schon durch eine Aufforderung des *H* nach § 177 II 1 gesperrt, mit der nur noch *H* als Erklärungsgegner in Betracht gekommen wäre. Mit der Genehmigung trat *K* rückwirkend in die Vertragspartnerstellung ein, §§ 184 I, 177 I. Die spätere Verweigerung der Kaufpreiszahlung gegenüber *H* ändert an dem bereits genehmigten Kaufvertrag und an dem Kaufpreiszahlungsanspruch des *H* aus § 433 II nichts mehr. *K* muss die 150 Taler zahlen.

E. Lerntest

I. Fragen

1. Kann man auch die nach § 929 S. 1 erforderliche Einigungserklärung wegen eines Irrtums nach § 119 anfechten?
2. Ist das Anfechtungsrecht nach § 119 vor seiner Entstehung einseitig verzichtbar und/oder durch Parteivereinbarung abdingbar?
3. Kann der vorgeblich Vertretene das Handeln des Vertreters ohne Vertretungsmacht nur gegenüber dem Geschäftsgegner oder auch gegenüber dem *falsus procurator* genehmigen?

II. Antworten

1. Die Einigung i. S. d. § 929 S. 1 unterliegt als dinglicher Verfügungsvertrag der Rechtsgeschäftslehre des BGB AT; die Einigungserklärung des Erwerbers wie des Veräußerers kann nach § 119 angefochten werden.

2. Das Gestaltungsrecht der Anfechtung nach § 119 ist dispositives Recht, grundsätzlich privatautonom einseitig verzichtbar und auch durch Parteivereinbarung abdingbar; etwas anderes kann nach § 307 bei einem formularvertraglichen Anfechtungsausschluss gelten.

3. Der vorgeblich Vertretene kann nach §§ 177 I, 182 I sowohl gegenüber dem vollmachtlosen Vertreter wie gegenüber dem Geschäftsgegner die Genehmigung erklären; allerdings ist § 177 II zu beachten.

Fall 9. Huckebeins umstrittenes Begräbnis

Die Themen dieser Anfängerklausur sind neben dem Besitz und den Besitzarten die verschiedenen Besitzschutzansprüche und ihr Verhältnis zueinander; es geht um possessorischen, petitorischen, vindikatorischen, deliktischen und kondiktorischen Besitzschutz. Auch wirft der Sachverhalt einfache Fragen des Gutglaubenserwerbs auf. Die Lösung verlangt deshalb Grundkenntnisse im Sachenrecht.

A. Sachverhalt

Der Knabe *Eugen (E)* bekommt von seinem *Onkel Nolte (N)* zum achten Geburtstag einen zahmen Raben geschenkt. Sein *Vater (V)* begrüßt dieses Geschenk als sinnvollen Erziehungsbeitrag, während seine *Mutter (M)* den neuen Hausgenossen nur mit Murren duldet. Der von *E* und seinen Eltern auf den Namen „Hans Huckebein" getaufte Rabe erweist sich in den folgenden Wochen im Haushalt als Übeltäter: Gardinen, Gläser, Lampen und andere Gegenstände fallen seiner Zerstörungswut zum Opfer. Als eines Morgens *E* in der Schule und *V* im Büro ist, nimmt *M* kurzerhand den Huckebein und verkauft ihn an den Inhaber der Zoohandlung *Hanno von Hinkelsmark (H)*. Von dort erwirbt ihn zwei Tage später die Vogelliebhaberin *Madam Schmöck (S)*.

Am folgenden Sonntag trifft *E* auf dem Spaziergang die *S*, die den Raben auf der Schulter ausführt. *E* erkennt „seinen alten Huckebein", stürzt auf *S* zu, entreißt ihn ihr trotz allen Protestgeschreis und stürmt davon. Zu Hause sind *V* und nunmehr auch *M* von der Tierliebe des *E* gerührt und meinen, *E* dürfe seinen Huckebein behalten, müsse sich aber auch allein um ihn kümmern. Huckebein solle ganz ihm gehören, müsse allerdings auch in *Es* Zimmer bleiben. Doch in der folgenden Nacht verwickelt sich Huckebein beim Spiel mit einem Wollknäuel so unglücklich, dass er sich selbst erdrosselt. Am nächsten Morgen wird die Trauergemeinde durch einen Besuch von *S* aufgerüttelt, die „ihren Raben" wieder abholen möchte und dabei von dessen Schicksal erfährt. *E* möchte Huckebein im Garten beerdigen, doch *S* besteht auf Herausgabe des Leichnams, weil sie selbst für eine ordentliche Bestattung Huckebeins in ihrem eigenen Garten Sorge tragen möchte.

B. Gutachtliche Überlegungen

I. Anspruchsgrundlagen und Prüfungsreihenfolge

Man beginnt angesichts der Vielzahl der Beteiligten am besten mit einer kleinen Rechtsskizze, um sich einen Überblick zu verschaffen. Hieran kann man sich bei der Entwicklung der Lösung gut orientieren.

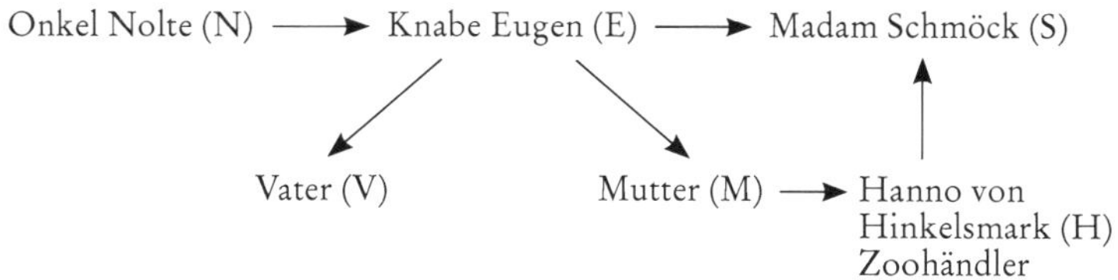

S und *E* streiten anlässlich des Herausgabeverlangens der *S* über Besitz und Eigentum an der Rabenleiche. Für das tote Tier (§ 90) gelten wie schon für das lebendige (§ 90a S. 3) die sachenrechtlichen Vorschriften. Als Anspruchsgrundlage kommt zunächst ein possessorischer Besitzschutzanspruch aus § 861 I in Betracht, da sich die Wegnahme des Raben als verbotene Eigenmacht nach § 858 darstellen könnte. Dieser Anspruch ist wegen seiner einfachen Tatbestandsvoraussetzungen vorrangig zu prüfen, denn für ihn kommt es nur auf die tatsächlichen Besitzverhältnisse, nicht aber auf ein Recht zum Besitz oder gar auf das Eigentum an der Sache an.[1] Für die petitorischen Besitzschutzansprüche aus § 1007, auf die *S* ihr Begehren möglicherweise auch stützen kann, zählt demgegenüber letztlich das (vermutete) bessere Recht zum Besitz.[2] Es empfiehlt sich kaum, § 1007 gleich im Anschluss an § 861 zu behandeln, denn nach § 1007 II 1 und III 2 könnte das Eigentum des Anspruchsgegners und jetzigen Besitzers als negative Anspruchsvoraussetzung von entscheidender Bedeutung sein. Im Rahmen des § 1007 würde die offenbar erforderliche nähere Prüfung der Eigentumslage zu einem „wasserköpfigen" und unübersichtlichen Aufbau führen. Vorzugswürdig ist deshalb, die Anspruchsgrundlage des § 985 vor der des § 1007 zu untersuchen. Als weitere Anspruchsgrundlagen auf Wiedereinräumung des Besitzes kommen eine Eingriffskondiktion nach § 812 I 1 Alt. 2 sowie § 823 I und II ins Blickfeld, die gewiss nachrangig gegenüber dem possessorischen, dem vindikatorischen und dem petitorischen Besitzschutz gewürdigt werden sollten.[3] Auch wenn die gesetzlichen Schuldverhältnisse des Kondiktions- und des Deliktsrechts in die Erörterung einzubeziehen sind, „spielt" unser Fall letztlich auf der dinglich-sachenrechtlichen Ebene der Zuordnungsbeziehungen zwischen Person und Sache. Schuldvertragliche Probleme werden durch die Anspruchsgrundlagen nicht aufgeworfen. Insbesondere braucht man nicht über die Wirksamkeit des Schenkungsvertrags zwischen *N* und *E* und des Kaufvertrags zwischen *M* und *H* nachzudenken.

II. Petitorischer Besitzschutz und jetzige Besitzverhältnisse

Es ist leicht zu überschauen, dass die Voraussetzungen der §§ 861 I, II, 858 durch die Wegnahme des Raben erfüllt sind. Lediglich die jetzt bestehende Besitzlage bedarf eingehender Erörterung, denn es ist zweifelhaft, ob *E* unmittelbaren oder mittelbaren Besitz an dem toten Huckebein hat. Zwar können Anspruchsgegner des § 861 sowohl der unmittelbare wie der mittelbare Besitzer sein, doch könnte sich im zweiten Fall der Anspruch nur auf Einräumung des mittelbaren Besitzes richten. Deshalb ist die Besitzlage klärungsbedürftig. Man muss hierzu wissen, d. h. aus Vorlesungen und Lehrbüchern gelernt haben, dass grundsätzlich die Eltern eines minderjährigen Kindes gemeinschaftlich den unmittelbaren Mitbesitz, § 866, an den zum Kindesvermögen gehörenden Sachen haben und im Rahmen ihrer elterlichen Sorge als Besitzmittler fungieren, §§ 1626, 868. Dies gilt jedenfalls dann, wenn sich die Eltern selbst die Sachherrschaft vorbehalten. Wird dem Kind die weisungsgebundene Ausübung des unmittelbaren Besitzes überlassen, ist es im Regelfall Besitzdiener, § 855, und zwar unbeschadet seines auch mittelbaren Besitzes. Diese im Eltern-

[1] Vgl. dazu *H. P. Westermann/Gursky/Eickmann* SachenR § 24 II S. 142 ff.; *Baur/Stürner* SachenR § 9 III Rn. 16 ff. S. 96 ff.; *Wellenhofer* SachenR § 5 Rn. 8 ff. S. 58 ff.; *Vieweg/Werner* SachenR § 2 IV 3 Rn. 58 ff. S. 49 ff.

[2] Vgl. dazu *H. P. Westermann/Gursky/Eickmann* SachenR § 35 S. 251 ff.; *Baur/Stürner* SachenR § 9 IV Rn. 27 ff. S. 99 ff.; *Vieweg/Werner* SachenR § 2 IV 4 Rn. 67 ff. S. 56 ff.; *Wellenhofer* SachenR § 5 Rn. 17 S. 62 ff.

[3] Vgl. zum Kondiktions- und Deliktsrecht im System des Besitzschutzes *Lopau* JuS 1980, 501 (505 f.).

Kind-Verhältnis typische Besitzlage[4] ist jedoch *nach der Wegnahme des Raben* (nicht vorher) von *V*, *M* und *E* zu Hause einverständlich modifiziert worden, indem *V* und *M* ihrem schon über einen natürlichen Herrschaftswillen verfügenden Sohn den unmittelbaren Besitz zur selbstständigen verantwortungsbewussten Ausübung (§ 1626 II) überlassen haben. Der Anspruchsinhalt des § 861 ist deshalb auf Herausgabe des *unmittelbaren* Besitzes an *S* gerichtet.

III. Die Eigentumsverhältnisse

Für die *rei vindicatio* des § 985 kommt es nun auf eine Klärung der Eigentumsverhältnisse an dem Raben an. Diese Klärung sollte nicht etwa mit *S* als möglicher Eigentümerin beginnen, denn eine Rückwärtsprüfung (Hat *S* Eigentum von *H*, *H* von *M* oder *E*, *E* von *N* erlangt?) wäre unübersichtlich verschachtelt. Vielmehr ist ein historischer Aufbau zu wählen, der das Rechtsschicksal des Raben, von der ursprünglich zweifelsfreien Lage an, einer umfassenden schrittweisen Erörterung durch alle kritischen Etappen zuführt. Zu beginnen ist also mit dem (nach § 107 wirksamen) Eigentumserwerb des *E* von *N* gemäß § 929 S. 1, bei dem die Übergabe durch Einräumung des unmittelbaren Besitzes an die Eltern als Besitzmittler des *E* erfolgt ist – eine nach § 929 S. 1 zulässige Übergabemodalität[5] – und bei dem der mittelbare Besitzer *E* zugleich Besitzdiener seiner Eltern wurde.

Im Folgenden wird der Bearbeiter bald bemerken, dass schon im Verhältnis von *M* auf der Veräußerungsseite zu *H* als Erwerber nur ein Gutglaubenserwerb in Betracht kommt, dem aber § 935 I entgegenstehen könnte. Für ein Abhandenkommen (definiert als unfreiwilliger Verlust des unmittelbaren Besitzes) kommt es wieder auf die Besitzlage am Raben an. Da nach dem Eigentumserwerb des Tieres durch *E* von *N* und vor dem Zeitpunkt der Wegnahme des Raben die typische besitzrechtliche Lage des Eltern-Kind-Verhältnisses zugrunde zu legen ist, hat die „Entführung" des Raben durch *M* zu einem Abhandenkommen beim unmittelbaren (Mit-)Besitzer *V* als Besitzmittler des *E* geführt, was aber nach § 935 I 2 einen gutgläubigen Erwerb des *H* (wie auch später der *S*) ausschloss. Damit ist *E* Eigentümer des Raben geblieben, so dass sich *S* nicht auf § 985 stützen kann.

Huckebein

[4] Vgl. Staudinger/*Gutzeit* (2018) BGB § 855 Rn. 20; *H. P. Westermann/Gursky/Eickmann* SachenR § 20 IV S. 129 f.; *Wolf* JuS 1961, 156 ff.; *OLG Celle* OLGE 4, 148.

[5] Vgl. zu den Übergabemodalitäten *H. P. Westermann/Gursky/Eickmann* SachenR § 40 S. 311 ff.; *Baur/Stürner* SachenR § 51 C Rn. 12 ff. S. 640 ff.; *Martinek* AcP 188 (1988), 573 ff.

Knabe Eugen

IV. Der petitorische Besitzschutzanspruch

Die petitorischen Besitzschutzansprüche aus § 1007 werfen für denjenigen Bearbeiter keine Probleme auf, der sich mit der unübersichtlichen Textfassung der Norm auseinandergesetzt und deren Aussagegehalt durch eine Strukturierung von Tatbestandsvoraussetzungen und Rechtsfolgen ermittelt hat.[6] Man muss erkennen: Da sich ein guter oder böser Glaube nur auf eine nicht bestehende Besitzberechtigung des jetzigen gegenüber dem früheren Besitzer beziehen kann, muss das Bestehen oder Nichtbestehen eines Besitzrechts vorrangig festgestellt, letztlich also § 1007 III 2 vor § 1007 I und II geprüft werden. Damit entfällt zugleich die besondere Bedeutung des in § 1007 II 1 genannten Ausschlussgrundes eines Eigentums des gutgläubigen Besitzers. Der Ausschlussgrund des § 1007 III 1 am Ende (Besitzaufgabe des früheren Besitzers) kann nur bei Bösgläubigkeit des jetzigen Besitzers und damit nur bei § 1007 I Wirksamkeit entfalten. Auf dieser Grundlage ist leicht erkennbar, dass *E* gegenüber *S* aufgrund seines Eigentums das bessere Recht zum Besitz nach § 1007 III 2 hat.

V. Die Abrundung der Lösung

Nach diesen Klärungen können die verbleibenden Fragen des Falles zügig angegangen werden. Die Besitzkondiktion aus § 812 I 1 Alt. 2 scheitert daran, dass *Es* Eigentum Rechtsgrund für seinen Besitz ist. Ein deliktsrechtlicher Anspruch kommt letztlich nur nach § 823 II in Betracht, falls man sich – mit der Rechtsprechung[7] – zu

---

6 Vgl. insb. die Darstellung bei *H. P. Westermann/Gursky/Eickmann* SachenR § 35 S. 251 ff. und *Baur/Stürner* SachenR § 9 IV Rn. 27 ff. S. 99 f.

7 RGZ 170, 1 (6); *RG* JW 1931, 2904; BGHZ 20, 169 (171).

einem Schutzgesetzcharakter des § 858 bekennt. Die besseren Gründe sprechen dagegen, weil § 858 ganz vorrangig dem Rechtsfrieden und nur reflexmäßig dem Individualschutz dient.[8] Im Ergebnis hat *S* also nur ihren possessorischen Besitzschutzanspruch aus § 861 I gegen *E*.[9] *Materiell-rechtlich* ist *E* zur sofortigen Wiedereinräumung des Besitzes an *S* verpflichtet, und nur dies zählt hier; man spare sich jedes Wort darüber, dass *S* bei fehlender Rechtstreue des *E* die ordentliche Gerichtsbarkeit zur Durchsetzung ihres Anspruchs bemühen müsste und ein effektiver Rechtsschutz schwerlich vor einer fortgeschrittenen Verwesung der Rabenleiche zu erlangen wäre. Das Bürgerliche Recht weist ihr jedenfalls den Besitz zu, so dass sie – und nicht *E* – den armen Huckebein bestatten kann.

C. Gliederung

I. Anspruch aus § 861 I
  1. Verbotene Eigenmacht des *E*
  2. Besitz des *E*
II. Anspruch aus § 985 – Eigentum der S?
  1. Eigentumsübertragung *N* – *E*
     Problem: Besitzerwerb des *E*
  2. Eigentumsverlust an *H*
     a) Einigung *E* – *H*
     b) Gutgläubiger Erwerb von *M*
  3. Eigentumsverlust an *S*
III. Anspruch aus § 1007 I, II 1
IV. Anspruch aus § 812 I 1 Alt. 2
V. Anspruch aus § 823 I und § 823 II i. V. m. § 858
VI. Gesamtergebnis

D. Lösung

I. Anspruch aus § 861 I

S könnte gegen *E* einen Anspruch auf Wiedereinräumung des Besitzes aus § 861 I haben.

1. Verbotene Eigenmacht des *E*

S war früher Besitzerin des Raben, nachdem sie die tatsächliche Sachherrschaft über das Tier von *H* nach § 854 I eingeräumt erhalten hatte. Zwar ist ein Tier ausweislich

[8] *Medicus* AcP 165 (1965), 115 ff.

[9] Der Anspruch ist nicht etwa aufgrund der Vorschriften der VO (EG) Nr. 1774/2002 vom 3.10.2002 (ABlEG vom 10.10.2002 Nr. L 273 S. 1) und des Tierische Nebenprodukte-Beseitigungsgesetz (TierNebG) vom 25.1.2004 (BGBl. I S. 82) wegen objektiver (rechtlicher) Unmöglichkeit der Leistung nach § 275 I erloschen, da *E* als Besitzer des Vogelkadavers seiner öffentlich-rechtlichen Beseitigungspflicht auch durch Überlassung des Tierkörpers an *S* zur privaten „Bestattung" nachkommen kann, vgl. Art. 24 I lit. a VO (EG) Nr. 1774/2002.

des § 90a S. 1 keine Sache, wie sie die §§ 854 ff. als Gegenstand des Besitzes voraussetzen, doch steht einer entsprechenden Anwendung des Sachenrechts nach § 90a S. 3 nichts im Wege. Auf das inzwischen tote Tier (§ 90a erfasst nur lebende Tiere) ist ohnehin das Sachenrecht unmittelbar anwendbar. Der frühere Besitz wurde der *S* ohne ihren Willen entzogen, als *E* ihr den Raben wegnahm. *E* hat durch die Wegnahme selbst unmittelbaren Besitz begründet, indem er auf der Grundlage eines natürlichen Beherrschungswillens die tatsächliche Sachherrschaft mit Besitzbegründungswillen erlangte, § 854 I. Hierfür kam es weder auf eine rechtliche Vorteilhaftigkeit noch auf eine elterliche Zustimmung an, weil die Besitzbegründung keine rechtsgeschäftliche Willenserklärung bedingt. Für die Widerrechtlichkeit des Besitzentzugs spielt es keine Rolle, ob *E* zu dieser Zeit Eigentümer des Raben war oder nicht. Die Zielsetzung der §§ 858 ff., eine faustrechtliche Eigenvollstreckung (vermeintlicher) Ansprüche außerhalb des staatlichen Gewaltmonopols zu verhindern, verbietet auch dem Eigentümer eine eigenmächtige Besitzverschaffung. Der Widerrechtlichkeit seines Handelns steht auch nicht entgegen, dass sich *E* möglicherweise zur Inbesitznahme des Raben für berechtigt hielt. Ein Irrtum über die Rechtswidrigkeit des Handelns stellt keinen Rechtfertigungsgrund dar (*arg. e* § 17 StGB). Der von *E* begründete unmittelbare Besitz ist nach § 858 II 1 fehlerhaft.

2. Besitz des *E*

An dem von *E* erlangten und weiterbestehenden unmittelbaren Besitz darf man nicht deshalb zweifeln, weil die zum Kindesvermögen gehörenden Gegenstände der elterlichen Vermögenssorge unterliegen, § 1626 I 2. Die Eltern können zwar eine Sache selbst in unmittelbaren Mitbesitz nehmen, §§ 854 I, 866, und den Besitz für ihr Kind vermöge des elterlichen Sorgeverhältnisses nach § 868 vermitteln. Das Kind ist dann mittelbarer Besitzer und, falls ihm die Eltern die weisungsgebundene Ausübung der tatsächlichen Gewalt über die Sache überlassen, zugleich Besitzdiener, § 855. *V* und *M* haben jedoch von einer eigenen Inbesitznahme des von *E* weggenommenen Raben Abstand genommen. Vielmehr haben sie bewusst ihrem Sohn den unmittelbaren Besitz an Huckebein zum selbstständig verantwortungsbewussten Umgang belassen, § 1626 II 1. Der Anspruch der *S* aus § 861 I richtet sich daher auf Herausgabe des unmittelbaren Besitzes.

II. Anspruch aus § 985

Möglicherweise kann *S* die Rabenleiche auch nach § 985 von *E* herausverlangen. Dann müsste sie zunächst Eigentümerin dieser Sache sein.

1. Eigentumsübertragung *N* – *E*

Ursprünglich war *N* Eigentümer. Von ihm könnte *E* das Eigentum nach § 929 S. 1 durch Einigung und Übergabe erlangt haben. Das Übereignungsangebot des *N* an *E* zum Abschluss des dinglichen Einigungsvertrags ist nach §§ 145, 131 II 2 wirksam, auch bedurfte die Annahmeerklärung des *E* keiner Einwilligung seiner Eltern, da ihm der Erwerb des Raben lediglich einen rechtlichen Vorteil brachte, § 107. Die kraft Gesetzes und nicht unmittelbar durch *Es* Willenserklärung entstehende Tierhalterhaftung nach § 833 S. 1 ändert daran ebenso wenig wie die mittelbare tatsächliche Last von Fütterungskosten. Fraglich ist aber, ob es auch zu einer Übergabe des Raben von *N* an *E* nach §§ 929 S. 1, 854 I gekommen ist. Der Begründung einer unmittelbaren Sachherrschaft durch *E* steht ungeachtet seines Besitzbegründungswillens entgegen, dass seine Eltern *V* und *M* kraft ihres Rechts und ihrer Pflicht zur elterlichen Sorge die jederzeitige Einwirkungsmöglichkeit auf das Tier hatten. Indem sie duldeten, dass *E* den Raben behielt, begründeten *V* und *M* selbst darüber die unmittelbare Sachherrschaft, denn sie wollten und mussten von Anfang an *Es* Umgang mit dem nicht völlig ungefährlichen Tier gewissenhaft beaufsichtigen. *E* sollte lediglich ihr Besitzdiener nach § 855 werden. Freilich wollten *V* und *M* den Raben nicht für sich, sondern kraft ihrer elterlichen Sorge für *E* besitzen, so dass ein Besitzmittlungsverhältnis nach § 868 zustande kam, kraft dessen *E* zugleich neben seiner Besitzdienerschaft mittelbarer Besitzer des Raben wurde. Die Übergabe vom Veräußerer (hier *N*) an einen im Besitzmittlungsverhältnis zum Erwerber *(E)* stehenden unmittelbaren Besitzer (*V* und *M* als unmittelbare Mitbesitzer) ist zwar im Gesetz nicht ausdrücklich geregelt, jedoch steht der Besitzwechsel vom Veräußerer *(N)* zum Besitzmittler (*V* und *M*) des Erwerbers *(E)* einer Übergabe an den Erwerber selbst als unmittelbaren Besitzer gleich. *E* hat daher von *N* Eigentum erworben.

2. Eigentumsverlust an *H*

E könnte sein Eigentum aber an *H* verloren haben.

a) Einigung *E – H*

Einigung und Übergabe nach § 929 S. 1 sind zwar zwischen *M* und *H* erfolgt, doch war die im eigenen Namen handelnde *M* nicht Eigentümerin des allein dem *E* gehörenden Raben. *M* war auch nur gemeinschaftlich mit *V* im Rahmen der elterlichen Sorge zur gesetzlichen Vertretung des *E* befugt (§ 1629 I 2 Hs. 1), so dass sie nur unter Mitwirkung des *V* oder mit dessen Ermächtigung im eigenen Namen über Huckebein hätte verfügen können. *V* aber hat es an einer Mitwirkung oder Ermächtigung fehlen lassen. Schon deshalb war *M* zu der Verfügung im eigenen Namen nicht befugt. Eine stillschweigende Ermächtigung des *V* gegenüber *M* zu Rechtsgeschäften des täglichen Lebens mit Wirkung für das Vermögen des *E* konnte jedenfalls die Veräußerung des Huckebeins nicht umfassen, nachdem *V* dessen Erwerb durch *E* begrüßt hatte.

b) Gutgläubiger Erwerb von *M*

Nachdem *M* als Nichtberechtigte verfügt hat, stellt sich die Frage nach einem gutgläubigen Erwerb des Raben durch *H* nach §§ 929 S. 1, 932 I 1. Gewiss vertraute *H* ohne grobe Fahrlässigkeit auf das Eigentum der *M*. Indes war ein gutgläubiger Erwerb nach § 935 I 1 ausgeschlossen, wenn der Rabe dem Eigentümer *E* abhanden gekommen war. Dann müsste *E* den unmittelbaren Besitz unfreiwillig verloren haben. *E* hatte jedoch nur mittelbaren Besitz. Allerdings könnte nach § 935 I 2 seinem Besitzmittler der unmittelbare Besitz abhanden gekommen sein. Besitzmittler waren *M* und *V* als unmittelbare Mitbesitzer. In der Tat entzog *M* dem *V* ohne dessen Willen den unmittelbaren Mitbesitz, als sie den Raben heimlich aus der Wohnung nahm, um ihn zu veräußern. Die dem *E* abhanden gekommene Sache konnte daher nicht gutgläubig erworben werden. *E* hat sein Eigentum *nicht* an *H* verloren.

3. Eigentumsverlust an *S*

E hat es auch nicht an *S* verloren. Durch die Verfügung des *H* als Nichtberechtigter konnte es auch für *S* wegen § 935 I 2 nicht zu einem gutgläubigen Eigentumserwerb an Huckebein kommen. Ein Herausgabeanspruch der *S* gegen *E* aus § 985 muss daher entfallen.

III. Anspruch aus § 1007 I, II 1

Ein Herausgabeanspruch der früheren Besitzerin *S* gegen den jetzigen (unmittelbaren) Besitzer *E* nach § 1007 I, II 1 scheidet aus, weil *E* als Eigentümer gegenüber *S* allemal das bessere Recht zum Besitz hat, § 1007 III 2.

IV. Anspruch aus § 812 I 1 Alt. 2

Eine auf Besitzherausgabe gerichtete Eingriffskondiktion nach § 812 I 1 Alt. 2 scheitert daran, dass der Besitz dem *E* als Eigentümer zugewiesen ist und daher nicht ohne rechtlichen Grund (entgegen dem Zuweisungsgehalt des materiellen Rechts) erlangt ist. Für die Eingriffskondiktion zählt die widerrechtliche Art der Besitzerlangung durch verbotene Eigenmacht nicht.

V. Anspruch aus § 823 I und § 823 II i. V. m. § 858

Ein deliktsrechtlicher Anspruch auf Wiedereinräumung des Besitzes nach §§ 823 I, 249 I kommt nicht in Frage, da die bloße, nicht durch ein Recht zum Besitz flankierte tatsächliche Sachherrschaft nicht als „sonstiges Recht" geschützt ist. Erwägenswert erscheint allerdings ein Anspruch aus § 823 II i. V. m. § 858 I als Schutzgesetz. Indes muss die Schutzgesetzqualität des § 858 I bezweifelt werden, da diese Vorschrift lediglich zur Wahrung des allgemeinen Friedens eine Umgehung des ordentlichen Rechtswegs verhindern will, nicht aber den „Organisationswert" der Sache im Vermögen des Besitzers schützt. Letztlich ist der Schutz des Besitzers nicht – wie für eine Schutzgesetzqualität erforderlich wäre – Intention, sondern bloßer Reflex des § 858 I. Da die Norm nur die Eigenmächtigkeit der Besitzbeeinträchtigung, nicht aber die Besitzbeeinträchtigung schlechthin betrifft, wäre zudem lediglich ein schwer qualifizierbarer Eigenmachtschaden zu ersetzen. Auch würde der Besitz entgegen dem begrenzten Rechtsgutkatalog des § 823 I über § 823 II einen umfassenden Deliktsschutz genießen.

VI. Gesamtergebnis

Im Ergebnis steht der *S* lediglich der possessorische Besitzschutzanspruch aus § 861 I gegen *E* zu, der sich auf Herausgabe des toten Huckebein richtet. Freilich kann sie den Anspruch gegen den minderjährigen *E* nur gegenüber seinen gesetzlichen Vertretern *V* und *M* gemeinsam geltend machen. Diesem Anspruch kann *E* sein Eigentum nicht entgegenhalten, § 863. *E* darf den armen toten Huckebein deshalb nicht im elterlichen Garten bestatten, sondern muss der *S* den Besitz an dem Vogelkadaver einräumen, die ihn sodann nach Maßgabe der umwelt- und abfallrechtlichen Vorschriften „entsorgen" muss.

E. Lerntest

I. Fragen

1. Wie ist die Besitzlage an zum Kindesvermögen gehörenden Sachen im Verhältnis der Eltern zu ihrem minderjährigen Kind typischerweise zu beurteilen?
2. Welche Reihenfolge empfiehlt sich für die Prüfung der einzelnen Absätze des petitorischen Besitzschutzanspruches des § 1007 und warum?
3. Ist § 858 I ein Schutzgesetz i. S. d. § 823 II?

II. Antworten

1. Grundsätzlich haben die Eltern eines minderjährigen Kindes gemeinschaftlich den unmittelbaren Mitbesitz, § 866, an den zum Kindesvermögen gehörenden Sachen und fungieren im Rahmen ihrer elterlichen Sorge als Besitzmittler, §§ 1626, 868. Wird dem Kind die weisungsgebundene Ausübung des unmittelbaren Besitzes überlassen, ist dieses im Regelfall Besitzdiener, § 855, und zwar unbeschadet seines auch mittelbaren Besitzes.

2. Da sich ein guter oder böser Glaube nur auf eine nicht bestehende Besitzberechtigung des jetzigen gegenüber dem früheren Besitzer beziehen kann, muss das Bestehen oder Nichtbestehen eines Besitzrechts vorrangig festgestellt werden, so dass letztlich § 1007 III 2 vor § 1007 I und II geprüft wird.

3. Nein, der Schutz des Besitzes ist nicht Intention, sondern bloßer Reflex des § 858 I; die Vorschrift will lediglich zur Wahrung des Rechtsfriedens eine Umgehung des ordentlichen Rechtswegs verhindern.

Fall 10. Mickefetts schöner Wiesengrund

Der Klausurfall hat einen einfach gelagerten Sachverhalt aus dem Minderjährigen- und dem Stellvertretungsrecht zum Gegenstand. Im Mittelpunkt steht das Selbstkontrahierungsverbot sowie seine Beziehung zum Minderjährigenschutz. Der Fall verlangt eine sichere Beherrschung des Abstraktionsprinzips.

A. Sachverhalt

Nach dem Tode seiner Frau lebt der Witwer *Valentin Mickefett (V)* mit seinem siebzehnjährigen Sohn *Ferdinand Mickefett (F)* und der frommen *Helene (H)* als Haushälterin zusammen. *V* will dem *F* zu dessen Volljährigkeit eines seiner Grundstücke schenken, und zwar jenes, auf dem *F* als Kind immer gespielt hat und das im Dorf als „Mickefetts schöner Wiesengrund" bekannt ist. Auf dem Grundstück, das etwa 200.000 Taler wert ist, lastet eine Hypothek in Höhe von 50.000 Talern. Auch ist im Grundbuch eine Reallast eingetragen, wonach der Bauer *Meckel (M)* in jedem Winter 50 Klafter Brennholz aus dem Gebüsch des Grundstücks schlagen darf. Vier Wochen vor *Fs* 18. Geburtstag geht *V* mit ihm zum Notar, um den Schenkungsvertrag aufsetzen und notariell beurkunden zu lassen. Zwei Wochen nachdem *F* und *V* diesen Vertrag unterschrieben haben, wird bei einem zweiten Notartermin die Auflassung vorgenommen. Wenige Tage nach *Fs* 18. Geburtstag wird sein Grundstückseigentum eingetragen. Das Grundstück wird *F* aber nicht übergeben, weil dieser sich damit einverstanden erklärt, dass es *V* landwirtschaftlich nutzt. Ein Jahr später heiratet *V* seine Haushälterin *H* und setzt sie zur Alleinerbin ein; *H* weiß von dem Grundstück nichts. Kurze Zeit nach der Hochzeit stirbt *V* jedoch an einem Gehirnschlag. *F* verlangt von *H* die Herausgabe von Mickefetts schönem Wiesengrund. Zu Recht?

B. Gutachtliche Überlegungen

I. Anspruchsgrundlage und Falleinstieg

Allein der dingliche Herausgabeanspruch nach § 985 kommt für das Begehren des *F* in Betracht, der sich als Eigentümer des Grundstücks fühlt und von *H* Besitzeinräumung verlangt. Dass *F* als Eigentümer im Grundbuch steht, reicht für seine materielle Berechtigung freilich nicht aus. *F* kann das Eigentum nicht durch Erbgang nach § 1922 I von seinem verstorbenen Vater erworben haben, denn Alleinerbin ist *H*. Diese kann den schönen Wiesengrund als Bestandteil des Nachlasses nur geerbt haben, wenn das Grundstück nicht schon vorher durch Rechtsgeschäft unter Lebenden von *V* an *F* übereignet wurde. Es muss also geprüft werden, ob *F* von *V* durch die im Sachverhalt näher bezeichneten Rechtsgeschäfte Eigentümer des Grundstücks geworden ist.

Hierfür spielt die Schenkung, d.h. der schuldrechtliche Schenkungsvertrag nach §§ 516ff., zunächst keine Rolle, denn dadurch konnte nur eine Verpflichtung zur Eigentumsübertragung für *V* begründet werden. Die dingliche Rechtsänderung konnte erst und allein durch das sachenrechtliche Erfüllungsgeschäft, die Auflassung und die anschließende Eintragung des Eigentumswechsels im Grundbuch nach

Ferdinand Mickefett

§§ 873, 925, bewirkt werden. Das Abstraktionsprinzip (Trennungsgrundsatz) zwingt von vornherein zur Konzentration auf den sachenrechtlichen Teil der zwischen *V* und *F* abgeschlossenen Rechtsgeschäfte. Den richtigen Falleinstieg gewinnt man deshalb nur, wenn man nach der Formulierung der Anspruchsgrundlage die Frage nach der Rechtswirksamkeit des Eigentumserwerbs des *F* stellt. Mit keinem Wort sollte dabei von einer „Schenkung" die Rede sein. Die Aufgabensteller und Korrektoren reagieren „allergisch" auf alles, was nach einer Verwischung des Abstraktionsprinzips ausschaut.

II. Die rechtlichen Nachteile des Grundstückserwerbs

Bei der Prüfung der Wirksamkeit der Auflassung bereiten die Formalien keine Schwierigkeiten. Es ist aber leicht zu erkennen, dass der seinerzeit noch minderjährige *F* nur dann seine Willenserklärung (Annahme der Auflassung) wirksam abgeben konnte, wenn die Voraussetzungen des § 107 vorlagen. Denkbar ist zunächst, dass ihm der Grundstückserwerb „lediglich einen rechtlichen Vorteil" brachte; dann hätte *F* ohne Einwilligung seines gesetzlichen Vertreters handeln können. Die im Sachverhalt aufgelisteten Einzelheiten zu den Belastungen (Hypothek, Reallast) des schönen Wiesengrundes verlangen vom Klausuranten deren ausführliche Würdigung im Hinblick auf eventuelle Nachteile, die zum Ausschluss der von § 107 verlangten Lukrativität des Geschäfts führen könnten. In diese Erörterung sollten auch öffentliche Lasten (Steuern, Gebühren) einbezogen werden. Diese Problematik muss zum Wissensrepertoire eines Anfängers im dritten Semester gehören.[1] Vieles ist hier zwar

---

1 Vgl. etwa die Anfängerhausarbeit von *Eickelmann* JuS 2011, 997 ff. sowie die Darstellung der Problematik von *Lipp* Jura 2015, 477 ff.

fromme Helene

umstritten.[2] Aber auch bei großzügigem Verständnis dafür, dass bestehende Belastungen eines Grundstücks dessen Erwerb immer noch lukrativ erscheinen lassen, wird man jedenfalls in der *Reallast* wegen der damit verbundenen persönlichen Verpflichtung für den Grundstückseigentümer nach § 1108 einen rechtlichen Nachteil sehen müssen. Anders als bei der dinglichen Haftung des § 1147 kann *F* aufgrund der Reallast unmittelbar persönlich von *M* in Anspruch genommen werden. Damit erweist sich die Annahmeerklärung des *F* zum Auflassungsangebot des *V* nach § 107 als einwilligungsbedürftig. Nun bedarf es der Kontrolle, ob der (jedenfalls konkludent erteilten) Einwilligung des gesetzlichen Vertreters *V* die familienrechtlichen Vorschriften der § 1629 II 1 i. V. m. § 1795 I nicht entgegenstehen.[3] Auch sollte, bevor das schon erkennbare Problem des § 181 anvisiert wird, die Erforderlichkeit einer familiengerichtlichen Genehmigung der Auflassung nach §§ 1643 I i. V. m. §§ 1821, 1822 angesprochen und verneint werden.

Ihren Schwerpunkt findet die Prüfung der Einwilligung aber bei § 181, denn es ist offensichtlich, dass *V* als der gesetzliche Vertreter des *F* an einem Insichgeschäft teilhatte. Damit gerät die Frage ins Blickfeld, ob das Selbstkontrahierungsverbot nicht durch die in § 181 a. E. vorgesehene Ausnahmeregelung suspendiert ist. Als zu erfüllende Verbindlichkeit könnte *Vs* Übereignungsverpflichtung aus dem Schen-

---

[2] Vgl. dazu *H. Köhler* JZ 1983, 225; *ders.* BGB AT § 10 III 1b Rn. 16 S. 141; *Klamroth* BB 1975, 525; *Jerschke* DNotZ 1982, 459; MüKoBGB/*Spickhoff* § 107 Rn. 46 ff.; *Lange* NJW 1955, 1339; *Neuner* BGB AT § 34 III 1 Rn. 28 ff. S. 393 f.; *Westermann* JZ 1955, 244; BGHZ 161, 170 (175 f.).

[3] Zu den Grenzen der elterlichen Vertretungsmacht und zur Ergänzungspflegschaft vgl. *Kölmel* RNotZ 2020, 1 (10 ff.).

kungsversprechen dienen. Die Untersuchung der Rechtswirksamkeit dieses schuldrechtlichen Vertrags führt wieder zu § 107 zurück. Und diesmal muss man die Lukrativität des Geschäfts *bejahen,* denn das Schenkungsversprechen ist zwar im Zustandekommen ein zweiseitiges Rechtsgeschäft (§ 516 I), aber in der Verpflichtungswirkung ein nur einseitig verpflichtender Vertrag. *F* erwarb dadurch einen Anspruch auf Übereignung des Grundstücks, ohne seinerseits rechtliche Pflichten oder Lasten tragen zu müssen. Die rechtlichen Nachteile des Grundstückserwerbs (Reallast) knüpfen sich erst an das dingliche Erfüllungsgeschäft, nicht schon an das kausale Grundgeschäft. Damit aber scheinen die Voraussetzungen der Ausnahme vom Selbstkontrahierungsverbot für das Erfüllungsgeschäft vorzuliegen, das mit der nach § 181 zulässigen Einwilligung des *V* wirksam wäre.

III. „Danaergeschenk" und Minderjährigenschutz

An dieser Stelle muss der Klausurant stutzen: das gewonnene Zwischenergebnis kann kaum richtig sein! Die „glatte" Konstruktion der bisherigen Lösung unter peinlicher Beachtung des Abstraktionsprinzips hat den Rechtsanwender nämlich in einen Wertungswiderspruch manövriert. Der Schutzzweck des § 107, den Minderjährigen vor dem eigenen Abschluss nachteiliger Geschäfte zu bewahren und hierfür eine Kontrolle durch den gesetzlichen Vertreter vorzusehen, wird konterkariert, wenn das nicht einwilligungsbedürftige Schenkungsversprechen vor § 107 Bestand hat, die nachteiligen Wirkungen der Erfüllung dieses Versprechens jedoch durch die Einwilligung des gesetzlichen Vertreters sanktioniert werden, von dem die Nachteile selbst ausgehen.[4] Der gesetzliche Vertreter könnte unter Ausnutzung des § 181 nach Belieben „Danaergeschenke" an den Minderjährigen tätigen und damit Lasten auf ihn abwälzen: Immer könnten die rechtlichen Nachteile einer solchen „abschiebenden Schenkung" an § 107 „vorbeigemogelt" werden, geschähen sie doch nur „in Erfüllung einer Verbindlichkeit" aus einem für den Minderjährigen an sich lukrativen Schenkungsversprechen. Dieses fatale Zusammenspiel der beiden Vorschriften § 107 und § 181 zu bemerken und den Widerspruch aufzulösen, bildet die eigentliche Herausforderung und „das Problem" dieser Klausur. Das Gesetz hilft unmittelbar nicht weiter; die Arbeit des Juristen beginnt.

Was kann man machen? Natürlich könnte man das Abstraktionsprinzip für die vorliegende Fallgestaltung gleichsam lockern und in einer Art „Gesamtbetrachtung" von schuldrechtlichem Verpflichtungs- und Grundgeschäft (Schenkungsversprechen) und sachenrechtlichem Verfügungsgeschäft (Übereignung) die rechtlich nachteiligen Wirkungen der Übereignung schon dem Schenkungsversprechen zuschlagen.[5] Dieses wäre damit nach § 107 unwirksam, so dass es für die einwilligungsbedürftige Übereignung als zu erfüllende Verbindlichkeit ausfiele. Die formale Konstruktion würde im Interesse des Minderjährigenschutzes einer materiellen Folgenbetrachtung weichen. Für diese Vorgehensweise spricht, dass die konsequente Anwendung des Abstraktionsprinzips in der vorliegenden Fallkonstellation gleich-

---

4 Dies nimmt BGHZ 15, 168 = NJW 1955, 1353 als Konsequenz des Abstraktionsprinzips in Kauf; anders dann BGHZ 78, 28 (34) = NJW 1981, 109 = JZ 1980, 809 = JuS 1981, 292 Nr. 2 *(Emmerich);* vgl. auch *BayObLG* NJW 1968, 941; gegen die frühere Rechtsprechung insb. *Lange* NJW 1955, 1339, und *Westermann* JZ 1955, 244; vgl. auch die grundlegende Schrift von *v. Lübtow,* Schenkungen der Eltern an ihre minderjährigen Kinder und der Vorbehalt dinglicher Rechte, 1949.

5 BGHZ 78, 28 (34) = NJW 1981, 109 = JZ 1980, 809 = JuS 1981, 292 Nr. 2 *(Emmerich);* dazu *Gitter/Schmitt* JuS 1982, 253 und *Jauernig* JuS 1982, 576; siehe weiterführend BGHZ 161, 170 (175 ff.); *BGH* NJW 2010, 3643; vgl. dazu *S. Lorenz* LMK 2005, 25 f.

sam zu seiner Perversion führt. Die Funktion des Abstraktionsprinzips ist es, mit der Loslösung des Verfügungsgeschäfts vom Vorliegen eines Rechtsgrundes eine Erleichterung des Verkehrs durch das Ausschalten der Unsicherheitsmomente des Verpflichtungsgeschäfts zu erreichen.[6] Nach den vorstehenden konstruktiven Überlegungen aber wird umgekehrt das kausale Geschäft von den rechtlich nachteiligen Konsequenzen des späteren Erfüllungsgeschäfts „abstrahiert"; es fungiert sodann als zu erfüllende „Verbindlichkeit" i. S. d. § 181 und als Legitimationsgrundlage für das unkontrollierte Aufbürden rechtlicher Nachteile. Gegen eine „Gesamtbetrachtung" spricht jedoch, dass das Abstraktionsprinzip nicht leichtfertig vernachlässigt werden darf, wenn es einmal seine „Kehrseite" zeigt. Auch bezieht sich § 107 auf die rechtlichen Folgen „einer Willenserklärung", während eine Gesamtbetrachtung der Geschäftseinheit mehrere Willenserklärungen zusammenfassen müsste. Dies geriete zudem in die Nähe einer wirtschaftlichen Folgenbetrachtung, die § 107 mit der Betonung der „rechtlichen" Folgen offenbar vermeiden will.[7] Man darf schwerlich in einem prätorischen Akt den rechtlichen Vorteil infolge einer Willenserklärung durch den wirtschaftlichen Vorteil des einheitlichen Lebensvorgangs ersetzen. Der Bearbeiter sollte sich deshalb davor hüten, den Lösungsweg in eine freihändige Interessenabwägung zu überführen.

Genau besehen, bedarf es weder einer pauschalierenden Gesamtbetrachtung der beiden konfligierenden Vorschriften noch einer Unwirksamkeit des Verpflichtungsgeschäfts, wenn man bei der Problemlösung eher an § 181 als an § 107 ansetzt. Die Regelung des § 181 hat als Vorschrift des allgemeinen Vertretungsrechts den Besonderheiten des Minderjährigenschutzes offenbar nicht hinreichend Rechnung getragen, obwohl ihre *ratio legis* den Schutz auch des minderjährigen und gesetzlich Vertretenen umfasst. Ihr Wortlaut ermöglicht es entgegen ihrer eigenen Zielsetzung, dass der gesetzliche Vertreter in einer Doppelrolle Geschäfte abschließt, die den Minderjährigen belasten. Mit dieser Überlegung ist die Brücke zu einer Lösung mit Hilfe einer teleologischen Reduktion des § 181 geschlagen.[8] Die Vorschrift ist nach Maßgabe des Schutzzwecks der §§ 107, 181 in Korrektur des Wortlauts einzuschränken: Wenn und soweit das Erfüllungsgeschäft dem Minderjährigen nachteilig i. S. d. § 107 ist, darf der Ausnahmetatbestand des § 181 a. E. nicht zur Anwendung gelangen.[9] Diese Lösung hält sich im Rahmen des methodengerechten Umgangs mit dem Gesetz und erspart den Durchgriff auf eine „Rundumabwägung".

IV. Genehmigung durch *F*

Der Fall ist jedoch mit der Bewältigung des Hauptproblems „Danaergeschenk des gesetzlichen Vertreters an den Minderjährigen" noch nicht gelöst; die Ausarbeitung findet vielmehr erst in einem kleinen Clou ihre Abrundung: Der inzwischen volljährige *F* hat das unlukrative Übereignungsgeschäft schließlich selbst nach § 108 III genehmigt. Die Genehmigungserklärung, die mit dem Herausgabeverlangen des *F*

---

[6] Vgl. zum Abstraktionsprinzip *Medicus/Petersen* BGB AT Rn. 224 ff. S. 105 ff.; *Pawlowski* BGB AT § 4 III 3 Rn. 590 ff. S. 300 ff.; *Köhler* BGB AT § 5 IV 4 Rn. 14 ff. S. 42 ff.; *Neuner* BGB AT § 29 IV 3 Rn. 65 ff. S. 351 ff.

[7] Für eine wirtschaftliche Betrachtungsweise aber *Stürner* AcP 173 (1973), 402.

[8] Vgl. zur teleologischen Reduktion *Larenz* Methodenlehre S. 391 ff.

[9] So *Jauernig* JuS 1982, 576 (577); Jauernig/*Mansel* BGB § 181 Rn. 10; *Neuner* BGB AT § 49 IV 4 Rn. 116 ff. S. 624 f.; *Köhler* BGB AT § 10 III 1b Rn. 17 S. 146; kritisch dagegen *Lobinger* AcP 213 (2013), 366, 376 ff. der die Begründung in einer generellen (familienrechtlichen) Beschränkung des Ausnahmetatbestandes aus § 181 a. E. auf Verbindlichkeiten *des Vertretenen* sucht.

verbunden ist, konnte gegenüber der *H* als Gesamtrechtsnachfolgerin des Vertragspartners *V* erklärt werden, § 182 I. Damit ist *F* von Anfang an *(„ex tunc")*, § 184 I, Eigentümer geworden, so dass ihm der Herausgabeanspruch nach § 985 gegen *H*, die dem kein Recht zum Besitz nach § 986 entgegenzusetzen hat, zusteht.

V. Konzept und Niederschrift

Die Ausarbeitung des Konzepts im ersten Drittel der zur Verfügung stehenden Zeit zeigt, dass eine Reihe von Gesichtspunkten abgehandelt werden muss, die das Hauptproblem nur flankieren. Deshalb darf man sich bei der Niederschrift nicht mit Nebensächlichkeiten verzetteln, sondern muss den Erörterungsschwerpunkt auf das Hauptproblem legen. Der Bearbeiter sollte dabei keinen „übertriebenen" Abwägungsstil praktizieren, sondern sich schon um der Arbeitsökonomie willen darauf besinnen, dass sich ein Gutachtenstil eher durch Vollständigkeit und Umsicht sowie durch das Fortschreiten von der Formulierung zur Lösung der wichtigen Fragestellungen auszeichnet, nicht aber durch ständige Konjunktive, die Aufblähung im Grunde simpler Subsumtionsprozesse und die Ausbreitung von Selbstverständlichkeiten. Der Klausurant darf hier wie sonst nicht die „Patrouillenboote" statt der „Schlachtschiffe" der Fallproblematik attackieren. So gesehen, ist die Klausur mit soliden Anfängerkenntnissen gut zu bewältigen.

C. Gliederung

Anspruch aus § 985
- I. Besitz ohne Recht zum Besitz der *H*
- II. Eigentum des *F*
  - Eigentumsübertragung *V* – *F*
  - 1. Grundbucheintragung
  - 2. Auflassung
    - a) Rechtliche Nachteiligkeit (§ 107)
      - aa) Erlöschen des Erfüllungsanspruchs
      - bb) Öffentliche Lasten
      - cc) Hypothek
      - dd) Reallast
    - b) Einwilligungsbedürftigkeit
      - aa) Einwilligung des gesetzlichen Vertreters
      - bb) Keine familiengerichtliche Genehmigung
      - cc) Selbstkontrahierungsverbot
        - *Problem:* Gesamtbetrachtungslehre
    - c) Genehmigung nach § 108 III
- III. Gesamtergebnis

D. Lösung

Anspruch aus § 985

F hat gegen *H* einen Herausgabeanspruch aus § 985, wenn er Eigentümer und *H* unberechtigte Besitzerin des Grundstücks ist.

I. Besitz ohne Recht zum Besitz der *H*

H ist als Erbin des *V* gemäß §§ 1922 I, 857 in dessen Besitzposition eingerückt und damit unmittelbare Besitzerin des Grundstücks geworden, ohne dass es einer tatsächlichen Besitzergreifung und eines Besitz(begründungs)willens nach § 854 I bedurfte. Die entscheidende Frage ist jedoch, ob *F* Eigentümer von Mickefetts schönem Wiesengrund ist.

II. Eigentum des *F*

Ursprünglich war *V* Eigentümer des Grundstücks. Von ihm könnte es *F* nach §§ 873 I, 925 I durch Auflassung und Grundbucheintragung erworben haben.

1. Grundbucheintragung

Die Eintragung von *Fs* Eigentum im Grundbuch ist erfolgt.

2. Auflassung

Bedenken bestehen aber an der Wirksamkeit des dinglichen Einigungsvertrags (Auflassung) zwischen *V* und *F*. Zwar ist die Auflassung bei gleichzeitiger Anwesenheit beider Teile vor einem Notar erklärt worden, § 925 I 1, 2, doch ist *F* auf der Erwerberseite selbst als Vertragspartner aufgetreten, obwohl er nur beschränkt geschäftsfähig war, §§ 2, 106.

a) Rechtliche Nachteiligkeit

Nach § 107 bedurfte er für seine Willenserklärung (Auflassungserklärung) der Einwilligung seines gesetzlichen Vertreters, wenn ihm das Geschäft „nicht lediglich einen rechtlichen Vorteil" brachte. Der rechtliche Vorteil des Grundstückserwerbs könnte durch damit verbundene Nachteile beeinträchtigt sein.

aa) Erlöschen des Erfüllungsanspruchs

Man kann nicht schon darin einen rechtlichen Nachteil des Erwerbsgeschäfts sehen, dass damit der Erfüllungsanspruch erlischt, den *F* aus dem Schenkungsvertrag vorbehaltlich dessen Rechtswirksamkeit hat. Bei einer solchen Sichtweise wäre letztlich entgegen der Zielsetzung des § 107 jedes Erfüllungsgeschäft einwilligungsbedürftig. Eine eventuelle Erfüllungswirkung muss als nur mittelbare gesetzliche Rechtsfolge des Verfügungsgeschäfts außer Betracht bleiben.

bb) Öffentliche Lasten

Auch die mit dem Grundstückserwerb verbundenen öffentlichen Lasten (Grunderwerbsteuern, Grundsteuern, Gebühren, Erschließungsbeiträge, baubehördliche Auflagen usw.) können schwerlich einen rechtlichen Nachteil begründen. Zunächst sind sie nicht Inhalt der Auflassung, sondern stellen sich nur als mittelbare Konsequenzen des Erwerbs dar, die unabhängig vom Parteiwillen kraft Gesetzes eintreten. Für § 107 bedarf es jedoch *unmittelbar* mit dem Geschäft verbundener rechtlicher Nachteile. Im Übrigen ist in diesen Lasten weniger eine besondere Verbindlichkeit als vielmehr eine öffentlich-rechtliche Eigentumsbindung zu sehen. Man wird jedoch von einem Rechtsnachteil i. S. d. § 107 nur sprechen können, wenn den Minderjährigen privatrechtliche Pflichten treffen.

cc) Hypothek

Die Belastung des erworbenen Grundstücks mit einer Hypothek über 50.000 Taler kann gleichfalls nicht als rechtlicher Nachteil gewertet werden. Da *F* nicht zugleich die hypothekarisch gesicherte persönliche Schuld übernommen hat, ist er keine sein sonstiges Vermögen belastende Verpflichtung eingegangen. Aufgrund der Hypothek könnte ihm schlimmstenfalls das zugewendete Grundstück wieder im Zwangsvollstreckungsverfahren entzogen werden, §§ 1113, 1147, wenn die Zwangsversteigerung zur Verwertung des Grundstücks, zur Ausschöpfung des Wertes des Grundpfandrechts und zum Verlust des Grundstücks für den Eigentümer führt. Die Hypothek begründet eine nur dingliche Haftung und eine Beschränkung des Grundstückseigentums. Bei fehlender rechtlicher Belastung sind wirtschaftliche Nachteile infolge eines Erwerbs, die *F* als Hypothekenschuldner und gegebenenfalls als Zwangsvollstreckungsschuldner zu gewärtigen hat, unbeachtlich.

dd) Reallast

Demgegenüber begründet die Belastung des Grundstücks mit einer Reallast zugunsten des Bauern *M* für den Erwerber *F* einen unmittelbaren rechtlichen Nachteil, da hiermit nach §§ 1105 ff. nicht nur eine dingliche Belastung, sondern ausweislich des § 1108 I eine persönliche Haftung des Grundstückseigentümers verbunden ist; dieser ist für die fällig werdenden Leistungen auch persönlich gegenüber *M* verpflichtet. Zwar mag diese Belastung bei wirtschaftlicher Betrachtungsweise das sonstige Vermögen des Minderjährigen im Ergebnis kaum beeinträchtigen können, weil die Aufwendungen aus dem Ertrag oder doch der Substanz des Grundstücks bestritten werden können. Die Vorschrift des § 107 stellt jedoch ausdrücklich auf die „rechtlichen", nicht auf die „wirtschaftlichen" Konsequenzen des Geschäfts ab. Die Reallast machte das dingliche Übertragungsgeschäft mithin für *F* nachteilig und damit nach § 107 einwilligungsbedürftig.

b) Einwilligungsbedürftigkeit

Fraglich ist, ob die Einwilligung (= vorherige Zustimmung, § 183) von *Fs* gesetzlichem Vertreter vorliegt.

aa) Einwilligung des gesetzlichen Vertreters

Gesetzlicher Vertreter ist allein sein verwitweter Vater *V*, §§ 1626 I, 1629 I 1 und 3. Man kann schon in seiner eigenen Auflassungserklärung beim zweiten Notartermin zugleich eine Zustimmung zu der Annahme seiner Auflassungserklärung durch *F* erblicken. Zudem hat *V* beim Auflassungstermin durch sein Verhalten die Billigung der Erklärung des *F* zu erkennen gegeben und damit auch konkludent seine Einwilligung erteilt. Die Einwilligung konnte auch noch bei Vertragsabschluss gegenüber *F* (§ 182 I) erklärt werden. Sie war unbeschadet der Formbedürftigkeit des getätigten Geschäfts formlos gültig, § 182 II.

bb) Keine familiengerichtliche Genehmigung

Dem Auftreten des *V* bei Abgabe der Einwilligungserklärung als gesetzlicher Vertreter des *F* könnten zunächst familienrechtliche Vorschriften entgegenstehen. Ein Ausschluss der gesetzlichen Vertretungsmacht des *V* nach § 1629 II 1 i.V.m. § 1795 I Nrn. 1–3 liegt indes nicht vor. Auch stellt sich die Auflassung des belasteten Grundstücks nicht als ein Rechtsgeschäft dar, das nach § 1643 I i.V.m. §§ 1821, 1822 einer familiengerichtlichen Genehmigung bedurft hätte. § 1821 I Nr. 1 greift indes nicht ein, da vorliegend keine Verfügung über ein Grundstück(srecht) des minderjährigen *F* in Rede steht. Insbesondere aber ist auch § 1821 I Nr. 5 nicht einschlägig, weil diese Vorschrift nur Verpflichtungsgeschäfte erfasst („auf ... Erwerb ... gerichtet ist") und im Übrigen kein entgeltlicher Erwerb eines Grundstücks (rechts) in Rede steht. Die Vorschrift des § 1822 Nr. 5 führt gleichfalls nicht zum Erfordernis einer familiengerichtlichen Genehmigung, weil Reallasten keine schuldrechtlichen Verträge mit Verpflichtung zu wiederkehrenden Leistungen, sondern dingliche Grundstückslasten sind; Grundstücksgeschäfte sind bereits von § 1821 erfasst.

cc) Selbstkontrahierungsverbot

Allerdings könnte der Wirksamkeit der Einwilligungserklärung des *V* (und damit der Auflassung) das auch für den gesetzlichen Vertreter *V* geltende Verbot des Selbstkontrahierens nach § 181 Alt. 1 entgegenstehen, §§ 1629 II 1, 1795 II. *V* hat durch die Einwilligung zu der Willenserklärung des *F* gleichsam die Stellung eines Vertreters für *F* eingenommen, so als hätte er bei Abschluss des dinglichen Einigungsvertrags selbst eine Willenserklärung im Namen des *F* abgegeben und mit sich selbst im eigenen Namen kontrahiert. Damit ist er sowohl auf der Veräußererseite wie auch auf der Erwerberseite als Vertreter des anderen Vertragspartners aufgetreten.

Jedoch kennt das Selbstkontrahierungsverbot nach dem Wortlaut des § 181 zwei Ausnahmen. Eine „Gestattung" im Sinne einer Befreiung vom Selbstkontrahierungsverbot durch den vertretenen *F* hätte nur durch einen Ergänzungspfleger ausgesprochen werden können, § 1909 I. Fraglich ist aber, ob nicht – im Sinne der zweiten Ausnahme – das Rechtsgeschäft der Auflassung „ausschließlich in der Erfüllung einer Verbindlichkeit" bestand.

Als eine solche Verbindlichkeit könnte man die Verpflichtung des *V* zur Grundstücksübereignung aus dem mit *F* geschlossenen Schenkungsvertrag ansehen, §§ 516ff. Der doppelt formbedürftige Vertrag (§§ 518 I 1, 311b I 1) ist nach seiner notariellen Beurkundung formwirksam abgeschlossen worden, § 128. Im Lichte des § 107 ist er materiell-rechtlich freilich nur wirksam zustande gekommen, wenn *F* durch seine auf die Annahme des Schenkungsversprechens gerichtete Willenserklärung lediglich einen rechtlichen Vorteil erlangte. Der Schenkungsvertrag brachte *F* die Erwerbsaussicht auf das Grundstück mit einem Wert von 200.000 Talern und verpflichtete ihn zu nichts. Zwar kann der Beschenkte in den Fällen der §§ 528 und 530 einem Rückforderungsanspruch ausgesetzt sein, doch bleiben solche nur mittelbaren und zudem ungewissen Nachteile außer Betracht. Vor allem dürfen bei der Wirksamkeitskontrolle des Grundgeschäfts (Schenkungsvertrag) nicht die mit dem späteren Grundstückserwerb verbundenen Lasten berücksichtigt werden, da sie keine *unmittelbare* Folge des schuldrechtlichen Geschäfts sind (Abstraktionsprinzip).

Angesichts der Wirksamkeit des Schenkungsvertrags hat *V* bei Erteilung seiner Einwilligung in die Auflassungserklärung des *F* „in Erfüllung einer Verbindlichkeit" gehandelt. Gleichwohl wäre der Schluss auf eine Wirksamkeit des Erwerbsgeschäfts verfrüht. Bei näherer Überlegung zeigt sich nämlich, dass die am Wortlaut des § 181 orientierte, konstruktiv folgerichtige und das Abstraktionsprinzip streng beobachtende Anwendung des § 181 zu einer Umgehung des Minderjährigenschutzes führt: Wenn das schuldrechtliche Verpflichtungsgeschäft nach § 107 wirksam ist, weil die erst mit dem späteren Erwerb verbundenen mittelbaren Rechtsnachteile außer Betracht bleiben, vermag es eine Verbindlichkeit i. S. d. § 181 zu schaffen. Damit käme es automatisch zur Gestattung des Selbstkontrahierens und zur Wirksamkeit des Erwerbsgeschäfts, ohne dass jetzt die für den Minderjährigen mit dem Erwerb verbundenen Nachteile gewürdigt werden könnten. Der gesetzliche Vertreter des Minderjährigen könnte unbeschränkt rechtlich nachteilige Erwerbsvorgänge durchführen und damit Lasten auf den Minderjährigen abwälzen („Danaergeschenk"). Die begriffsjuristische Konstruktion widerspricht letztlich dem Schutzzweck der §§ 107, 108. Danach sollen tendenziell gefährliche Geschäfte (Verpflichtungs- wie Verfügungsgeschäfte) des Minderjährigen grundsätzlich an die Kontrolle des gesetzlichen Vertreters gebunden sein. Gehen die Gefahren wie bei einer „abschiebenden Schenkung" von dem gesetzlichen Vertreter selbst aus und läuft dessen Kontrolle mithin leer, dann soll das Geschäft an die Kontrolle eines Ergänzungspflegers geknüpft werden, §§ 1629 II 1, 1795 II, 181, 1909 I.

Diese Überlegungen zwingen aber nicht dazu, eine generelle Prüfung der Vor- und Nachteile des schenkweisen Erwerbsgeschäfts im Sinne einer Gesamtbetrachtung vorzunehmen und von ihrem Ausgang die Rechtswirksamkeit der Einwilligung abhängig zu machen. Gewiss wäre es ein gangbarer Lösungsweg, die begriffsjuristisch-formale Konstruktion durch eine materielle Folgenbetrachtung im Lichte des Minderjährigenschutzes zu ersetzen. Eine solche Gesamtbetrachtung würde aber ohne Not die Grenzen zwischen Verpflichtungs- und Verfügungsgeschäft verwischen und das Abstraktionsprinzip vorschnell außer Kraft setzen. Es bedarf ihrer schon deshalb nicht, weil sich die nachteiligen Wirkungen nicht aus einer Gemengelage von Willenserklärungen, sondern allein aus dem dinglichen Geschäft ergeben. Auch liefe eine Gesamtbetrachtung letztlich auf eine Saldierung sämtlicher wirtschaftlicher Vor- und Nachteile aus dem Lebensvorgang hinaus, was der Betonung der „rechtlichen" Folgen einer einzelnen Willenserklärung in § 107 widerspricht.

Es bietet sich vielmehr auf der Grundlage der herkömmlichen Methodenlehre an, die Vorschrift des § 181 nach Maßgabe des Schutzzwecks der §§ 107, 181 in Korrektur des Wortlauts einzuschränken, denn die Wendung „in der Erfüllung einer Verbindlichkeit" bezieht den Fall einer abschiebenden Schenkung des gesetzlichen Vertreters an den Minderjährigen offenbar versehentlich und entgegen der *ratio legis* ein. Nach der demgemäß gebotenen teleologischen Reduktion des § 181 darf auf jene Wendung keine Ausnahme vom Selbstkontrahierungsverbot gestützt werden, wenn und soweit das Erfüllungsgeschäft dem Minderjährigen nachteilig i. S. d. § 107 ist. Im Ergebnis ist daher das Selbstkontrahieren bei einem Erfüllungsgeschäft zu einem Schenkungsvertrag auch dann unzulässig, wenn dieses Erfüllungsgeschäft zu einem rechtlichen Nachteil für den Minderjährigen führt. Diese Prüfung muss hier zur Unwirksamkeit der Einwilligung des *V* in das Erwerbsgeschäft des *F* führen. Die damit erforderliche Bestellung eines Pflegers nach § 1909 I durch das Familiengericht ist ausgeblieben.

c) Genehmigung nach § 108 III

Die Folge der fehlenden Einwilligung des *V* in die Auflassungserklärung des *F* ist nach § 108 I die schwebende Unwirksamkeit dieses Geschäfts. *F* konnte aber selbst nach Eintritt seiner Volljährigkeit durch eine eigene Genehmigung gemäß § 108 III die schwebende Unwirksamkeit beenden und das Geschäft rückwirkend wirksam machen, § 184 I. In der Tat kann man im Herausgabeverlangen des *F* gegenüber *H* als der Gesamtrechtsnachfolgerin des *V* eine solche Genehmigung sehen. Denn damit hat *F* zu erkennen gegeben, dass er den Erwerbsvorgang als rechtswirksam behandelt wissen will. Seiner Genehmigung steht auch kein zwischenzeitlicher Widerruf des anderen Teils (jetzt *H* als Gesamtrechtsnachfolgerin des *V*) nach § 109 I entgegen. In ihrer Herausgabeverweigerung kann man schon deshalb keinen Widerruf sehen, weil diese erst nach *Fs* Herausgabeverlangen formuliert wurde, also nicht „bis zur Genehmigung", § 109 I. Vorher konnte schon deshalb kein Widerruf erfolgen, weil *H* bis zum Herausgabeverlangen des *F* von dem Grundstück nichts wusste; im Übrigen war ihr Widerrufsrecht nach § 109 II wegen Kenntnis der Minderjährigkeit des *F* zur Zeit des Vertragsabschlusses ohnehin ausgeschlossen.

III. Gesamtergebnis

Im Ergebnis hat *F* Eigentum an Mickefetts schönem Wiesengrund erworben. *H* hat kein Recht zum Besitz. Insbesondere ist die Nutzungsüberlassung des Grundstücks von *F* an *V*, wenn man ihr überhaupt rechtsgeschäftliche Qualität beimessen will, dahingehend auszulegen, dass sie beim Tode des *V* enden und nicht auf dessen Erbin übergehen sollte. *F* kann das Grundstück von *H* nach § 985 herausverlangen.

E. Lerntest

I. Fragen

1. Bedarf der Grundstückserwerb eines Minderjährigen der elterlichen Einwilligung nach § 107 (wegen eines „nicht lediglich rechtlichen Vorteils" i. S. d. § 107), wenn das Grundstück mit öffentlichen Lasten verbunden sowie mit einer Hypothek und mit einer Reallast belastet ist?
2. Welche Genehmigungserfordernisse können bei einem Rechtsgeschäft bedeutsam werden, bei dem Eltern als gesetzliche Vertreter für ihr minderjähriges Kind handeln?
3. Wie ist § 181 zu verstehen, wenn Eltern als gesetzliche Vertreter ihrem minderjährigen Kind ein Geschenk machen?

II. Antworten

1. Die mit dem Grundstückserwerb verbundenen *öffentlichen Lasten* vermögen keinen rechtlichen Nachteil i. S. d. Vorschrift zu begründen, da sie nicht Inhalt der Auflassung sind, sondern als nur *mittelbare* Konsequenzen des Erwerbs unabhängig vom Parteiwillen kraft Gesetzes eintreten; auch liegen öffentlich-rechtliche Grundstückslasten außerhalb der von § 107 erfassten privatrechtlichen Pflichten. Eine auf dem Grundstück lastende *Hypothek* stellt gleichfalls keinen rechtlichen Nachteil dar, sondern begründet nur eine dingliche Belastung sowie eine Beschränkung des nach wie vor rechtlich lukrativen Grundeigentums, wobei eventuelle wirtschaftliche Nachteile unbeachtlich bleiben. Die Belastung des Grundstücks mit einer *Reallast*

bildet dagegen einen rechtlichen Nachteil, da hiermit nach § 1108 I eine persönliche Haftung des Eigentümers verbunden ist.

2. Es muss regelmäßig geprüft werden, ob die gesetzliche Vertretungsmacht der Eltern nach § 1629 II 1 i.V.m. § 1795 I ausgeschlossen ist und ob eine familiengerichtliche Genehmigung nach § 1643 I i.V.m. §§ 1821, 1822 erforderlich ist. Das Selbstkontrahierungs- und Mehrfachvertretungsverbot des § 181 bleibt nach § 1629 II 1 i.V.m. § 1795 II „unberührt“, muss also gleichfalls beachtet werden.

3. In diesem Falle ist die lukrative Schenkung (schuldrechtliches Geschäft) regelmäßig *nicht* einwilligungsbedürftig. Ist demgegenüber das dingliche Erfüllungsgeschäft nicht nur lukrativ und deshalb einwilligungsbedürftig, dann darf dies nicht durch § 181 mit dem Ausnahmetatbestand „in Erfüllung einer Verbindlichkeit“ ausgehebelt werden. Vielmehr ist § 181 teleologisch dahingehend zu reduzieren, dass der Ausnahmetatbestand „in Erfüllung einer Verbindlichkeit“ nicht zur Anwendung gelangt, wenn und soweit das Erfüllungsgeschäft nachteilig für den Minderjährigen ist. Der Minderjährigenschutz würde andernfalls durch das Abstraktionsprinzip umgangen werden.

Fall 11. Adelens einfältige Tauschgeschäfte

Die Themen dieser Klausur kreisen im Wesentlichen um das Minderjährigenrecht, das Anfechtungsrecht und um die Lehre von der „Doppelwirkung im Recht". Zudem wirft der Sachverhalt einfache Fragen des Unmöglichkeitsrechts und des Gutglaubenserwerbs auf. Die Lösung verlangt neben Grundkenntnissen in der Rechtsgeschäftslehre auch die Beherrschung des Abstraktionsprinzips und vor allem: den Blick für das Wesentliche.

A. Sachverhalt

Der hinterhältige Gebrauchtwarenhändler *Kaspar Schlich (S)* schwindelt der siebzehnjährigen – schönen, aber leicht einfältigen – *Adele (A)* ihr Fahrrad ab, indem er es wahrheitswidrig für „verkehrsuntauglich und polizeiwidrig" erklärt; es fehle die „hydraulische Notbremse". Er veranlasst *A* dazu, ihr Fahrrad gegen ein Bügeleisen einzutauschen – ein gutes Geschäft für *S*, denn das Fahrrad ist 100 EUR und das Bügeleisen nur 20 EUR wert. Drei Tage später verkauft *S* das Fahrrad dem Bauern *Meckel (M)*, dem er berichtet, wie er *A* „hereingelegt" habe. Dabei gibt *S* allerdings vor, *A* sei bereits volljährig und deshalb „selbst schuld". *M* freut sich darüber, dass ihm *S* das Fahrrad preiswert für 50 EUR überlassen kann. Er teilt dessen Auffassung, dass Dummheit bestraft gehöre, und beschließt, gleichfalls sein Glück mit der einfältigen *A* zu versuchen.

M begibt sich noch am selben Tage zu *A*, trifft sie allein zu Hause an und erklärt ihr, er habe davon gehört, dass *A* mit einem „verbotenen Bügeleisen ohne Sicherheitstank" hantiere. Er sei aber bereit, es ihr gegen einen Kochtopf einzutauschen, da er es noch als „Heizung für den Vogelkäfig" verwenden könne. *A* erklärt sich daraufhin damit einverstanden, dem *M* das Bügeleisen am nächsten Morgen gegen Aushändigung des Kochtopfs zu bringen. *M* zieht lachend von dannen, denn sein Kochtopf ist nur 10 EUR wert. Zu diesem Zeitpunkt hätte *A* wissen müssen, dass das Bügeleisen bereits am Vortage beim ersten Gebrauch in den Händen der Haushälterin *Hannchen (H)* nach einem Kabelbrand zerstört worden war. Denn *H* hatte sie auf eine verschlissene Verlängerungsschnur hingewiesen und befürchtet, dass das daran angeschlossene Gerät schon bei der ersten Probe „den Geist aufgeben" werde. *M* aber sucht noch am selben Tage die *Witwe Bolte (B)* auf und verspricht ihr für 60 EUR ein gut erhaltenes Bügeleisen, das er ihr in zwei Tagen bringen wolle.

Am Abend schüttet *A* ihren Eltern *E* reumütig das Herz aus. Diese wollen retten, was zu retten ist: Sie ziehen am nächsten Morgen zunächst zu *S*, um sich über dessen Dreistigkeit zu beschweren. Sodann gehen sie zu *M* und verlangen von ihm das Fahrrad heraus. Ferner fordern sie von ihm den versprochenen Kochtopf, obwohl *H* das vollends zerstörte Bügeleisen schon weggeworfen hatte. Sie erklären, dass sie den Tausch Bügeleisen gegen Kochtopf anders als den Tausch Fahrrad gegen Bügeleisen durchaus billigen. Der freche *M* will nicht nur das Fahrrad und den Kochtopf behalten, sondern verlangt auch noch 50 EUR „entgangenen Gewinn". Daraufhin halten die *E* dem *M* seinen „schäbigen Trick mit dem Sicherheitstank" vor und distanzieren sich von dem Tauschgeschäft. Welche Ansprüche haben *A* und *M* gegeneinander?

Adele

Bauer Meckel

B. Gutachtliche Überlegungen

I. Prüfungsgegenstände und Anspruchsgrundlagen

Liest man den anfangs recht verwirrenden Sachverhalt zum zweiten Male – in Kenntnis der Fallfrage am Schluss –, dann lassen sich aus dem zunächst unübersichtlichen Geschehen die lösungsrelevanten Rechtsbeziehungen schnell isolieren: Im Mittelpunkt stehen allein die Ansprüche, die *A* gegen *M* hat und denen sie von *M* ausgesetzt ist. Nach den Rechtsbeziehungen zwischen *A* und *S* aus dem ersten Tauschgeschäft, Fahrrad gegen Bügeleisen, ist nicht gefragt. Sie können allenfalls mittelbar von Bedeutung sein, soweit sie sich auf das Verhältnis *A* – *M* auswirken, also für die tatbestandlichen Voraussetzungen der hier zu prüfenden Anspruchsgrundlagen wichtig sind. Für ein „Wuchergeschäft“ zwischen *A* und *M* i. S. d. § 138

II wie auch für ein wucherähnliches Geschäft i. S. v. § 138 I fehlt es an hinreichenden Anhaltspunkten. Man erkennt zwar ohne Mühe, dass das erste Tauschgeschäft ebenso wie die Übereignung des Fahrrads schon an der beschränkten Geschäftsfähigkeit der *A* und der Verweigerung einer Genehmigung durch *E* scheitert, während *As* rechtlich lediglich vorteilhafter Eigentumserwerb an dem Bügeleisen ohne Mitwirkung der *E* wirksam war. Man muss sich aber davor hüten, einen Bereicherungsanspruch der *A* gegen *S* etwa aus § 816 I 1 auf Herausgabe des von *M* erlangten Entgelts für das nichtberechtigt weiterveräußerte Fahrrad oder umgekehrt einen Bereicherungsanspruch des *S* gegen *A* aus §§ 812 I 1, 818 auf Wertersatz des Bügeleisens zu prüfen. Danach ist nicht gefragt. Damit besteht auch kein Anlass darüber nachzudenken, ob *A* wegen der Zerstörung des Bügeleisens entreichert ist, § 818 III. Auch ein Anspruch der *A* gegen *S* aus § 823 II i. V. m. § 263 StGB bleibt außer Betracht. Die auf das Verhältnis zwischen *A* und *M* beschränkte Fallfrage klammert des Weiteren die Rechtsbeziehungen zwischen *M* und *S* aus den Prüfungsgegenständen aus: das leistungsstörungsrechtliche Schicksal des Kaufvertrages zwischen *M* und *S* darf nicht nur, sondern *muss* außer Betracht bleiben. Von dem ersten Tauschgeschäft der *A* interessiert allein die Rechtsverfolgung, die sich jetzt als Anspruch auf Herausgabe des Fahrrads gegen *M* richtet. Die *erste Anspruchsgrundlage* kann nur § 985 sein. Ist der Herausgabeanspruch danach gerechtfertigt, ist daneben eine Prüfung des § 1007 in einer Klausur (anders als in einer Hausarbeit) entbehrlich.

Sodann streiten *A* (vertreten durch ihre Eltern) und *M* über das zweite Tauschgeschäft Bügeleisen gegen Kochtopf. Für den Anspruch auf Verschaffung des Eigentums und des Besitzes am Kochtopf kommt nur der schuldvertragliche Erfüllungsanspruch aus §§ 480, 433 I 1 in Betracht. Das ist die *zweite Anspruchsgrundlage.* Schwerer fällt es, für den Schadensersatzanspruch des *M* wegen seines entgangenen Gewinns eine Anspruchsgrundlage ausfindig zu machen. Sicher ist, dass sie gleichfalls in dem Tauschgeschäft Bügeleisen gegen Kochtopf verwurzelt sein muss. Besinnt man sich darauf, dass *M* auf das schon an *B* weiterverkaufte Bügeleisen verzichten muss, weil es bereits vor dem Tauschgeschäft mit *A* zerstört war und deshalb dem *M* nicht mehr verschafft werden konnte, stößt man auf eine anfängliche Unmöglichkeit der Leistung der *A* und auf die Vorschrift des § 311a II. Das ist die *dritte Anspruchsgrundlage.* Außerhalb der Prüfungsgegenstände stehen dagegen die Rechtsbeziehungen, die sich im Anschluss an das zweite Tauschgeschäft aus dem Kaufvertrag zwischen *M* und *B* ergeben. Wie immer bei der Beteiligung mehrerer Personen und drohender Unübersichtlichkeit des Sachverhalts empfiehlt sich eine kleine Rechtsskizze:

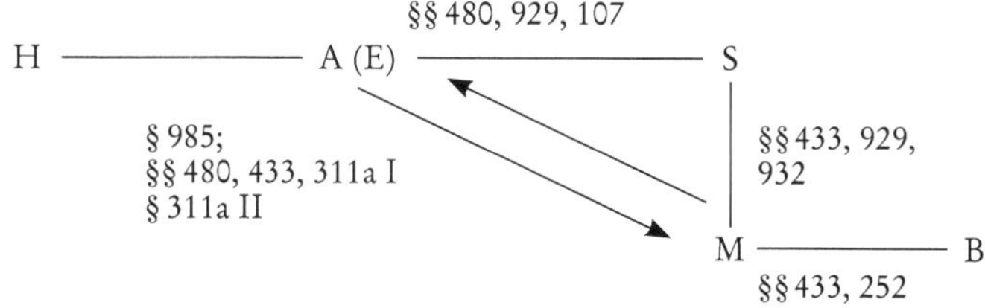

1. A–M: Fahrrad, § 985
2. A–M: Kochtopf, §§ 480, 433 I 1
3. M–A: Schadensersatz, § 311a II

II. Die Doppelwirkung im Recht

Im Rahmen der ersten Anspruchsgrundlage kommt es auf das Eigentum am Fahrrad an, das *A* schon wegen § 108 nicht an *S* verloren hat. Hierfür bedarf es der Prüfung einer Anfechtung der Einigungserklärung der *A* wegen arglistiger Täuschung nicht. Wohl aber könnte *M* das Eigentum am Fahrrad gutgläubig nach §§ 929 S. 1, 932 vom nichtberechtigt verfügenden *S* erlangt haben. Bei der Prüfung des guten Glaubens, genauer: der fehlenden Gutgläubigkeit i. S. d. § 932 II, ist die erste konstruktiv-dogmatische Hürde der Klausur zu überwinden. Denn zwar hielt *M* die *A* für volljährig, so dass aus seiner Sicht das Erwerbsgeschäft des *S* nicht an der (schwebend) unwirksamen Einigungserklärung der *A* scheiterte; insoweit stand für *M* einem Eigentumserwerb des *S* und damit seiner Stellung als Verfügungsberechtigter nichts entgegen. *M* kannte aber die Umstände, welche die Einigungserklärung der *A* wegen arglistiger Täuschung nach § 123 I anfechtbar machen. Die Eltern haben auch später gegenüber *S* die Anfechtung erklärt, als sie ihm seine Dreistigkeit vorwarfen. Dies kann nach § 142 II zur Bösgläubigkeit des *M* führen. Erst an dieser Stelle sind die Anfechtbarkeit und die Anfechtung von *As* Einigungserklärung zu thematisieren.

Dem rechtskundigen Klausuranten schießt bei dieser Fallkonstellation sogleich das Stichwort „Doppelwirkung im Recht“ durch den Kopf.[1] Damit ist das Problem gekennzeichnet, ob ein schwebend unwirksames oder ein nichtiges Rechtsgeschäft überhaupt angefochten werden kann.[2] Aus den Vorlesungen und aus den Lehrbüchern zum Allgemeinen Teil des BGB muss man sich wenigstens an das Problem selbst und nach Möglichkeit auch an seine argumentative Aufbereitung und Bewältigung erinnern. Im Kern geht es darum, die begrifflich-logischen Schwierigkeiten zu überwinden, die der Vernichtbarkeit eines Rechtsgeschäfts mittels einer Anfechtung entgegenstehen, wenn dieses Rechtsgeschäft schon aus anderen Gründen unwirksam ist.[3] Gerade im vorliegenden Schulfall scheint eine *reductio ad absurdum* den Bedarf für eine Abkehr von der rein begrifflich-logischen Betrachtungsweise nahezulegen, denn bei Unanfechtbarkeit des nichtigen Geschäfts und Unanwendbarkeit des § 142 II stünde *M* besser als bei einem Vorerwerb des *S* von einem voll Geschäftsfähigen.[4]

Zwingend ist diese Überlegung allerdings nicht: Man könnte auch das Erfordernis der Gutgläubigkeit in § 932 dahingehend verstehen, dass der Erwerber hinsichtlich sämtlicher möglichen Gründe einer Nichtberechtigung des Veräußerers redlich sein muss.[5] Dann wäre *M* ungeachtet seiner Gutgläubigkeit hinsichtlich der Volljährigkeit der *A* jedenfalls aufgrund seiner Kenntnis der Anfechtbarkeit des Geschäfts bösgläubig. Auf eine tatsächliche Erklärung der Anfechtung kommt es nach dieser Betrachtungsweise nicht einmal an: Um den Dritterwerb als Erwerb vom Nichtberechtigten qualifizieren zu können, verlangen die §§ 142 II, 932 II die Anfech-

---

1 Die Ausdrucksweise geht zurück auf die grundlegende Studie von *Kipp* Festschrift Ferdinand v. Martitz S. 211 ff.; krit. dazu *Neuner* BGB AT § 41 IV 1 Rn. 146 f. S. 504 f.

2 Vgl. zu den Einzelheiten und Hintergründen *Zepos* ARSPh 27 (1934), 480 ff.; *Husserl* Recht und Welt S. 217 ff.

3 Vgl. dazu *Medicus/Petersen* BGB AT § 47 III 3 Rn. 728 ff. S. 321 f.; *Brox/Walker* BGB AT § 18 IV 1 Rn. 43 S. 203; *Flume* BGB AT II § 31 Nr. 6 S. 566 f.; *Stadler* BGB AT § 25 III 3 Rn. 16 S. 341; *Köhler* BGB AT § 15 IV Rn. 25 S. 237.

4 Zur Argumentationsfigur der *reductio ad absurdum* vgl. *Schnapp* Logik § 40 S. 174 ff.

5 So *Medicus/Petersen* BGB AT § 47 III 3 Rn. 729 S. 322; vgl. zur Kritik an der Lehre von der Doppelwirkung im Recht auch *Oellers* AcP 169 (1969), 67 ff.; *Flume* Rechtsakt und Rechtsverhältnis S. 12 ff.; *Pawlowski*, Rechtsgeschäftliche Folgen nichtiger Willenserklärungen, 1966, S. 102 f.

tungserklärung nur für den Regelfall, dass kein anderweitiger Nichtigkeitsgrund vorliegt. Bei mehrfacher Fehlerhaftigkeit eines Geschäfts ließe sich § 142 II hinsichtlich seines Anfechtungserfordernisses teleologisch reduzieren.

Wenn man auch in Fallgruppen wie der vorliegenden bei einem erweiterten Verständnis des Redlichkeitserfordernisses nach § 932 II ohne die „Doppelwirkung im Recht" auskommen könnte, ist doch diese Theorie heute in der Rechtsgeschäftslehre fast allgemein anerkannt.[6] In der Tat lässt sich mit ihr den unterschiedlichen Interessen, Schutzanliegen und Wertungen verschiedener tatbestandlicher Voraussetzungen in den sich konstruktiv überlagernden Vorschriften im Recht der Willenserklärungen und der Rechtsgeschäfte Rechnung tragen, mögen diese verschiedenen Vorschriften auch letztlich auf dieselbe Rechtsfolge gerichtet sein. Man kann die materiell-rechtliche Legitimation der Doppelwirkung im Recht zudem mit Argumenten der Beweiserleichterung, der Prozessökonomie sowie – im Bereich des Fernabsatzrechts – der Unionsrechtskonformität flankieren.[7] Jedenfalls muss der einfühlsame Klausurbearbeiter erkennen, dass der Aufgabensteller dieses Thema als einen Schwerpunkt der Ausführungen verstanden wissen will. Hier müssen Problembewusstsein und Rechtsverständnis gezeigt, Argumente und Abwägungen präsentiert werden. Erst nach diesen Überlegungen zur Anfecht*barkeit* sind die Anfechtungs*erklärung* und der Anfechtungs*grund* der arglistigen Täuschung anzusprechen. Das Ergebnis kann nicht zweifelhaft sein: *M* ist nach §§ 142 II, 932 II bösgläubig, so dass *A* die Herausgabe des Fahrrads nach § 985 verlangen kann.

III. Das zweite Tauschgeschäft

Der Tausch Bügeleisen gegen Kochtopf erfordert nicht weniger Aufmerksamkeit, Zeit und Platz in der Entwicklung der Klausurlösung als der erste Tausch, wenn auch in diesem zweiten Teil das Doppelwirkungsproblem noch einmal wiederkehrt. Keinen besonderen Problemstoff bietet zunächst der Anspruch der *A* gegen *M* auf Eigentums- und Besitzverschaffung an dem Kochtopf aus §§ 480, 433 I 1. Dieser Anspruch scheitert nicht an *As* Minderjährigkeit, denn ihre Eltern haben die auf den Abschluss des Verpflichtungsgeschäfts gerichtete Willenserklärung genehmigt. Für § 138 I, II fehlt es wiederum an hinreichenden Anhaltspunkten. Die anfängliche Unmöglichkeit schließlich steht der Wirksamkeit nicht entgegen, § 311a I. Allerdings ist die Leistungspflicht der *A* nach § 275 I wegen objektiver Unmöglichkeit ausgeschlossen, so dass ein Anspruch ausscheidet.

Der Schadensersatzanspruch des *M* aus § 311a II, der an der Nichterfüllung des gegebenen Leistungsversprechens anknüpft,[8] darf indes nicht vorschnell bejaht werden. Im Lichte der Doppelwirkung im Recht könnte er vielmehr dann ausscheiden, wenn *A* nicht einmal eine wirksame Willenserklärung zum Abschluss des Tauschvertrages abgegeben hätte und es an einem „Vertrag", auf dessen Gültigkeit *M* hätte vertrauen dürfen, gefehlt hätte. Diese Fragestellung ist von der Kenntnis des *M* von der Anfechtbarkeit des zweiten Tauschvertrages völlig unabhängig, so dass es, anders als beim ersten Tauschgeschäft, auf § 142 II nicht ankommt.

Die zunächst nach § 107 schwebend unwirksame Erklärung der *A* wurde zwar nach der Genehmigung durch die Eltern wirksam, doch sollte sie am Ende des Gesprächs mit *M* wegen arglistiger Täuschung nach § 123 I angefochten werden. Die Voraus-

---

6 Vgl. die in Fn. 3 Genannten.

7 Vgl. dazu *BGH* JZ 1955, 500; BGHZ 183, 235 Rn. 14 ff.; *Medicus/Petersen* BGB AT § 47 III 3 Rn. 730 S. 322.

8 Vgl. dazu MüKoBGB/*Ernst* § 311a Rn. 15 m. w. N.

setzungen des § 123 I liegen damit vor, weil *M* die *A* unter Vorspiegelung falscher Tatsachen zur Abgabe ihrer Erklärung bestimmt hat.

Allerdings war im Ergebnis die Willenserklärung wegen § 144 I schon nicht mehr anfechtbar: Kurz zuvor hatten die Eltern mit der Genehmigungserklärung zum Ausdruck gebracht, dass sie trotz der arglistigen Täuschung an dem Geschäft festhalten wollten. Damit steht dem *M* zwar ein Schadensersatzanspruch aus § 311a II zu.[9] Dieser ist auf den Ersatz des positiven Interesses gerichtet. *A* hat ihr Leistungsversprechen wegen § 275 I nicht erfüllt; darin liegt ihre durch § 311a II sanktionierte Pflichtverletzung.[10] *M* kann verlangen, so gestellt zu werden, wie er bei ordnungsgemäßer Erfüllung des Vertrages gestanden hätte.[11] Seinen entgangenen Gewinn mit *B* kann er damit bei *A* liquidieren.

C. Gliederung

I. Anspruch der *A* gegen *M* aus § 985
   Eigentum der *A*?
   1. Eigentumsübertragung an *S*
   2. Gutgläubiger Eigentumserwerb des *M*
      a) Einigung und Übergabe
      b) Keine Bösgläubigkeit
         Problem: § 142 II, Anfechtbarkeit eines unwirksamen Rechtsgeschäfts („Doppelwirkung im Zivilrecht")
   3. Ergebnis zu I

II. Anspruch der *A* gegen *M* aus §§ 480, 433 I

III. Anspruch des *M* gegen *A* aus § 311a II
   1. Tatbestandsvoraussetzungen
   2. Ausschluss wegen Anfechtung
      Problem: Bestätigung eines anfechtbaren Rechtsgeschäfts
   3. Schadensumfang
   4. Ergebnis zu III

D. Lösung

I. Anspruch der *A* gegen *M* aus § 985

A hat einen Anspruch gegen *M* auf Herausgabe des *Fahrrads* gemäß § 985, wenn sie Eigentümerin und *M* unrechtmäßiger Besitzer ist.

1. Eigentumsübertragung an *S*

Ursprünglich war *A* Eigentümerin des Fahrrads. Sie hat ihr Eigentum nicht durch rechtsgeschäftliche Übertragung nach § 929 S. 1 an *S* verloren. Zwar hat sie das

---

9 Vgl. dazu *Brox/Walker* SchuldR AT § 22 Rn. 64 ff. S. 265 ff.
10 Vgl. MüKoBGB/*Ernst* § 311a Rn. 15 m. w. N.
11 Vgl. hierzu *Brox/Walker* SchuldR AT § 22 Rn. 70 S. 267.

Fahrrad an *S* übergeben, doch fehlt es an einer wirksamen Einigung. Da die beschränkt geschäftsfähige *A* (§§ 2, 106) durch ihre Einigungserklärung den rechtlichen Nachteil des Eigentumsverlustes erlangt hätte, bedurfte sie hierfür nach § 107 der Einwilligung, d. h. der vorherigen Zustimmung (§ 183 S. 1) ihrer Eltern als ihrer gesetzlichen Vertreter, § 1629 I. Mangels einer solchen Einwilligung war die Einigungserklärung zunächst schwebend unwirksam, nach Verweigerung der nachträglichen Zustimmung (Genehmigung, § 184 I) wurde sie schließlich endgültig unwirksam. *A* blieb Eigentümerin.

2. Gutgläubiger Eigentumserwerb des *M*

Möglicherweise hat *A* jedoch ihr Eigentum durch einen gutgläubigen Erwerb des *M* vom nichtberechtigten Veräußerer *S* verloren, §§ 929 S. 1, 932 I 1.

a) Einigung und Übergabe

Einigung und Übergabe liegen im Verhältnis *S* zu *M* vor.

b) Keine Bösgläubigkeit

Der Erwerber *M* war auch in gutem Glauben, da er von der Volljährigkeit der *A* bei dem vorherigen Erwerbsgeschäft des *S* und mithin von dessen Eigentum an dem Fahrrad ausging. An dieser Gutgläubigkeit ändert es nichts, dass *M* über das Täuschungsmanöver des *S* gegenüber *A* Bescheid wusste. Denn diese Täuschung der *A* durch *S* ließ aus der Sicht des *M* den Eigentumserwerb des *S* zunächst unberührt.

Vielleicht stellt sich das Wissen des *M* von den Umständen des Erwerbsgeschäfts des *S* aber nach § 142 II als Kenntnis der Anfechtbarkeit der Einigungserklärung der *A* dar und steht nach erfolgter Anfechtung einer Kenntnis der Nichtigkeit dieses Geschäfts gleich; dann wäre *M* nach §§ 932 II, 142 II als bösgläubig zu behandeln. Voraussetzung hierfür ist, dass *As* Einigungserklärung anfechtbar war und tatsächlich angefochten wurde.

Daran könnte man zweifeln, weil die Einigungserklärung der beschränkt geschäftsfähigen *A* zunächst schwebend und schließlich endgültig unwirksam war. Begrifflich und logisch scheint ein anfechtbares Rechtsgeschäft i. S. d. §§ 142, 119 ff. dessen Wirksamkeit vorauszusetzen, denn was nichtig ist, kann nicht noch einmal durch Anfechtung vernichtet werden. Nicht nur die Betrachtung der Ursachen, sondern auch die der Schwere der verschiedenen Fehler des Rechtsgeschäfts deutet auf einen Ausschluss der Anfechtbarkeit hin. Denn die Nichtigkeit der Einigungserklärung der *A* aufgrund ihrer beschränkten Geschäftsfähigkeit und der fehlenden Zustimmung ihrer Eltern begründet gleichsam einen stärkeren Intensitätsgrad der Fehlerhaftigkeit dieses Rechtsgeschäfts gegenüber einer bloßen Anfechtbarkeit, so dass die stärkere Fehlerintensität den schwächeren Grad der Fehlerhaftigkeit verdrängt.

Indes sind Rechtssätze mit ihren Tatbestandsmerkmalen und Rechtsfolgeanordnungen nicht an den Maßstäben einer mathematisch-naturwissenschaftlichen Logik zu messen. Bei wertender Betrachtung kann derselbe Lebenssachverhalt unter verschiedenen rechtlichen Blickwinkeln unterschiedliche zutreffende Bewertungen und Anordnungen erfordern, ohne dass die eine zum Ausschluss der anderen führen muss. Die Anfechtbarkeit einer Willenserklärung verleiht dem Berechtigten eine rechtliche Gestaltungsmacht zur Aberkennung von Rechtsfolgen, die sich an einen erfüllten Tatbestand knüpfen. Diese Rechtsmacht darf dem Begünstigten nicht mit der Begründung genommen werden, dass über die privatautonom gestaltbaren Rechtsfolgen bereits aufgrund anderer rechtlicher Tatbestandsvoraussetzungen abschließend entschieden sei. Denn die Ordnungsanliegen und Wertentscheidungen verschiedener Normen können auch bei derselben Rechtsfolge unterschiedlich gelagert und ausgeprägt sein. So steht der Minderjährigenschutz unabhängig neben dem Schutz der irrtums- und täuschungsfreien Willensabgabe. Zudem kann die Nichtigkeit kraft einer Anfechtung ausweislich des § 142 II weiter reichen als die gesetzliche Nichtigkeit. Auch bezweifelt niemand, dass für ein Rechtsgeschäft verschiedene gesetzliche Nichtigkeitsgründe nebeneinander geltend gemacht werden können. Dann aber ist es nur folgerichtig, neben einem gesetzlichen Nichtigkeitsgrund auch eine von der Ausübung eines Gestaltungsrechts abhängige Vernichtbarkeit anzuerkennen. Anders als nach der strafrechtlichen Lehre von der Normenkonkurrenz verlangen die verschiedenen Wertungsgefüge im Zivilrecht das Prinzip der Normenkumulation. In diesem Licht erscheint die Anfechtung eines nichtigen, schwebend unwirksamen oder endgültig unwirksamen Rechtsgeschäfts wegen arglistiger Täuschung zulässig. Für ein solches Nebeneinander von Nichtigkeit und Vernichtbarkeit aus jeweils eigenständigen Rechtsgründen besteht auch ein praktisches Bedürfnis, denn der Nichtigkeitsgrund kann schwerer als der Anfechtungsgrund zu beweisen sein. Nicht nur das Interesse des Beteiligten an einer Erleichterung der Darlegungs- und Beweislast, sondern auch die Prozessökonomie (Aufwand und Kosten der Beweiserhebung, Dauer des Rechtsstreits) sprechen mithin für eine Doppelwirkung im Zivilrecht.

A wurde zur Abgabe ihrer Einigungserklärung von *S* durch die wahrheitswidrige Vorspiegelung der Verkehrsuntauglichkeit ihres Fahrrades bestimmt. Ihre Erklärung war daher wegen arglistiger Täuschung nach § 123 I anfechtbar. *A* hat, vertreten durch ihre Eltern, die Anfechtung gegenüber dem Anfechtungsgegner *S* erklärt, § 143 I, II 1. Die Kenntnis des *M* von der Anfechtbarkeit des Vorerwerbsgeschäfts steht nach § 142 II der Kenntnis der Nichtigkeit gleich, so dass *M* als bösgläubig anzusehen ist und ein gutgläubiger Erwerb des Fahrrads nach §§ 929 S. 1, 932 I 1 scheitert.

3. Ergebnis zu I

Die Eigentümerin *A* kann das Fahrrad von dem unberechtigten Besitzer *M* nach § 985 herausverlangen.

II. Anspruch der *A* gegen *M* aus §§ 480, § 433 I

Fraglich ist, ob *A* von *M* die Übereignung und den Besitz des *Kochtopfs* verlangen kann. Als Anspruchsgrundlage kommt lediglich § 480 i. V. m. § 433 I 1 in Betracht. *A* und *M* haben zwei übereinstimmende Willenserklärungen über das Tauschgeschäft Bügeleisen gegen Kochtopf abgegeben. Die Wirksamkeit des Tauschvertrages scheitert nicht an der Minderjährigkeit der *A*. Ihre vertragliche Verpflichtungserklärung war zwar zunächst nach § 107 schwebend unwirksam, erlangte aber durch die Genehmigung der *E* gegenüber *M* später volle Rechtswirksamkeit, §§ 108 I, 182 I, und zwar mit Rückwirkung, § 184 I. Dass bei Vertragsabschluss das Bügeleisen als Tausch- und Leistungsgegenstand bereits zerstört war, so dass der Tauschvertrag auf eine unmögliche Leistung (anfängliche objektive Unmöglichkeit) gerichtet war, hindert dessen Wirksamkeit nach § 311a I nicht. Allerdings entfällt die Leistungspflicht *ipso iure* gemäß § 275 I. Damit ist sowohl der Anspruch des *M* gegen *A* auf Übereignung des Bügeleisens (gem. § 275 I) als auch umgekehrt ein Anspruch der *A* gegen *M* auf Lieferung des Kochtopfes (nach § 326 I 1 Hs. 1) untergegangen.

III. Anspruch des *M* gegen *A* aus § 311a II

Möglicherweise hat *M* gegen *A* aber einen Schadensersatzanspruch in Höhe von 50 EUR entgangenem Gewinn aus dem beabsichtigten Weiterverkauf des Bügeleisens. Grundlage für diesen Anspruch auf Ersatz des Erfüllungsinteresses (positives Interesse) kann allein § 311a II sein.

1. Tatbestandsvoraussetzungen

Nachdem *H* der *A* eine Zerstörung des Bügeleisens schon bei der ersten Ingebrauchnahme als wahrscheinlich dargestellt hatte, hätte *A* bei dem späteren Vertragsabschluss mit *M* die Unmöglichkeit der Leistung kennen müssen, § 311a II 2. *M* hat auch auf die Gültigkeit des Vertrages vertraut und in Höhe der Differenz zwischen dem Wert seines Kochtopfs (10 EUR) und dem hypothetischen Weiterverkaufspreis des Bügeleisens (60 EUR) einen entgangenen Gewinn zu beklagen.

2. Ausschluss wegen Anfechtung

Fraglich ist aber, ob die Willenserklärung der *A* zum Abschluss des Tauschvertrages nicht wegen arglistiger Täuschung angefochten, § 123 I, und damit rückwirkend vernichtet wurde, § 142 I. In diesem Fall lägen unabhängig von *Ms* Kenntnis der Anfechtbarkeit (§ 142 II) nicht einmal die für den Tauschvertrag konstitutiven beiden Willenserklärungen vor, gleichviel, ob sich die Willenserklärung der *A* vor der Anfechtung als Angebot oder als Annahme darstellte. Dann aber fehlte es an einem Leistungsversprechen, auf dessen Erfüllbarkeit *M* hätte vertrauen dürfen.

Die Anfechtung wurde von *A*, vertreten durch *E*, am Ende des Gesprächs mit *M* erklärt. Die Bestimmung der *A* zur Abgabe ihrer Willenserklärung durch die Vorspiegelung der angeblichen Gefährlichkeit des Bügeleisens wegen eines fehlenden „Sicherheitstanks“ begründet auch eine arglistige Täuschung. Jedoch haben die Eltern der *A* die Anfechtung erst erklärt, nachdem sie vorher ausdrücklich und vorbehaltlos ihr Einverständnis mit dem Geschäft zwischen *A* und *M* zum Ausdruck gebracht hatten. Dies aber taten sie in Kenntnis des Anfechtungsrechts, auf das sie offenbar verzichten wollten. Darin ist die Bestätigung eines anfechtbaren Rechtsgeschäfts zu sehen, welche die spätere Anfechtung ausschließt, § 144 I.

3. Schadensumfang

M kann nach § 311a II verlangen, so gestellt zu werden, als wäre das unmögliche Leistungsversprechen ordnungsgemäß erfüllt worden. Er kann das positive (Erfüllungs-)Interesse, nicht lediglich das negative Interesse (Vertrauensschaden) geltend machen. Vom Erfüllungsinteresse ist der entgangene Gewinn (§ 252) umfasst.

4. Ergebnis zu III

M hat gegen *A* einen Anspruch auf Zahlung von 50 EUR.

E. Lerntest

I. Fragen

1. Was versteht man unter „Doppelwirkung im Recht“?
2. Was ist das Hauptanliegen der Lehre von der Doppelwirkung im Recht?

3. Kann über § 311a II nur der Vertrauensschaden liquidiert werden?
4. Worin liegt die durch § 311a II schadensersatzbewehrte Pflichtverletzung?

II. Antworten

1. Unter „Doppelwirkung im Recht“ versteht man die Anfechtbarkeit und damit rückwirkende Vernichtbarkeit von Rechtsgeschäften, die bereits aus anderen Rechtsgründen schwebend unwirksam oder nichtig sind.

2. Die Lehre von der Doppelwirkung im Recht will den unterschiedlichen Interessen, Schutzanliegen und Wertungen bei sich konstruktiv überlagernden Vorschriften mit verschiedenen tatbestandlichen Voraussetzungen, aber derselben Rechtsfolge durch das Prinzip der Normenkumulation Rechnung tragen.

3. Nein. Der in § 311a II genannte Schadensersatz statt der Leistung umfasst das positive Interesse des Gläubigers an der Erfüllung des unmöglichen Leistungsversprechens.

4. Bei § 311a II wird dem Schuldner nicht vorgeworfen, er habe die Unmöglichkeit der Leistung kennen müssen. Denn auf dieser Grundlage ließe sich eine Erfüllungshaftung nicht erklären. Die verletzte Pflicht liegt vielmehr in der Vornahme eines Leistungsversprechens, das wegen § 275 nicht erfüllt werden konnte und musste.

Fall 12. Dralles Honig aus eigener Imkerei

Die Leistungsstörungsform der anfänglichen Unmöglichkeit gehört zwar gewiss zum Übungsstoff für Anfänger, bereitet ihnen aber häufig in der Klausur sowohl argumentativ wie darstellerisch erhebliche Schwierigkeiten. Die leichte Anfängerklausur zeigt einen Weg zur Bewältigung dieser Schwierigkeiten auf. Daneben behandelt sie die Themen Spezies- und Gattungsschuld, anfängliche objektive Unmöglichkeit sowie Schadensersatz statt der Leistung.

A. Sachverhalt

Der Drogist *Dr. Bauxel (B)* klingelt frühmorgens an der Haustür beim *Imkermeister Dralle (D)*, in dessen Vorgarten er das Schild gelesen hat „Honig aus eigener Imkerei", und erklärt, er wolle ihm möglichst viele Gläser Honig zum Weiterverkauf an seine Kunden in der Drogerie abkaufen. Die Kundschaft „schreie" nach hochwertigem gesundem Honig; ihm komme es auf jedes Glas an. Hocherfreut verabredet *D* mit *B* schon an der Haustür, seinen gesamten Vorrat, nämlich 50 Pfundgläser *Blütenhonig* zum Preis von je 8 EUR und 30 Gläser *Akazienhonig* für je 10 EUR zu liefern. *B* verspricht Barzahlung bei Lieferung, und *D* sagt zu, die Gläser in etwa einer Stunde zur Drogerie zu bringen. *D* ist glücklich, seine Restbestände der Saison, die er erst am Vorabend in seinen Keller eingelagert hat, schnell und gut verkauft zu haben.

Als *D* jedoch seinen Wirtschaftskeller betritt, erlebt er eine böse Überraschung: Das schwere Eisengitter des Kellerfensters, das *D* zur Diebstahlssicherung hatte anbringen lassen, ist nachts mit roher Gewalt aufgestemmt und der Karton mit den 50 Pfundgläsern *Blütenhonig* gestohlen worden. *D* ahnt, dass dieser nächtliche Streich nur auf das Konto der beiden halbwüchsigen Unholde *Max und Moritz (M & M)* gehen kann, in deren verstecktem Diebeslager der Honig wohl vorläufig verschwunden sein dürfte. Jetzt schaut *D* genauer nach seinem *Akazienhonig.* Entsetzt muss er feststellen, dass in der Nacht aus einem kleinen Fass vom oberen Regal der Sauerkrautsaft ausgelaufen ist und 10 von den 30 Gläsern Akazienhonig – sie waren noch unverdeckelt im unteren Regal platziert – für den menschlichen Verzehr ungenießbar gemacht hat. *D* verfüttert die unappetitliche Mischung im Pferdestall an seine Mähren Rosalinde und Klarabella. Er muss einsehen, dass dieser Streich auf sein eigenes Konto geht, weil er am Vorabend die Deckel nicht mehr auf die Gläser geschraubt hat; solch ein Malheur war ihm im vorigen Jahr schon einmal passiert.

Mit nur 20 Gläsern Akazienhonig kommt *D* schließlich zur Drogerie des *B* und berichtet ihm von seinem Pechtag. *B* kennt wenig Mitleid. Vertrag sei Vertrag. Er stellt in Aussicht, dass er sich wegen der fehlenden Honiggläser ersatzweise bei *Bs* Imkerkollegen *Knörrje (K)* eindecken werde, der jedoch pro Glas 12 EUR verlangt, „egal, ob Blüte oder Akazie". *B* meint, *D* müsse ihm den Unterschiedsbetrag erstatten. Zu Recht?

Imker Dralle

B. Gutachtliche Überlegungen

I. Stoffordnung und erste „Klippe"

Der Anspruch des *B* auf Erstattung „des Unterschiedsbetrags" zwischen dem mit *D* ausgehandelten Preis für die Kaufsachen und dem an *K* zu entrichtenden Preis für die Ersatzbeschaffung kann nur als leistungsstörungsrechtlicher Schadensersatzanspruch verstanden werden. Er ist einmal bezüglich der 50 Gläser *Blütenhonig* zu prüfen und beliefe sich hier auf 200 EUR; zum anderen geht es um 10 Gläser *Akazienhonig* und einen Schaden des *B* von 20 EUR. Als Leistungsstörungsform kommt allein das Unmöglichkeitsrecht in Betracht. Es ist leicht zu erkennen, dass der Kaufvertrag hinsichtlich der Honiggläser auf einen teilbaren Leistungsgegenstand[1] gerichtet ist – *B* kam es auf „jedes (einzelne) Glas" an. Nichts steht also einer getrennten Prüfung des Rechtsschicksals der beiden kritischen Leistungsteile entgegen. Der unkritische Leistungsteil der von *D* gelieferten 20 Gläser Akazienhonig bleibt nach der Fallfrage außer Betracht. Insoweit tritt Erfüllung ein und hat *B* 200 EUR an *D* zu zahlen.

Bei der Untersuchung des Rechtsschicksals der Leistung der 50 Gläser Blütenhonig ist gleich anfangs eine tückische Klippe zu überwinden. Da es sich bei dem verkauften Honig um den „Vorrat" des *D* handelt, könnte man an eine Vorratsschuld, also eine beschränkte Gattungsschuld denken. Dann wäre *D* zur Leistung ungeachtet des Verlustes seiner Gläser solange verpflichtet, wie noch Honig der Gattung verfügbar wäre. Hier muss man sich darauf besinnen, dass der Verkauf seines *gesamten Vorrats* keine Auswahlmöglichkeit für *D* lässt, so dass durchaus eine Speziesschuld begründet wurde.[2] Und dies ungeachtet der Qualität von Honiggläsern als vertretbarer Sachen i. S. d. § 91; zu Unrecht nehmen Anfänger gern bei vertretbaren Sachen automatisch eine Gattungsschuld an. Nur wer diese erste Klippe ordentlich bewältigt, eröffnet sich den Weg zum Unmöglichkeitsrecht und zur Anspruchsgrundlage des § 311a II.

---

1 Vgl. dazu *Emmerich* LeistungsstörungsR § 5 IV 1 Rn. 27 S. 66, wonach ein Leistungsgegenstand teilbar ist, wenn „ein Ausschnitt aus dem Leistungsgegenstand seinem Wesen und Wert nach verhältnismäßig oder anteilig der Gesamtleistung entspricht, d. h. sich nur der Größe, nicht aber der Beschaffenheit nach von ihr unterscheidet".

2 Zur Abgrenzung der Speziesschuld von der Gattungsschuld einschließlich der Vorratsschuld vgl. *Brox/Walker* SchuldR AT § 8 Rn. 1 ff. S. 91 f.; *Medicus/Lorenz* SchuldR AT § 17 Rn. 189 ff. S. 79 ff.; *Schlechtriem/Schmidt-Kessel* SchuldR AT Rn. 221 ff. S. 113 ff.

Max und Moritz

II. Die anfängliche Unmöglichkeit

Von nun an sollte sich der kundige Klausurant in vertrautem Fahrwasser bewegen. Die Fallkonstellation ist bezüglich des gestohlenen Blütenhonigs unschwer als ein Beispiel der anfänglichen (subjektiven) Unmöglichkeit zu identifizieren. Alleinige Anspruchsgrundlage für sämtliche Fälle der anfänglichen Unmöglichkeit, unabhängig von ihrer Ausprägung als subjektive oder objektive, ist § 311a II. Diese Neuschaffung der Schuldrechtsreform knüpft an die Nichterfüllung eines wegen § 275 I nicht erfüllten Leistungsversprechens eine Erfüllungshaftung. Die Lösung des Falles stellt sich in der Folge als schlichte Anwendung des Gesetzes dar.

III. Das Annexproblem

Gegenüber der unmöglichkeitsrechtlichen Würdigung des gestohlenen Blütenhonigs stellt sich die Behandlung eines Schadensersatzanspruchs des *B* gegen *D* für die nicht gelieferten 10 Gläser *Akazienhonig* als ein recht einfach überschaubarer Subsumtionsvorgang dar. Auch insoweit ist der Kaufvertrag nicht nichtig, § 311a I, sondern der Erfüllung seiner charakteristischen Hauptleistungspflicht steht lediglich § 275 I entgegen. Schadensersatz ist wiederum aus § 311a II zu erlangen. Die Voraussetzungen dieser Vorschrift liegen vor. *B* macht mit dem Unterschiedsbetrag von 20 EUR sein positives Erfüllungsinteresse geltend; er will gestellt werden, wie er bei ordnungsgemäßer Erfüllung durch *D* gestanden hätte. Im Rahmen des Schadensersatzes statt der Leistung, den § 311a II gewährt, ist auch dieses positive Interesse geschützt.

C. Gliederung

I. Anspruch aus § 311a II (Blütenhonig)
  1. Kaufvertrag
  2. Anfängliche Unmöglichkeit
     Problem: Abgrenzung Gattungs-, Vorrats- und Speziesschuld
  3. Kein Nichtvertretenmüssen

II. Anspruch aus § 311a II (Akazienhonig)

D. Lösung

I. Anspruch aus § 311a II (Blütenhonig)

In Betracht kommt ein Schadensersatzanspruch des *B* gegen *D* für die 50 Gläser *Blütenhonig* wegen (teilweiser) Unmöglichkeit der Leistung aus § 311a II.

1. Kaufvertrag

Durch das Gespräch zwischen *B* und *D* an der Haustür ist ein Kaufvertrag zustande gekommen, der für den Verkäufer *D* nach § 433 I 1 die Verpflichtung zur Übereignung von 50 Gläsern Blüten- und 30 Gläsern Akazienhonig und zur Verschaffung des unmittelbaren Besitzes daran begründet hat. Da die Vereinbarung über die einzelnen Honiggläser mehrere selbstständige Kaufgegenstände umfasste – *B* kam es auf „jedes Glas" an –, kann das Rechtsschicksal der selbstständigen Leistungsteile getrennt gewürdigt werden.

2. Anfängliche Unmöglichkeit

Weil die 50 Gläser Blütenhonig bereits bei Vertragsabschluss gestohlen waren, könnte man denken, dass eine teilweise anfängliche Unmöglichkeit vorliegt.

In Betracht kommt zunächst eine anfängliche objektive Unmöglichkeit; das wäre nur der Fall, wenn schon bei Vertragsabschluss diese Teilleistung von keinem Menschen hätte erbracht werden können. Eine (teilweise) anfängliche objektive Unmöglichkeit scheidet hier nicht schon deshalb aus, weil etwa eine Gattungsschuld nach § 243 I „50 Gläser Blütenhonig" vorläge. Allerdings wäre und bliebe *D* bei einer Gattungsschuld zur Leistung aus der Gattung solange verpflichtet, wie noch einzelne Sachen aus der Gattung vorhanden sind – und ungeachtet des Diebstahls gab und gibt es ausweislich der Liefermöglichkeit des *K* noch anderweitig Blütenhonig in Gläsern. Indes sollte nach dem Parteiwillen und den Umständen des Kaufvertragsabschlusses der *gesamte Restbestand* von Blüten- und Akazienhonig aus *Ds* eigener Imkerei verkauft werden. *D* sollte und konnte danach keine Auswahl zur Individualisierung der Kaufsachen treffen, nicht einmal innerhalb des Bestandes in seinem Wirtschaftskeller. Vielmehr bezog sich seine Leistungspflicht von vornherein auf den Restbestand der speziellen 50 Gläser Blüten- und 30 Gläser Akazienhonig. Es wurde danach keine Gattungsschuld, auch keine auf seinen Vorrat beschränkte Gattungsschuld (Vorratsschuld), sondern eine Speziesschuld des Verkäufers *D* vereinbart. Dann aber hindert das Vorhandensein anderer Speziessachen derselben Gattung die Annahme von Teilunmöglichkeit nicht.

Fraglich ist aber, ob eine anfängliche objektive Unmöglichkeit der Leistung der Speziessachen vorlag. Zur Zeit des Vertragsabschlusses war der Diebstahl bereits erfolgt. Dadurch hatte *D* zwar nicht sein Eigentum, wohl aber seinen unmittelbaren Besitz verloren. Seiner Leistungspflicht zur Eigentums- und unmittelbaren Besitzverschaffung konnte er schon bei Vertragsabschluss nicht vollständig genügen. Allerdings könnten *M* & *M* die von *D* geschuldete unmittelbare Besitzverschaffung zugunsten des *B* vornehmen. Die Kaufsache selbst war bei Vertragsabschluss als eingelagerte Diebesbeute vorhanden. Zwar nicht allein durch *D*, wohl aber mit Hilfe von *M* & *M* konnte die Leistung erbracht werden, so dass keine anfängliche objektive, sondern anfängliche subjektive Unmöglichkeit (= ursprüngliches Unvermögen) in Rede steht.

3. Kein Nichtvertretenmüssen

Im Lichte dieser Überlegungen ist zu einem Schadensersatzanspruch des *B* festzustellen, dass das Leistungshindernis – Diebstahl des Blütenhonigs trotz gesicherten Fensters – nicht im beherrschbaren Geschäftskreis des Verkäufers *D* seinen Ursprung hatte, sondern auf eine Einwirkung Dritter *(M & M)* zurückzuführen ist, die *D* bei Anwendung verkehrsgebotener Sorgfalt nicht verhindern und bei Vertragsabschluss nicht kennen konnte. *D* hat die Unmöglichkeit nicht zu vertreten (§ 311a II 2). *B* hat daher keinen Anspruch auf Schadensersatz für diese 50 nicht gelieferten Honiggläser.

II. Anspruch aus § 311a II (Akazienhonig)

Es lässt sich allerdings an einen Schadensersatzanspruch des *B* gegen *D* nach § 311a II für die 10 Gläser nicht gelieferten *Akazienhonigs* denken. Nachdem *D* die Deckel nicht auf die Gläser geschraubt hat und nachdem ihm bereits im Vorjahr das Malheur verdorbenen Honigs durch Sauerkrautsaft passiert war, hätte sich *D* vor Vertragsabschluss eines ordnungsgemäßen Zustands seines Akazienhonigs vergewissern müssen. Es lag nach den Umständen innerhalb des Erwartungshorizontes, dass seine Erfüllungsfähigkeit bei Vertragsabschluss beeinträchtigt sein konnte. Ihm ist ein Fahrlässigkeitsvorwurf zu machen; er musste bei verkehrsgebotener Sorgfalt die Unmöglichkeit der Leistung kennen, §§ 311a II 2, 276. In der Folge hat *B* einen Anspruch auf Schadensersatz statt der Leistung, der auf das positive Erfüllungsinteresse gerichtet ist. *B* ist so zu stellen, wie er bei ordnungsgemäßer Erfüllung stehen würde. Zu ersetzen ist somit auch der Schaden, der durch eine notwendige Ersatzbeschaffung entstanden ist (= 20 EUR).

E. Lerntest

I. Fragen

1. Welche Anspruchsgrundlage ist für einen Schadensersatz bei anfänglicher Unmöglichkeit einschlägig? Ist zwischen objektiver und subjektiver Unmöglichkeit zu unterscheiden?
2. Wodurch unterscheidet sich ein Anspruch auf Ersatz des positiven (Erfüllungs-)Interesses von einem Anspruch auf Ersatz des negativen (Vertrauens-)Interesses?

II. Antworten

1. Anspruchsgrundlage ist § 311a II. Die Vorschrift gilt sowohl für die objektive wie subjektive Unmöglichkeit.

2. Bei einem Schadensersatzanspruch, der auf das positive Interesse gerichtet ist, hat der Schuldner den Gläubiger so zu stellen, wie er bei ordnungsgemäßer Erfüllung stehen würde (Ersatz des Nichterfüllungsschadens); bei einem Schadensersatzanspruch, der auf das negative Interesse gerichtet ist, hat der Schuldner den Gläubiger so zu stellen, wie er stehen würde, wenn er niemals etwas von dem Geschäft gehört hätte (Ersatz des Vertrauensschadens, z. B. Ersatz von Aufwendungen, aber auch eines entgangenen Gewinns durch verpasste andere Geschäfte).

Fall 13. Onkel Noltes langsamer Walzer

Im Mittelpunkt dieses Falls für eine Anfängerklausur steht die Kollision zwischen einer zwingenden Formvorschrift und dem Grundsatz von Treu und Glauben. Mit diesem Grundproblem der Rechtsgeschäftslehre und den dazu ausgetauschten Argumenten müssen Studierende des dritten Semesters jedenfalls in den Grundzügen hinreichend vertraut sein. Der Fall ist als eher leicht einzustufen.

A. Sachverhalt

Der Bonvivant *Johann Kolbe (K)* gibt gegenüber seiner Tanzpartnerin, der Frührentnerin *Madam Schmöck (S),* freimütig zu, dass ihn sein Lebenswandel mit ruinösen Schulden überzogen hat; niemand gewähre ihm mehr Kredit, obwohl er gerade jetzt für ein aussichtsreiches Geschäft – die Chance seines Lebens – dringend 20.000 EUR brauche. Beeindruckt von den Beichten des charmanten *K* und betroffen von der Niedertracht des Schicksals, der *K* nach seinen gelinde übertriebenen Erzählungen wiederholt ausgesetzt war, bietet *S* dem *K* ein unverzinsliches Darlehen für einen Monat in Höhe von 20.000 EUR an. Sie müsse aber darauf bestehen, dass *K* einen zuverlässigen Bürgen für die Rückzahlung beibringe, weil es sich bei dem Betrag um ihre gesamten Ersparnisse handele.

Am nächsten Tanzabend stellt *K* der *S* seinen *Onkel Nolte (N)* vor, den er ein letztes Mal zur Übernahme einer Bürgschaft gewinnen konnte. *N* erklärt sich gegenüber *S* in einem längeren Gespräch nach einem sehr romantischen langsamen Walzer bereit, für die Rückzahlung der 20.000 EUR einzustehen, wenn *S* seinen Neffen *K* mit diesem Betrag vorübergehend unterstütze. Der redselige und vertrauenerweckende *N,* der zwar kein Kaufmann ist, aber in Geldgeschäften durchaus Erfahrung besitzt, macht die *S,* eine Frau eher schlichten Gemüts, ausdrücklich darauf aufmerksam, dass er seine Erklärung, „rein rechtlich" gesehen, schriftlich abgeben müsse. Wegen der hoffentlich gegenseitigen Sympathie aber erscheine ihm dies entbehrlich. Wenn *S* einverstanden sei, dann genüge für ihn auch ein Handschlag, um seine Garantie für *K* zu begründen. Schließlich verlange ja *S* auch von *K* nichts Schriftliches. Jedenfalls könne sich *S* hundertprozentig auf ihn als Ehrenmann verlassen. Niemals werde er sich „im Fall der Fälle" wegen eines fehlenden Schriftstücks, einer „bloßen Formalität", später „herausreden", zumal er wisse, dass *S,* abgesehen von den mühsam ersparten 20.000 EUR, nur ihre bescheidene Rente habe. *S* vertraut auf die ernst gemeinten Worte des *N* ebenso wie auf die Schwärmerei des *K* von seinem „sicheren Geschäftserfolg".

Vier Wochen später sieht sie sich ruiniert: *K* ist mit ihrem Geld spurlos verschwunden – Adresse unbekannt. *N* zeigt jetzt ein ganz anderes Gesicht und entgegnet, dass *S* „nichts Schriftliches" von ihm habe und bloße Worte bekanntlich „Schall und Rauch" seien. *S* ist empört und bezichtigt *N* der „groben Treuelosigkeit". Kann *S* von *N* 20.000 EUR verlangen? Wie ist zu entscheiden, wenn *N* von Anfang an niemals ernsthaft daran gedacht hat, sich an seine Worte gebunden zu fühlen?

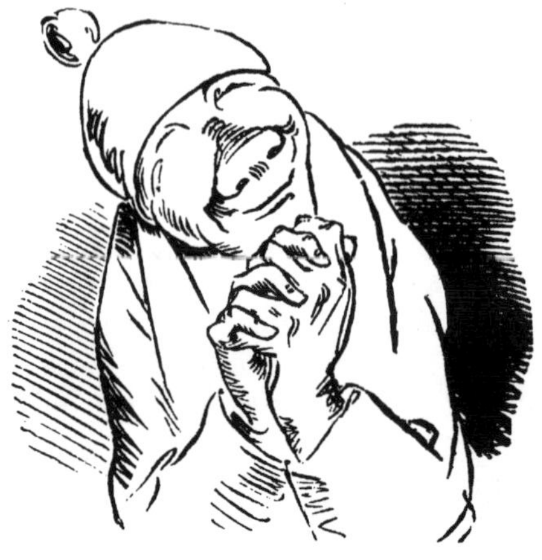

Onkel Nolte

B. Gutachtliche Überlegungen

I. Der Weg zum Kernproblem

Das Fallgeschehen mit seinen drei Beteiligten ist leicht überschaubar. Die Fallfrage führt geradewegs zu § 765 I als Anspruchsgrundlage für das Zahlungsbegehren der *S* gegen *N*. Natürlich gerät sofort die Formvorschrift des § 766 S. 1 ins Visier, doch sollte man nicht sogleich auf deren Erörterung zusteuern. Erst müssen die sonstigen Voraussetzungen eines Bürgschaftsvertrags geprüft und von einem Garantievertrag – *N* spricht ja ausdrücklich von einer „Garantie für *K*" – sowie von einem vertraglichen Schuldbeitritt (kumulative Schuldübernahme) abgegrenzt werden. Von diesen beiden Instituten unterscheidet sich die Bürgschaft vor allem dadurch, dass die Vertragsparteien keine eigene neue Schuld begründen, sondern – wie hier *S* und *N* – ein Einstehenmüssen für eine fremde Schuld in Abhängigkeit von deren Bestand und Höhe vereinbaren.[1] Diese Überlegungen können eher knapp gehalten werden; besonderer Problemstoff verbirgt sich hier nicht. Die Akzessorietät der Bürgschaft führt uns zu einem Blick auf die Hauptschuld des *K* gegenüber *S*, die indes gleichfalls keine tatsächlichen oder rechtlichen Probleme aufwirft. *K* haftet als Darlehensschuldner nach § 488 I 2 auf Rückzahlung der Valuta, und der Anspruch der *S* gegen *K* ist auch fällig. Man sollte auch schon vorab darauf hinweisen, dass der Bürge *N* die Einrede der Vorausklage nach § 773 I Nr. 2 verloren hat.

Damit rückt das Kernproblem des Falles in den Gesichtskreis: Ist an der offensichtlichen Formnichtigkeit der Bürgschaftserklärung nach §§ 766 S. 1, 125 S. 1 festzuhalten oder darf bzw. muss angesichts der Umstände des Falles eine Korrektur unter dem Gesichtspunkt von Treu und Glauben vorgenommen werden? Dieser Frage kann man nicht ausweichen. Da *N* nicht Kaufmann ist, kann die Regelung des § 350 HGB der *S* nicht zugutekommen. Auch verbietet sich die Umdeutung (§ 140) einer formnichtigen Bürgschaft in ein selbstständiges Garantieversprechen oder in

---

[1] Vgl. dazu *Bülow* KreditsicherheitenR Rn. 832 ff. S. 286 ff.; *Brox/Walker* SchuldR AT § 35 Rn. 21 f. S. 452.; *dies.*, SchuldR BT § 32 Rn. 3 ff. S. 405 ff.; *Looschelders* SchuldR BT § 50 Rn. 7 ff. S. 399 ff.

Madame Schmöck

einen Schuldbeitritt, die beide formlos wirksam wären. Denn die Interessenlage ist bei allen drei Instituten jeweils verschieden, wie schon die vorherigen Abgrenzungsüberlegungen gezeigt hatten. Bei einer bürgschaftstypischen Interessenlage aber darf die Formvorschrift des § 766 S. 1 keinesfalls durch eine Umdeutung umgangen werden.[2]

Bisher konnte der Lösungsweg passagenweise im Urteilsstil gehalten werden. Nun ist der Weg frei, dem Kernproblem der Kollision von § 125 und § 242 ausführliche gutachtliche Aufmerksamkeit zu widmen. Denn bei einer derartigen Klausur mit nur einem einzigen zentralen Rechtsproblem erwartet der Aufgabensteller und Prüfer, dass sich der Bearbeiter der Aufbereitung der Fragestellung, der Entwicklung möglicher Antworten und der Abwägung der Argumente für oder gegen diesen oder jenen Lösungsweg mit besonderer Umsicht widmet. Wo das Gesetz keine unmittelbaren Antworten bereithält, fängt die Jurisprudenz an. Es gibt, idealtypisch, „breite" und „tiefe" Klausuren. Bei den erstgenannten kommt es vor allem auf eine vollständige Erfassung des oft verwickelten Problemstoffes, auf das Auffinden aller Anspruchsgrundlagen in den Verhältnissen der meist mehreren Beteiligten und auf die rechtliche Durchdringung der vielfältigen Rechtsbeziehungen und ihrer Abhängigkeiten voneinander an. Vorliegend steht jedoch eine „tiefe" Klausur in Rede, bei der nur *ein* zentrales Rechtsproblem behandelt zu werden braucht, dies aber unter Auslotung und Abwägung möglichst vieler Argumente.

---

[2] *Looschelders* SchuldR BT § 50 Rn. 9 S. 399.

II. Rechtssicherheit contra Einzelfallgerechtigkeit

Es versteht sich, dass wir uns bei der Behandlung unseres Kernproblems im Argumentationsraster und Spannungsverhältnis zwischen Rechtssicherheit und Einzelfallgerechtigkeit, zwischen formalen Ordnungsregeln des Rechtsverkehrs und materieller Ergebnisbilligkeit für die Betroffenen bewegen. Gewiss sind die Formvorschriften als zwingendes Recht im Grundsatz jeder Disposition der Parteien und des Rechtsanwenders entzogen. Hier aber lassen die besonderen Umstände des Falles eine Korrektur zumindest als überlegenswert, wenn nicht als naheliegend oder gar als geboten erscheinen. *N* hat wider besseres Wissen die *S* an die rechtliche Unerheblichkeit der Formvorschrift glauben lassen, indem er ihr ankündigte, sich später nicht darauf berufen zu wollen. Er hat sie gleichsam dazu verleitet, nicht auf einer Schriftform zu bestehen. Sein späterer Gesinnungswandel stellt sich als krasser Verstoß gegen Treu und Glauben dar. Dies muss bei einem Bearbeiter mit Problembewusstsein die juristisch-analytischen Gestaltungskräfte auf den Plan rufen. Es herrscht Handlungsbedarf.

Ausgangspunkt der Überlegungen müssen zunächst die Anliegen sein, die der Gesetzgeber mit Formvorschriften im Allgemeinen und mit § 766 S. 1 im Besonderen verfolgt. Eine Besinnung auf die Funktionalität von zwingenden Formvorschriften lässt deutlich werden, dass eine Abweichung von der Nichtigkeitssanktion des § 125 S. 1 nur in sehr engen Grenzen in Betracht kommen kann. Da wir es letztlich mit einem Standardproblem der Rechtsgeschäftslehre zu tun haben, das in den Lehrbüchern und Lehrveranstaltungen breiten Raum einzunehmen pflegt, sollte sich der Klausurant an die wichtigsten Argumentationsmuster erinnern und sie für die Fall-Lösung fruchtbar machen können, auch wenn die Stellungnahmen in der Literatur keineswegs ein einheitliches Bild bieten.[3] Die übliche Fallgestaltung rankt zwar um privatschriftliche Grundstücksverkäufe mit der später nicht mehr eingehaltenen Versicherung des Verkäufers, er werde sich nicht auf § 311b I berufen. Doch sind die hierzu entwickelten Wertungsmaßstäbe auf unseren Bürgschaftsfall weithin übertragbar.

Danach ist es heute – anders als noch zu frühen Reichsgerichtszeiten – kaum mehr angängig, es selbst in extremen Kollisionsfällen mit § 242 bei der Nichtigkeitssanktion nach § 125 sein Bewenden haben zu lassen.[4] Das Rechtsgefühl und nicht zuletzt die klausurpsychologische Maxime der problemfreundlichen Erörterung sollten jedenfalls einen leichtfertigen Rundumschlag von vornherein ausschließen, sondern den Sachverhalt als einen Grenzfall identifizieren, der eine behutsame Gratwanderung in abwägender Diskussion erfordert. Dabei muss man sich zunächst darum bemühen, das Kollisionsproblem zwischen § 125 und § 242 in einer generell-abstrakten Weise zu lösen und einen subsumtionsfähigen Obersatz aufzufinden. Die

---

3 Vgl. dazu *Neuner* BGB AT § 44 V Rn. 61 ff. S. 539 ff.; *Larenz* BGB AT § 21 I 4 S. 413 f.; *Flume* BGB AT II § 15 III 4 S. 270 ff.; *Köhler* BGB AT § 12 V 3 Rn. 16 ff. S. 198 ff.; *Medicus/Petersen* BGB AT § 41 III 3 Rn. 628 ff. S. 194 ff.; *Stadler* BGB AT § 24 I 3 Rn. 24 ff. S. 322 ff.; *Brox/Walker* BGB AT § 13 IV 1 Rn. 22 ff. S. 152 f.; *Brehm* BGB AT § 11 V 3 Rn. 350 ff. S. 209 ff.; MüKoBGB/*Einsele* § 125 Rn. 56 ff.; *D. Reinicke* NJW 1968, 39 ff.; *Battes* JZ 1969, 683 ff.

4 Vgl. dazu RGZ 50, 47 (48); 52, 1 (5); 58, 214 (218); 78, 347 (354); dazu *Matthießen* JW 1938, 2426; *Heldrich* AcP 147 (1941), 89ff; daran festhaltend *Häsemeyer* Gesetzliche Form der Rechtsgeschäfte S. 228 ff. und 295 ff.; *Gernhuber* Festschrift Schmidt-Rimpler S. 151 ff.; *Wolf* BGB AT § 7 C I E 2cc S. 317 ff.

von der späteren RG-Rechtsprechung angebahnte[5] und vom BGH aufgegriffene[6] Formel von der Einschränkbarkeit des § 125 bei einer anderweitig unvermeidbaren und „schlechthin untragbaren Härte" leistet, wenn man sich daran erinnert, hierfür gute Dienste; doch darf man auch eine freihändige Paraphrase ähnlichen Sinngehalts entwerfen.[7] Es kommt vor allem auf eine angesichts der verfügbaren knappen Zeit möglichst überzeugende Argumentation an. Dies gilt auch für die anschließende Würdigung des konkreten Sachverhalts, bei der die Umstände unseres Einzelfalls an der gefundenen Formel zur Bewältigung der Kollision gemessen werden müssen. Im Ergebnis erscheint es gut vertretbar, der *S* einen Einwand der unzulässigen Rechtsausübung gegenüber *N* einzuräumen und einen Erfüllungsanspruch zu gewähren.

III. Das Konstruktionsproblem und die Fallabwandlung

Wer noch Zeit übrig hat und sich einige Extrapunkte verdienen will, kann tiefer in die dogmatisch-konstruktiven Schwierigkeiten einer Korrektur des § 125 durch § 242 eindringen. Es fragt sich nämlich, ob der Anspruch auf Zahlung von 20.000 EUR wirklich aus dem Bürgschaftsvertrag oder unmittelbar aus einer eigenartigen Verhaltenshaftung nur quasi-vertraglicher Art abzuleiten ist.[8] Zu einer gründlicheren Studie, wie sie in einer Hausarbeit angezeigt wäre, fehlt natürlich in der Klausur nicht nur die Zeit, sondern auch die Literatur. Aber wer hier Problembewusstsein dokumentiert, schneidet bestimmt besser ab als derjenige, der sich mit den ersten Oberflächen einer Lösung zufrieden zeigt.

Jedenfalls sollte man noch einige Worte zur Fallabwandlung verlieren. Dies muss nicht unbedingt am Schluss in einem eigenständigen Abschnitt geschehen, sondern kann auch in die gutachtliche Würdigung des Ausgangsfalls eingeflochten werden. Die Fallabwandlung, bei der *N* schon bei Abschluss des Bürgschaftsvertrags arglistig handelte, setzt quasi-vertragliche und deliktische Schadensersatzansprüche frei, die die im Ausgangsfall gebotene Gewährung eines Rückzahlungsanspruchs im Wege einer Überwindung des § 125 S. 1 durch § 242 nun entbehrlich erscheinen lassen, geht es der *S* doch auch bei dem Erfüllungsanspruch um Geld.

C. Gliederung

I. Anspruch aus § 765 I
   1. Auslegung der Vereinbarung
   2. Fällige Hauptforderung, keine Einrede der Vorausklage
   3. Schriftform
      a) Voraussetzungen
         Problem: Umdeutung in Garantie oder Schuldbeitritt
      b) Ausnahme
         Problem: Formeinschränkung durch Treu und Glauben

---

[5] RGZ 153, 59 (61); 157, 207 (209); 169, 65 (73); 170, 203 (204).

[6] BGHZ 12, 286 (304); 16, 334 (336); 20, 338 (344); 23, 249 (254 ff.); 29, 6 (10); 45, 179 (184); 48, 396 ff.; 85, 315 (318); 92, 164 (172).

[7] Zu den Fallgruppen Existenzgefährdung und besonders schwere Treuepflichtverletzung vgl. *BGH* NJW 2016, 1391 Rn. 15; *BGH* NJW-RR 2017, 596 Rn. 12 jeweils m. w. N.

[8] Vgl. dazu insb. *Flume* BGB AT II § 15 III 4c cc S. 280 ff.; *Canaris* Vertrauenshaftung S. 276 ff., 289 ff.

aa) Ausgangspunkt: keine Treuwidrigkeit der Berufung auf Formmangel
bb) Sonderfälle der Treuwidrigkeit
cc) Dogmatische Einordnung
dd) Schlechthin untragbare Härte zulasten von *S*
4. Zwischenergebnis zu I
II. Abwandlung

D. Lösung

I. Anspruch aus § 765 I

Es kommt ein Anspruch der *S* gegen *N* auf Zahlung von 20.000 EUR aus einem Bürgschaftsvertrag nach § 765 I in Betracht.

1. Auslegung der Vereinbarung

N hat sich gegenüber *S* vertraglich verpflichtet, für die Erfüllung der Verbindlichkeit einzustehen, die den *K* auf Rückzahlung der Darlehensvaluta in Höhe von 20.000 EUR aus § 488 I 2 traf. Ungeachtet des verwandten Begriffs der Garantie sollte *N* nicht – wie bei einem Garantievertrag *sui generis* (§§ 311 I, 241 I) – die Gewähr für einen bestimmten Erfolg unabhängig vom Bestehen einer Verbindlichkeit übernehmen. Auch wollte sich *N* nicht – wie bei einem vertraglichen Schuldbeitritt (kumulative Schuldübernahme) – als selbstständiger (Gesamt-)Schuldner zusätzlich zum Darlehensschuldner *K* zur Verfügung stellen. Vielmehr haben sich die Parteien darauf verständigt, dass *N* als Nebenschuldner für die fremde Schuld des *K* und in Abhängigkeit von dieser Schuld einstehen sollte.

2. Fällige Hauptforderung, keine Einrede der Vorausklage

Die Hauptforderung der *S* gegen *K* war bei Abschluss des Bürgschaftsvertrags bereits entstanden, wenn auch noch aufschiebend bedingt (§ 765 II) durch die Beibringung eines zuverlässigen Bürgen. Diese Hauptforderung ist nach Ablauf der vereinbarten Monatsfrist fällig. Ein Bürgschaftsanspruch der *S* wäre auch nicht durch eine Einrede der Vorausklage gehindert, die *N* vielmehr nach § 773 I Nr. 2 verloren hat, nachdem der *S* die Rechtsverfolgung gegen den Hauptschuldner wegen dessen inzwischen unbekannten Aufenthaltsorts wesentlich erschwert ist.

3. Schriftform

a) Voraussetzungen

Allerdings fehlt der Bürgschaftserklärung die gesetzlich vorgeschriebene Schriftform, §§ 766 S. 1, 125 S. 1. Da *N* kein Kaufmann ist, kommt eine Befreiung von diesem Formerfordernis nach § 350 HGB nicht in Betracht. Man könnte freilich an eine Umdeutung (§ 140) der nach § 125 S. 1 formnichtigen Bürgschaft in einen formlos wirksamen Garantievertrag oder Schuldbeitritt denken. Dem stehen jedoch die verschiedenen Interessenlagen und die Warnfunktion des § 766 entgegen. Denn beim Garantievertrag und Schuldbeitritt verfolgt der Garantiegeber bzw. Beitretende mit seiner Garantie bzw. der Übernahme der Schuld als eigene auch ein eigenes rechtliches oder wirtschaftliches Interesse; er braucht nicht gewarnt zu werden, weil er das Rechtsgeschäft bewusst in sein Kalkül einbettet. Der Bürge aber steht typischerweise aus Gefälligkeit und ohne Eigeninteresse für einen anderen ein; deshalb soll er durch die Schriftform vor einer uneigennützigen Vermögenseinbuße gewarnt werden. Die Verschiedenheit der Interessenlage und die Gefahr der Umgehung des § 766 verbieten mithin eine Umdeutung.

b) Ausnahme

Es fragt sich aber, ob dem *N* nicht eine Berufung auf die Formnichtigkeit der Bürgschaft angesichts der Umstände des Falles nach Treu und Glauben versagt werden muss, § 242. Hierfür spricht, dass *N* die *S* in dem Glauben gewogen hat, die Schriftform der Bürgschaftserklärung sei unwesentlich.

aa) Ausgangspunkt: keine Treuwidrigkeit der Berufung auf Formverstoß

Grundsätzlich kann die Berufung auf eine Formnichtigkeit keinen Verstoß gegen Treu und Glauben begründen, zumal sie der Richter von Amts wegen zu beachten hat. Es spricht auch manches dafür, von diesem Grundsatz keine Ausnahmen zuzulassen. Denn Formvorschriften sind zwingendes Recht, mit denen der Gesetzgeber bewusst und zielgerichtet in den Privatrechtsverkehr regelnd eingreift, um bestimmte Zwecke (Warnfunktion, Beweis- und Beratungsfunktion) zu erreichen. Ließe man eine Korrektur der Nichtigkeitssanktion von Formverstößen zu, wenn Treu und Glauben im Einzelfall danach verlangen, so drohte dies zu einer Aushöhlung der Regelungsanliegen und zu schwer erträglichen Unsicherheiten im Rechtsverkehr zu führen. Der Rechtsverkehr könnte sich im Vertrauen auf die Arglisteinrede zu einer Vernachlässigung der Formvorschriften aufgerufen fühlen, so dass das zwingende Recht letztlich zur Disposition der Parteien stünde. Nicht umsonst knüpfen die Formvorschriften an präzise beschriebene äußere Umstände an und sehen von inneren Tatbeständen wie Vertrauen und Interesse ab. Man kann darin eine bewusste Entscheidung des Gesetzes sehen, dass der Rechtssicherheit gegenüber der Einzelfallgerechtigkeit im Konfliktfall der Vorrang eingeräumt werden soll. Der Rechtsanwender überschritte möglicherweise seine Kompetenz, wenn er unter Berufung auf Treu und Glauben einen Anspruch dem Grunde nach „schafft“, dem das Gesetz ausdrücklich die Anerkennung versagt. Im Übrigen kann eine benachteiligte Partei in den krassen Fällen vom *arglistigen* Vertragspartner zu allermeist Schadensersatzansprüche aus *culpa in contrahendo* (§§ 280 I, 311 II, 241 II) oder aus § 826 geltend machen. Man könnte darin einen hinreichenden Schutz sehen, der eine Einschränkung des § 125 als unnötig erscheinen ließe.

bb) Sonderfälle der Treuwidrigkeit

Andererseits ist schwer einzusehen, warum der Grundsatz von Treu und Glauben nach § 242, der das gesamte Schuldrecht schon ausweislich seiner systematischen Stellung überstrahlt, bei einem formnichtig zustande kommenden Rechtsgeschäft suspendiert sein soll. Der Rechtsverkehr kennt Fälle, in denen die an einen Formmangel anknüpfende Nichtigkeit eines Rechtsgeschäfts für einen Vertragspartner zu schlechthin untragbar harten Folgen führen würde und der ansonsten gegebene Rechtsschutz keine wirksame Abhilfe schaffen könnte. Im Fall eines arglistigen Verhaltens schon bei Vornahme des Rechtsgeschäfts *(dolus praeteritus)* mögen auf Geld gerichtete Schadensersatzansprüche des hintergangenen Vertragspartners vielfach einen befriedigenden Rechtsschutz bieten können. Dies kann sich aber schon ändern, wenn der fragliche Erfüllungsanspruch auf einen besonderen Vermögensgegenstand (z.B. ein Grundstück) gerichtet ist; die genannten Schadensersatzansprüche vermögen nur das negative Interesse, nicht das Erfüllungsinteresse zu befriedigen. Bei einer anfänglichen Erfüllungsbereitschaft, aber späteren Erfüllungsverweigerung unter Berufung auf die Nichtigkeit (*dolus praesens* bzw. *dolus subsequens*) helfen überhaupt keine anderweitigen Schadensersatzansprüche. Hier kann die nachträgliche Berufung auf die Nichtigkeit einen krassen Verstoß gegen Treu und Glauben darstellen, nachdem der Vertragspartner zur Vernachlässigung des Formerfordernisses verleitet wurde.

In derartigen Einzelfällen, die das abstrakt-generelle Gesetz nicht zu erfassen vermag, darf nicht unterstellt werden, dass der Gesetzgeber durch § 125 die materielle Gerechtigkeit dem Verkehrsinteresse opfern wollte, zumal bei Formvorschriften für Schuldverträge anders als bei familien- oder erbrechtlichen Formvorschriften kaum öffentliche Interessen oder Interessen Dritter berührt sind. Vielmehr bietet sich für die Ausfüllung der Regelungslücke die Vorschrift des § 242 an. Freilich kann eine Korrektur des § 125 S. 1 nicht schon damit begründet werden, dass ein Vertragspartner seine Gebundenheit auch an eine formnichtige Erklärung in Aussicht gestellt und der andere darauf vertraut hat. Nur bei einer *extremen Fallkonstellation,* in der das Festhalten an § 125 S. 1 einer Verhöhnung der materiellen Gerechtigkeit gleichkäme, die Nichtigkeitssanktion zum Spielball der Unredlichkeit einer Partei verkäme, kann der anderen Partei der Einwand der unzulässigen Rechtsausübung und des Rechtsmissbrauchs zuerkannt werden. Dies entspricht dann auch der Aufgabe des § 242, schlechthin untragbare Ergebnisse eines Parteiverhaltens zu berichtigen.

cc) Dogmatische Einordnung

Die Einschränkung des § 125 S. 1 durch § 242 in extremen Einzelfällen ist allerdings dogmatisch-konstruktiv schwer begründbar. Sie birgt die Gefahr, dass ein Kontrahierungszwang allein aus dem Eintritt in Vertragsverhandlungen statuiert wird, oder sie läuft im Ergebnis auf eine gesetzliche Vertrauenshaftung kraft konkludenten Verhaltens im rechtsgeschäftlichen Bereich hinaus. Letztlich werden mit Blick auf ein befriedigendes Ergebnis eine rechtsgeschäftliche Bindung und ein Erfüllungsanspruch des Vertragspartners unter teilweisem Verzicht auf die Erfordernisse der Rechtsgeschäftslehre bejaht. Indes sieht sich die Rechtsordnung auch in anderen Fällen, namentlich in § 612 I oder nach den Grundsätzen zur fehlerhaften Gesellschaft, zu einer Korrektur der Rechtsgeschäftslehre veranlasst. Schränkt man die Korrektur des § 125 S. 1 durch § 242 auf die bezeichneten Extremfälle ein, dann erscheint das dogmatisch-konstruktive Defizit überwindbar, dass *de facto* ein gültiges Vertragsverhältnis letztlich aus einem mit der Rechtsgeschäftslehre nonkonformen Parteiverhalten abgeleitet wird. Denn dem Rechtsmissbrauchsverbot muss wegen seiner tragenden Bedeutung die Kraft verliehen werden, eine Partei, die einen Formmangel veranlasst hat und arglistig eine schlechthin unerträgliche Lage herbeiführen will, wie bei einem wirksamen Zustandekommen des Rechtsgeschäfts zu behandeln. In diesem Licht ist es am Ende nur eine folgenlose Frage der begrifflichen Einordnung, ob sich der Erfüllungsanspruch in Überwindung des § 125 S. 1 aus einem nach § 242 gültigen Vertrag ableitet oder ob er unter Aufrechterhaltung der Nichtigkeitssanktion des § 125 S. 1 selbstständig aus § 242 neben einem konstruktiv versagten Vertragsabschluss entsteht.

dd) Schlechthin untragbare Härte zulasten von *S*

Mit besonderer Sorgfalt bleibt zu überprüfen, ob die engen Voraussetzungen einer Einschränkung des § 125 S. 1 durch § 242 im vorliegenden Fall zu bejahen sind. Dann müsste *S* keinen ausreichenden anderweitigen Rechtsschutz erlangen können und bei Nichtgewährung des Erfüllungsanspruchs einer schlechthin untragbaren Härte ausgesetzt sein. *S* kann den Rückzahlungsanspruch aus § 488 I 2 gegen ihren Darlehensschuldner *K* nicht durchsetzen. Gegen *N* stehen ihr weder aus *culpa in contrahendo* (§§ 280 I, 241 II, 311 II) noch aus Delikt Schadensersatzansprüche zu, weil *N* kein Verschuldensvorwurf gemacht werden kann; bei Abschluss des Bürgschaftsvertrags war *N* erfüllungsbereit. Der spätere Gesinnungswandel begründet kein schadensersatzbewehrtes Fehlverhalten. Damit ist kein ausreichender anderweitiger Rechtsschutz gegeben, der ein Festhalten an der Nichtigkeitssanktion des § 125 S. 1 tolerabel erscheinen ließe.

Es muss des Weiteren als ein schlechthin untragbar hartes Ergebnis der Formnichtigkeit der Bürgschaftserklärung nach § 125 S. 1 empfunden werden, wenn *S* ihrer gesamten, mühsam zurückgelegten Ersparnisse verlustig geht und ihr nur noch eine bescheidene Rente für ihren Lebensunterhalt verbleibt. Es wäre heutzutage überzogen, wollte man die Anspruchsgewährung von einer ernsten „Existenzgefährdung" der *S* abhängig machen. An der Gebotenheit einer Anspruchsgewährung für *S* darf man auch kaum deshalb zweifeln, weil *S* ihr Geld nicht dem *N*, sondern dem *K* anvertraut hat und sich in *N* lediglich einen Nebenschuldner für den Rückzahlungsanspruch schaffen wollte. Zwar ist *S* sozusagen zuerst von *K* und sodann von *N* enttäuscht worden. Damit wird jedoch der Vermögensverlust, der sich wirtschaftlich erst in der Verweigerung des Einstehenmüssens des *N* für *K* vollendete, nicht seiner schlechthin untragbaren Härte beraubt. Denn gerade für den eingetretenen Fall sollte die Bürgschaft des *N* eine Risikoabsicherung herstellen, um die sich *S* durch die rechtsmissbräuchliche Berufung des *N* auf § 125 S. 1 geprellt sieht.

4. Zwischenergebnis zu I

Im Ausgangsfall steht der *S* daher ein Anspruch auf Zahlung von 20.000 EUR aus dem Bürgschaftsverhältnis nach §§ 765 I, 242 zu.

II. Abwandlung

Demgegenüber besteht in der *Fallabwandlung* für eine Korrektur der Nichtigkeitssanktion des § 125 S. 1 durch den Grundsatz von Treu und Glauben kein dringender Bedarf. Der *S* stehen nämlich gegen den schon bei Abschluss des Bürgschaftsvertrags arglistigen *N* Schadensersatzansprüche aus *culpa in contrahendo* und aus § 826, möglicherweise zudem aus § 823 II i. V. m. § 263 StGB (Betrug zugunsten des *K*) zu. Die Aufrechterhaltung der Nichtigkeitssanktion des § 125 S. 1 und damit die Versagung eines gleichfalls nur auf Geldzahlung gerichteten Bürgschaftsanspruchs begründet keine schlechthin untragbare Härte für *S*.

E. Lerntest

I. Fragen

1. Was unterscheidet in erster Linie eine Bürgschaft von einem selbstständigen Garantievertrag und von einem vertraglichen Schuldbeitritt?

2. Warum reichen Schadensersatzansprüche aus *culpa in contrahendo* (§§ 280 I, 241 II, 311 II) oder Delikt in den Fällen der treuwidrigen Berufung einer Partei auf die Formnichtigkeit eines Rechtsgeschäfts nicht zum Schutz der anderen Partei aus?
3. Warum muss die Korrektur des § 125 S. 1 durch § 242 auf extreme Ausnahmefälle beschränkt bleiben, in denen es eine schlechthin untragbare Härte für die Partei eines formnichtigen Rechtsgeschäfts zu vermeiden gilt?

II. Antworten

1. Bei einer Bürgschaft wird *keine eigene neue Schuld* begründet (wie bei einem Garantievertrag und einem Schuldbeitritt), sondern das *Einstehenmüssen für eine fremde Schuld* in Abhängigkeit von deren Bestand und Höhe versprochen.

2. Diese Schadensersatzansprüche hängen von einem arglistigen Verhalten der Gegenpartei schon bei Vertragsabschluss ab und helfen daher nicht in den Fällen eines nachträglichen Gesinnungswandels. Im Übrigen decken sie nur das negative Interesse und nicht das Erfüllungsinteresse ab.

3. Die Formvorschriften sind zwingenden Rechts, müssen grundsätzlich der Disposition der Parteien bzw. des Rechtsanwenders entzogen bleiben und dürfen nicht der Gefahr der Aushöhlung ausgesetzt werden. Denn der Gesetzgeber greift mit ihnen bewusst regelnd in den Privatrechtsverkehr ein, um bestimmte Zwecke (Warn-, Beweis-, Beratungsfunktion) zu erreichen.

Fall 14. Pepis rotes Schaukelpferd

Die eher leichte Anfängerklausur hat zwei Themen aus dem Allgemeinen Teil des BGB zum Gegenstand: Das erste betrifft den Zugang einer Willenserklärung bei Einschaltung einer Übermittlungsperson mitsamt der Risikoverteilung falscher Übermittlung. Das zweite behandelt die meist unter dem Stichwort „Reurecht" diskutierte Frage, ob die Anfechtbarkeit einer fehlerhaften Willenserklärung dadurch eingeschränkt ist, dass der Anfechtungsberechtigte jedenfalls das subjektiv Gewollte gelten lassen muss, wenn der Anfechtungsgegner daran festhalten will. Mit solchen Grundproblemen der Rechtsgeschäftslehre sollten die Studentinnen und Studenten jedenfalls im dritten Semester vertraut sein.

A. Sachverhalt

Der kleine *Pepi (P)* liegt seinem *Onkel Fritz (F)* seit Wochen damit in den Ohren, dass er sich sehnlichst ein rotes Schaukelpferd wünsche. Nun findet *F* in der Zeitung die Anzeige eines *Jakob Niedermeier (N)*: „Traumhaft schöne Schaukelpferde aus massiver Eiche, rot lackiert, zum Preis von je 60 EUR von privat zu verkaufen." *F* begibt sich noch am selben Tage zur angegebenen Wohnung des *N*, wo er aber nur dessen sechsjährigen Sohn, den Knaben *Eugen (E)*, antrifft. *F* übergibt *E* seine Visitenkarte und bittet ihn, seinem Vater auszurichten, dass er ein rotes Schaukelpferd kaufen wolle und für einen Anruf am Abend dankbar sei. *E* berichtet seinem Vater *N* nachmittags von dem Besuch des *F*, spricht dabei aber – infolge einer Verwechslung mit einem anderen Kaufinteressenten – irrtümlich davon, dass *F zwei* rote Schaukelpferde kaufen wolle. Abends ruft *N* den *F* an und bestätigt „die Bestellung", ohne dass über die Zahl der Schaukelpferde gesprochen wird. Zudem vereinbaren *F* und *N* eine „Anlieferung der Bestellung" zur Wohnung des *F* zwei Tage später.

Als *N* zum festgesetzten Termin mit zwei Schaukelpferden bei *F* erscheint, lehnt dieser die Entgegennahme ab, weil er gegenüber *E* nur von *einem* roten Schaukelpferd gesprochen habe. Schließlich brauche er für seinen Neffen *P* nur *ein* Schaukelpferd. *N* meint, *F* habe auf eigene Verantwortung den kleinen *E* mit der Mitteilung betraut. Er wolle aber keine Schwierigkeiten machen und nicht stur auf dem Vertrag bestehen. *F* solle eben nur *eines* der Schaukelpferde nehmen und bezahlen. *F* aber erklärt, er habe sich die Sache inzwischen anders überlegt. Er wolle nun doch lieber *selbst* ein rotes Schaukelpferd basteln; ihn reue die ganze Bestellung, an der er nicht festhalten wolle. Erfolglos redet *N* auf *F* ein und kehrt schließlich wütend und unverrichteter Dinge zurück. In einer schlaflosen Nacht beschließt *N*: Wenn der stur ist, bin ich auch stur. Am nächsten Morgen ruft *N* bei *F* an und verlangt von ihm 120 EUR, mindestens aber 60 EUR „für die Bestellung". Zu Recht?

B. Gutachtliche Überlegungen

I. Abgabe und Zugang des Vertragsangebots

Die allein in Betracht kommende Anspruchsgrundlage des § 433 II führt sogleich zur Frage, ob und vor allem *wie* und *worüber* zwischen *F* und *N* ein Kaufvertrag zustande gekommen ist. Der Sachverhalt zwingt dazu, es mit den Instrumenten der Rechtsgeschäftslehre sehr genau zu nehmen, insbesondere zwischen der Abgabe und dem Zugang der beiden vertragskonstituierenden Willenserklärungen, Angebot und Annahme, sorgsam zu unterscheiden. Leicht erkennbar ist, dass in der Zeitungsanzeige des *N* nur eine Aufforderung zur Abgabe eines Angebots *(invitatio ad offerendum)* gesehen werden kann. Das ist Erstsemester-Routine. Damit rücken der Besuch des *F* in der Wohnung des *N* und sein Wortwechsel mit *E* ins Blickfeld. Man braucht nur wenige Worte darüber zu verlieren, dass *F* den *E* nicht bevollmächtigt hat, ein eigenes Angebot gegenüber *N* abzugeben. Unabhängig davon, dass ein Geschäftsunfähiger kein tauglicher Stellvertreter ist (*arg. e* § 165), hat *F* gegenüber *E* selbst sein Vertragsangebot unzweideutig formuliert. Ebenso scheidet eine passive Vertreterstellung des *E* für *N* aus. *E* ist vielmehr als bloße Übermittlungsperson für die Willenserklärung (Vertragsangebot) des *F* gegenüber *N* zu verstehen. Die Abgabe seiner mündlichen Willenserklärung ist mit dem Sprechen der Worte zu *E* und dem anschließenden Verlassen von *Ns* Wohnung erfolgt, denn damit hat *Fs* Vertragsangebot den Machtbereich des Erklärenden verlassen. Die Frage des Zugangs und damit des Wirksamwerdens (§ 130 I 1) des Vertragsangebots unter Abwesenden macht gleichfalls keine Mühe: Indem *E* seinem Vater *N* am Abend von der Bestellung des *F* Mitteilung machte, ging *N* das Vertragsangebot zu.

II. Erklärungsbote oder Empfangsbote

Aber mit welchem Inhalt? Hat *F ein* oder *zwei* Schaukelpferde bestellt? An dieser Stelle ist der Klausurbearbeiter zu besonderer Konzentration aufgerufen. Denn es gilt, den normativen Erklärungsinhalt des Vertragsangebots im Wege der Auslegung nach den §§ 133, 157 aus der Sicht des objektiven Empfängers zu ermitteln. *F* selbst sprach gegenüber *E* von *einem* Schaukelpferd, aber der seine Erklärung übermittelnde Bote *E* sprach irrtümlich gegenüber *N* von *zwei* Schaukelpferden. Was zählt? Diese Frage muss geklärt werden, bevor man sich der Annahme des Angebots zuwendet. Denn *N* bezog sich bei der telefonischen Annahmeerklärung schlicht auf *Fs* „Bestellung", so dass der Vertrag nur und genau mit dem Inhalt des auslegungsbedürftigen Vertragsangebots zustande gekommen sein kann. Auch bedeutete es einen schweren Fehler, vor einer Auslegung des Vertragsangebots gleich auf eine Anfechtung wegen falscher Übermittlung nach den §§ 120, 119 zu sprechen zu kommen. Der Jurist zergliedert in seinem Gutachten die Sachverhaltselemente in die kleinstmöglichen Teile, sortiert alle Teile nach zeitlicher und/oder logischer Reihenfolge, betrachtet jedes einzelne Element gesondert und setzt die Teile erst dann zu einem umfassenden Bild der dogmatisch-konstruktiven Würdigung zusammen. Dieses erst atomisierende und dann synthetisierende Denken bei der Lösung eines Rechtsfalles muss man sich als Studentin oder Student der Jurisprudenz schon früh zu Eigen machen.

Es wäre voreilig, wenn man für die Ermittlung des Erklärungsinhalts von *Fs* Vertragsangebot an dieser Stelle gleich auf die Sicht des objektiven Erklärungsempfängers bei der Entgegennahme der Erklärung aus dem Munde des Boten *E* abstellte und damit ohne weiteres eine Bestellung zweier Schaukelpferde annähme. Hiervon darf man auch dann nicht als selbstverständlich ausgehen, wenn man schon auf das Anfechtungsrecht nach § 120 schielt, das im Übrigen für den Anfechtenden mit Kosten (§ 122) verbunden sein kann. Der Klausurbearbeiter, der sich in die Interessenlage der Beteiligten einfühlt, wird sich zu einer Überprüfung aufgerufen fühlen, ob dem *F* nicht schon dadurch geholfen werden kann, dass sein Vertragsangebot inhaltlich als auf nur *ein* Schaukelpferd bezogen ausgelegt wird. Man muss also in

Der kleine Pepi

der angemessenen Verteilung des Risikos der Falschübermittlung einer Erklärung durch einen Boten ein Rechtsproblem und damit einen Klausurschwerpunkt sehen. Es liegt ja keineswegs fern, dieses Risiko dem *N* zuzuweisen. Schließlich hatte er den *E* in der Wohnung allein gelassen, der im Machtbereich des *N* die Erklärung des *F* entgegennahm und an *N* weiterleitete. Kann man nicht für die Auslegung des Vertragsangebots auf den Zeitpunkt abstellen, zu dem *E* die Erklärung entgegennahm, und damit ein Vertragsangebot über nur *ein* Schaukelpferd annehmen?

Der Schlüssel zur Antwort auf diese Frage liegt in der Unterscheidung zwischen einem *Empfangsboten*, der für den Empfänger, und einem *Erklärungsboten*, der für den Erklärenden tätig wird.[1] Empfangsbote ist nur, wer zur Entgegennahme und Weiterleitung von Erklärungen geeignet ist und vom Empfänger ausdrücklich oder stillschweigend ermächtigt wurde oder nach der Verkehrssitte als geeignet und ermächtigt angesehen werden kann, z. B. Angestellte, Hausgehilfen oder Familienangehörige. Beide Figuren sollten dem Klausurbearbeiter aus der Vorlesung oder den Lehrbüchern vertraut sein. Er muss von der rechtsdogmatischen Funktion beider Figuren ein Vorstellungsbild haben und dieses für die Lösung des Falles fruchtbar machen. Dies führt hier zu einem klaren Ergebnis: Der sechsjährige *E* ist

[1] Vgl. zur Unterscheidung zwischen Erklärungs- und Empfangsboten sowie zu den rechtlichen Konsequenzen grdl. *Cohn,* Der Empfangsbote, 1929; *Enneccerus/Nipperdey* BürgerlR AT II § 178 III 3, 4; *Pawlowski* BGB AT § 5 II 2 Rn. 753 f. S. 378; *Brehm* BGB AT § 8 III 2 Rn. 199 S. 140; *Stadler* BGB AT § 17 III 2 Rn. 53 S. 176; vgl. auch *Larenz* BGB AT S. 423 f. der bei einem Empfangsboten schon einen Zugang der Erklärung mit deren Entgegennahme annimmt; richtig dagegen vor allem *Köhler* BGB AT § 6 II 4 Rn. 16 S. 59 sowie *Brox/Walker* BGB AT § 7 III 1 Rn. 16 S. 78, wonach der Zugang erst zu dem Zeitpunkt erfolgt, zu dem nach den regelmäßigen Umständen die Weiterleitung der Erklärung vom Empfangsboten an den Erklärungsempfänger erwartet werden kann; so auch *Neuner* BGB AT § 33 III 2 Rn. 37 S. 383; so auch *BGH* NJW-RR 1989, 757 (759).

nicht Empfangsbote des *N*, sondern Erklärungsbote des *F*, so dass der Kaufvertrag über *zwei* Schaukelpferde geschlossen und ein Kaufpreisanspruch über 120 EUR für *N* zunächst entstanden ist.

Jakob Niedermeier

III. Anfechtungsrecht und Reurecht

Natürlich kann die Feststellung eines Vertragsabschlusses über *zwei* Schaukelpferde nur ein Zwischenergebnis sein. Denn auf dem Prüfstand steht nun das Anfechtungsrecht des *F* nach den §§ 120, 119, mit dem das Gesetz eine Risikominderung bei Übertragungsfehlern zwischen Abgabe und Zugang einer Willenserklärung erreichen will. Der Klausurant sei dabei besonders um terminologische Präzision und professionelle Diktion bemüht: Anfechtbar ist nämlich – ungeachtet der verunglückten Wortwahl des Gesetzes in § 143 II – nicht „der Vertrag“, sondern nur die Willenserklärung der anfechtungsberechtigten Partei.[2] Die Willenserklärung ist das anfechtbare Rechtsgeschäft i. S. d. § 142 I, mit dessen rückwirkender Nichtigkeit freilich eine der beiden Säulen des Vertragsabschlusses, Angebot bzw. Annahme, und damit schließlich der Vertrag entfällt. Es kann nicht ernsthaft bezweifelt werden,

[2] *Larenz* BGB AT S. 386.

dass *F* eine Anfechtung konkludent erklärt hat und dass er sich auch auf einen Inhaltsirrtum des Boten *E* nach § 119 I Alt. 1 berufen kann. Fragwürdig aber ist, wieweit das Anfechtungsrecht des *F* reicht. Erfasst es die Willenserklärung des *F in toto,* so dass im Ergebnis der Vertrag vernichtet ist, oder nur den sich auf das *zweite* Schaukelpferd beziehenden Teil, so dass der Kaufvertrag nunmehr über *ein* Schaukelpferd zustande gekommen ist. Wir sind beim zweiten Schwerpunkt der Klausur, nämlich der Reichweite der Anfechtung bei nur teilweise fehlerhaften Willenserklärungen.

Dieser Problemkreis wird gern unter dem Stichwort „Reurecht" thematisiert.[3] Denn es geht darum, ob dem Anfechtungsberechtigten ein vollständiges Loslösungsrecht von seiner Willenserklärung und vom Vertrag gewährt werden soll oder ob der Anfechtungsberechtigte das Geschäft so gelten lassen muss, wie er es bei der Abgabe seiner Erklärung verstanden hat, wenn der Partner seinerseits daran festhalten will.[4] Auch an dieser Stelle der Klausur kommt es auf Rechtswissen an, das man auf den Sachverhalt anwenden muss. Gewiss kann niemand verlangen, dass ein Klausurbearbeiter sämtliche Argumente für und gegen ein „Reurecht" des Anfechtungsberechtigten parat hat. Wohl aber sollte man sich darum bemühen, die Interessenlage der Beteiligten nachzuvollziehen und einige der rechtsdogmatischen Gesichtspunkte, die für bzw. gegen ein „Reurecht" sprechen, aufzulisten, um seinen Standpunkt in diesem Streit nicht einfach zu behaupten, sondern überzeugungskräftig zu begründen. Am besten ist es, wenn man nicht nur den eigenen Standpunkt so gut wie möglich darzulegen und zu begründen versucht, sondern sich auch mit Gegenargumenten auseinandersetzt und sie bekämpft. Das plausible Argumentieren und das nachvollziehbare Begründen, die überzeugende Darlegung des eigenen Standpunktes sowie die sachliche Auseinandersetzung mit Gegenargumenten bilden neben dem stringenten Aufbau die eigentlichen Werte einer guten Klausur, die ungleich mehr „Punkte bringen" als die Ausbreitung angelesenen Rechtswissens ohne hinreichenden Fallbezug. Man kann eine Einschränkung des Anfechtungsrechts in unserem Falle auf § 242[5], auf § 119 I a. E.[6], auf § 139[7], auf § 140[8] oder die Regel *falsa demonstratio non nocet*[9] stützen. Die Begründung mit einem verbotenen *venire contra factum proprium* nach § 242 ist wohl die übliche: Der Anfechtende muss sich, wenn es der Gegner verlangt, so behandeln lassen, als ob die von ihm beabsichtigte Erklärung fehlerlos erfolgt wäre; weigert er sich, so gibt er zu erkennen, dass er unter dem Vorwand des Irrtums ein ihm nicht zustehendes Reurecht ausüben will. Beim Thema „Reurecht" sprechen also wohl die besseren Gründe *für* eine Beschränkung des Anfechtungsrechts auf den fehlerhaften Teil, so dass *N* im Ergebnis gegen *F*

---

[3] Grdl. *Gradenwitz,* Anfechtung und Reurecht beim Irrtum, 1902. Der Ausdruck „Reurecht" hat sich in der Literatur gegenüber dem sprachlich gefälligeren „Reuerecht" durchgesetzt.

[4] Eine ausdrückliche Regelung hierzu enthält § 25 II des schweizerischen Obligationenrechts: „Insbesondere muss der Irrende den Vertrag gegen sich gelten lassen, wie er ihn verstanden hat, sobald der andere sich hierzu bereit erklärt."

[5] *Medicus/Petersen* BGB AT § 48 IV 5 Rn. 781 S. 339; *Flume* BGB AT II § 21 Nr. 6 S. 421 f.; *v. Tuhr* BGB AT II/1 S. 591 f.; *Larenz* BGB AT S. 386; *Brox/Walker* BGB AT § 18 III 5 Rn. 35 f. S. 200 f.; *Pawlowski* BGB AT § 4 III 2 Rn. 554 S. 282; *Neuner* BGB AT § 41 IV 2 Rn. 155 S. 507; strikt gegen einen Rückgriff auf den wirklich gewollten Geschäftsinhalt eigentlich nur *Spieß* JZ 1985, 593.

[6] Vgl. dazu *Enneccerus/Nipperdey* BürgerlR AT II § 169 III 2.

[7] Vgl. dazu auch *Flume* BGB AT II § 31 Nr. 4 S. 561 f.; § 32 Nr. 6 S. 582 ff.

[8] *Brehm* BGB AT § 8 III 8 Rn. 236 S. 155.

[9] *Köhler* BGB AT § 7 IV 4c Rn. 31 S. 83 f.

einen Kaufpreisanspruch in Höhe von 60 EUR Zug um Zug gegen Lieferung eines roten Schaukelpferdes aus § 433 II hat.

C. Gliederung

Anspruch aus § 433 II
- I. Abschluss eines Kaufvertrags
  - 1. Abgabe eines Angebots des *F*
  - 2. Zugang des Angebots des *F*
    - a) *E* als Empfangsvertreter
    - b) *E* als Bote
      Problem: Abgrenzung Erklärungs- und Empfangsbote
  - 3. Annahme des Angebots durch *N*
- II. Anfechtung des Angebots von *F*
  - 1. Anfechtungserklärung und -grund
  - 2. Reichweite des Anfechtungsrechts
    - a) Teilanfechtung und § 119 I
    - b) Parallelen zu §§ 139, 140
    - c) Reurecht und § 242
    - d) Empfängerschutz durch Auslegung
      Problem: Reurecht und § 242
  - 3. Zwischenergebnis
- III. Gesamtergebnis

D. Lösung

Anspruch aus § 433 II

Möglicherweise hat *N* gegen *F* einen Anspruch auf Bezahlung *beider* Schaukelpferde aus § 433 II.

I. Abschluss eines Kaufvertrages

Voraussetzung hierfür ist zunächst, dass zwischen *N* und *F* ein Kaufvertrag nach den §§ 433, 145 ff. geschlossen wurde.

1. Abgabe eines Angebots des *F*

In dem Zeitungsinserat des *N* liegt trotz der inhaltlichen Bestimmtheit noch kein Angebot, weil ihm angesichts unklarer Nachfragelage der Rechtsbindungswille fehlte. Wohl aber hat *F* bei der Formulierung seiner Bestellung gegenüber *E* in der Wohnung des *N* mündlich ein Angebot zum Kauf *eines* roten Schaukelpferdes zum Preis von 60 EUR abgegeben. Demgegenüber kann man in der Erklärung des *F* keine Bevollmächtigung des *E* zum Erklärungsvertreter nach den §§ 164 I, 167 I sehen. Denn *F* hat bereits selbst eine eigene, als Kaufvertragsangebot hinreichend bestimmte Willenserklärung abgegeben und wollte nicht den *E* zur späteren Abgabe einer eigenen Willenserklärung als Vertreter im Namen von und mit Wirkung für *F* bevollmächtigen. Auch steht einer Stellung des nach § 104 Nr. 1 geschäftsunfähigen *E* als Erklärungsvertreter für *F* der Umkehrschluss aus § 165 entgegen.

2. Zugang des Angebots des *F*

Das Kaufvertragsangebot des *F* müsste dem *N* zugegangen und damit wirksam geworden sein.

a) *E* als Empfangsvertreter

Der Zugang wäre bereits durch den Besuch des *F* in der Wohnung des *N* erfolgt, wenn *E* als Empfangsvertreter für *N* nach § 164 I, III anzusehen wäre. Denn dann handelte es sich um eine mündliche Willenserklärung „unter Anwesenden", bei der die Abgabe mit dem Zugang (Verstehen der gesprochenen Worte) zusammenfällt. Indes spricht nichts für eine Bevollmächtigung des *E* durch *N* zur Entgegennahme von Willenserklärungen als passiver Stellvertreter. Auch ist der nach § 104 Nr. 1 geschäftsunfähige *E* kein tauglicher Empfangsvertreter, denn der Umkehrschluss aus § 165 erfasst auch die Fälle des § 164 III.

b) *E* als Bote

F hat die an *N* gerichtete empfangsbedürftige Willenserklärung vielmehr nach § 130 I 1 „in dessen Abwesenheit" abgegeben und den *E* als Übermittlungsperson eingesetzt, so dass ein Zugang seiner Erklärung erst mit der Mitteilung des Erklärungsinhalts durch *E* an *N* erfolgt sein kann. *E* trat als Bote auf, der das Vertragsangebot des *F* an *N* weiterleitete. Die von *F* abgegebene Willenserklärung ist jedoch von *E* falsch übermittelt worden. Es fragt sich, mit welchem Inhalt (*ein* oder *zwei* Schaukelpferde) das Vertragsangebot zugegangen und wirksam geworden ist. Dies bestimmt sich danach, ob *E* Empfangsbote des *N* oder Erklärungsbote des *F* war.

Als *Empfangsboten* des Erklärungsempfängers können innerhalb seines Hausstandes lebende Personen angesehen werden, von denen der Erklärende annehmen darf, dass sie zur Entgegennahme und Weiterleitung von Erklärungen befugt und dafür geeignet sind. Der Zugang einer mündlichen Willenserklärung beim Erklärungsempfänger erfolgt dann allerdings nicht schon mit dem Vernehmen der gesprochenen Worte durch den Empfangsboten. Vielmehr kommt es darauf an, wann der Erklärungsempfänger unter normalen Umständen die Möglichkeit der Kenntnisnahme von der in seinen Machtbereich gelangten Willenserklärung hat. Dies bestimmt sich regelmäßig nach dem Zeitpunkt der Weiterleitung der Willenserklärung durch den Boten an den Empfänger. Für die Ermittlung des Inhalts der Willenserklärung durch eine Auslegung aus der Sicht eines objektiven Empfängers nach den §§ 133, 157 kommt es auf den Zeitpunkt an, zu dem der Empfangsbote die Erklärung entgegennimmt. Deshalb geht das Risiko einer fehlerhaften Übermittlung zu Lasten des Erklärungsempfängers, der den Empfangsboten in seinem Organisationsbereich zu seiner Entlastung einsetzt. Wäre *E* Empfangsbote des *N*, wäre mithin das Vertragsangebot des *F* über ein Schaukelpferd dem *N* zugegangen. Indes wird man eine Stellung des *E* als tauglicher Empfangsbote des *N* verneinen müssen. *F* musste erkennen, dass der sechsjährige *E* keine Gewähr für eine richtige Nachrichtenübermittlung bot und auch schwerlich von *N* für die Entgegennahme und Weiterleitung von Erklärungen Dritter eingesetzt wurde.

Vielmehr kann *E* nur als *Erklärungsbote* des *F* angesehen werden. *F* hat die Untauglichkeit des *E* als Empfangsbote erkennen müssen und ihn auf eigenes Risiko als seine Übermittlungsperson eingesetzt. Für die Ermittlung des Inhalts seiner Willenserklärung nach den §§ 133, 157 kommt es auf den Zeitpunkt des Zugangs bei *N* an. Damit hat *F* auch das Risiko einer falschen Übermittlung zu tragen. Die dem *N* zugegangene Willenserklärung des *F* ist danach als Angebot zum Abschluss eines Kaufvertrages über *zwei* rote Schaukelpferde zum Preis von insgesamt 120 EUR anzusehen.

3. Annahme des Angebots durch *N*

Dieses Angebot hat *N* innerhalb der Annahmefrist nach § 147 II durch die Bestätigung „der Bestellung“ angenommen. Nach der normativen Erklärungsbedeutung aus objektiver Empfängersicht (§§ 133, 157) konnte diese Bestätigung nur in dem Sinne verstanden werden, dass *N* das Angebot des *F* annehmen, also ihm *zwei* Schaukelpferde für 120 EUR verkaufen wollte. Auf ein abweichendes Verständnis des *F* kommt es nicht an. Die Abrede einer Anlieferung der Kaufsache beim Käufer *F* versteht sich als zusätzliche vertragliche Vereinbarung einer Bringschuld in Abweichung von § 269, nicht etwa als eine Annahme des Angebots unter Änderungen und damit als Ablehnung, verbunden mit einem neuen Antrag nach § 150 II. Wegen der inhaltlichen Übereinstimmung der beiden Willenserklärungen Angebot und Annahme liegt auch kein versteckter Dissens nach § 155 vor. Ein Kaufvertrag ist also über *zwei* Schaukelpferde für 120 EUR nach den §§ 433, 145 ff. zustande gekommen.

II. Anfechtung des Angebots von *F*

Der Kaufpreiszahlungsanspruch des *N* gegen *F* kann aber dadurch entfallen sein, dass *F* sein Angebot nach § 120 wegen fehlerhafter Übermittlung angefochten hat.

1. Anfechtungserklärung und -grund

Die Anfechtungserklärung nach § 143 I, II kann man in *Fs* Verweigerung einer Kaufpreiszahlung bei der Anlieferung sehen. Denn damit hat er zu erkennen gegeben, dass er mit dem Geschäft nichts mehr zu tun haben will. Das Anfechtungsrecht aus § 120 steht dem *F* zu, da *E* die Erklärung zwischen Abgabe und Zugang durch einen Übermittlungsfehler verfälscht hat. Dabei ist der Übermittlungsfehler als Inhaltsirrtum des *E* nach § 119 I Alt. 1 einzustufen, denn *E* wollte wegen der Verwechslung des *F* mit einem anderen Käufer eine Erklärung *dieses* Inhalts (*zwei* Schaukelpferde) eigentlich nicht weiterleiten.

2. Reichweite des Anfechtungsrechts

Fraglich aber ist, ob *F* den Übermittlungsfehler zum Anlass für eine vollständige Loslösung vom Vertrag nehmen darf, oder ob ihm nur ein eingeschränktes Anfechtungsrecht unter Aufrechterhaltung seines Vertragsangebotes über *ein* Schaukelpferd zuerkannt werden kann. Fest steht, dass *F* zwar nicht *zwei* Schaukelpferde, aber doch jedenfalls *eines* kaufen wollte. Die vollständige Anfechtung seines Vertragsangebotes brächte rückwirkend auch einen unzweifelhaft richtigen Teil zu Fall, der von Übertragungsfehlern und Irrtümern frei ist.

a) Teilanfechtung und § 119 I

Gewiss erscheint fragwürdig, ob man eine Willenserklärung in verschiedene, fehlerfreie und fehlerhafte, Bestandteile aufspalten kann. Das Gesetz selbst scheint in § 119 I a. E. (durch das Wort „wenn“ statt der sonst naheliegenden Formulierung „soweit“) die Willenserklärung als eine Einheit zu behandeln und nur eine *vollständige* Anfechtung zuzulassen. Andererseits kann sich eine Willenserklärung nach der Natur des Geschäfts als in einzelne Bestandteile zerlegbar und trennbar darstellen, so dass ihre formale Einheitlichkeit eher zufällig erscheint. Dies liegt immer dann nahe, wenn sich ein Vertragsangebot auf *mehrere* Kaufsachen (zwei Schaukelpferde) bezieht und damit im Grunde mehrere Willenserklärungen durch formale Einheitlichkeit bündelt. Dann ist es kaum einzusehen, warum die Anfechtung einer Willenserklärung weiterreichen soll als ihre Fehlerhaftigkeit. Der Schutz des Anfechtungsberechtigten würde überzogen, wenn er zugleich einen eigenständigen und fehlerfreien Teil seiner Willenserklärung vernichten könnte. In diesem Licht kann der Wortlaut des § 119 I a. E. kein unüberwindbares Hindernis für eine Teilanfechtung bilden. Dies gilt jedenfalls im vorliegenden Fall, in dem *F* zunächst eine fehlerfreie Willenserklärung abgegeben hatte, die erst durch die spätere Falschübermittlung um einen fehlerhaften Teil erweitert wurde. Auch zieht § 119 I selbst der Anfechtung eine Grenze, wenn er verlangt, dass der Erklärende bei Kenntnis der Sachlage und bei verständiger Würdigung des Falles die Erklärung nicht abgegeben haben würde.

b) Parallelen zu §§ 139, 140

Für den Gedanken einer *Teilanfechtung* unter Aufrechterhaltung des fehlerfreien Teils kann man die Vorschrift des § 139 heranziehen, die zwar grundsätzlich eine Gesamtnichtigkeit anordnet, aber eine Unterscheidung zwischen einem „Teil eines Rechtsgeschäfts“ und dem „ganzen Rechtsgeschäft“ mit jeweils getrenntem Rechtsschicksal kennt. Auch bietet die Umdeutung nach § 140 als Institut der allgemeinen Rechtsgeschäftslehre Anhaltspunkte für die Zulässigkeit einer Teilanfechtung. Selbst wenn man diese Vorschrift unmittelbar nur auf von vornherein nichtige Geschäfte anwenden wollte, könnte man sie im Wege einer Analogie auf anfechtbare und rückwirkend „als von Anfang an nichtig“ (§ 142 I) anzusehende Geschäfte übertragen und damit eine Aufrechterhaltung desjenigen Teils einer Willenserklärung begründen, der bei Kenntnis der Anfechtbarkeit „gewollt sein würde“.

c) Reurecht und § 242

Vor allem aber sprechen im vorliegenden Fall wertende Überlegungen dafür, dass sich *F* an seiner subjektiv gewollten Erklärung (*ein* Schaukelpferd) festhalten lassen muss, nachdem *N* das Geschäft zu diesem Inhalt gelten lassen will. Man muss es nämlich als ein gegen Treu und Glauben nach § 242 verstoßendes widersprüchliches Verhalten ansehen, wenn *F* nunmehr von seinem ursprünglich gewollten Vertragsangebot Abstand nehmen will, obwohl der ihn zur Anfechtung berechtigende Fehler diese ursprüngliche Willenserklärung unberührt lässt. Die Anfechtung soll als Gestaltungsrecht dem Berechtigten eine Möglichkeit der Fehlerbeseitigung verschaffen, nicht aber ihm eine zusätzliche Möglichkeit zur Loslösung von einem im Grunde gewollten Geschäft bieten. Ein solches *Reurecht* würde über die Zielsetzungen des Anfechtungsrechts hinausschießen und ihm eine Gestaltungsmacht einräumen, die ihm eine bessere Rechtsposition verschaffte, als er sie bei einer fehlerfreien Willenserklärung hätte. Die Beschränkung des Anfechtungsrechts auf den fehlerhaften Teil erscheint dagegen angezeigt, weil der Anfechtungsberechtigte damit nicht schlechter steht, als wenn seine Erklärung fehlerfrei wirksam geworden wäre.

d) Empfängerschutz durch Auslegung

Es kommt hinzu, dass das Anfechtungsrecht keine einseitige Begünstigung der Interessen des anfechtungsberechtigten Erklärenden durchsetzen will, sondern in das Spannungsverhältnis von Wille und Erklärung eingebettet ist. Vor diesem Hintergrund könnte man daran denken, das Problem einer nur teilweise fehlerbehafteten Willenserklärung nicht auf der Anfechtungs-, sondern auf der *Auslegungsebene* anzusiedeln und die Willenserklärung schon im Auslegungswege auf ihren fehlerfreien Teil zu beschränken. Grundsätzlich geht die Auslegung einer Willenserklärung der Anfechtung schon deshalb vor, weil nur eine Willenserklärung mit ihrem durch die Auslegung ermittelten Inhalt angefochten werden kann. Dies könnte dazu veranlassen, bei einem Auseinanderfallen des subjektiv gewollten Inhalts der abgegebenen Willenserklärung (*ein* Schaukelpferd) von dem objektiv verstandenen Inhalt der zugegangenen Willenserklärung (*zwei* Schaukelpferde) von dem Auslegungsmaßstab der §§ 133, 157 (normativer Empfängerhorizont) abzuweichen. Schließlich dient dieser Auslegungsmaßstab dem *Verkehrsschutz,* also dem Interesse des Erklärungsempfängers. Es kann dem Erklärungsempfänger schwerlich genommen werden, auf seinen Schutz zu verzichten und sein Einverständnis mit dem vom Erklärenden fehlerfrei Gewollten zu erklären. Diese Überlegungen sprechen gleichfalls für eine Beschränkung des Anfechtungsrechts.

3. Zwischenergebnis

Der ursprünglich über *zwei* Schaukelpferde für 120 EUR geschlossene Kaufvertrag ist durch *Fs* Anfechtung in einen Kaufvertrag über *ein* Schaukelpferd für 60 EUR umgewandelt worden.

III. Gesamtergebnis

Im Ergebnis hat *N* gegen *F* einen Anspruch auf Zahlung des Kaufpreises in Höhe von 60 EUR aus § 433 II Zug um Zug gegen Lieferung *eines* roten Schaukelpferdes.

E. Lerntest

I. Fragen

1. Kann auch ein Geschäftsunfähiger zum passiven Stellvertreter (Empfangsvertreter) nach §§ 164 I, III, 167 bestellt werden?
2. Wer ist bei der Übermittlung einer Willenserklärung als Empfangsbote anzusehen und wann geht die vom Erklärenden an ihn abgegebene und von ihm an den Empfänger weitergeleitete Erklärung zu?
3. Warum verstößt es gegen § 242, wenn ein nach § 119 I oder § 120 Anfechtungsberechtigter sich vollständig von seiner Erklärung lösen will, obwohl diese nur teilweise fehlerhaft war und der Geschäftsgegner sich auf den subjektiv vom Erklärenden gewollten Erklärungsinhalt einlassen möchte?

II. Antworten

1. Aus einem Umkehrschluss zu § 165 lässt sich ableiten, dass ein Geschäftsunfähiger nicht als Stellvertreter auftreten kann. Dies gilt auch für die passive Stellvertretung nach § 164 III.

2. Empfangsbote ist, wer vom Empfänger zur Entgegennahme und Weiterleitung von Erklärungen geeignet ist und ausdrücklich oder stillschweigend ermächtigt wurde oder nach der Verkehrssitte als geeignet und ermächtigt angesehen werden kann, wie z. B. Angestellte, Hausgehilfen oder Familienangehörige. Die Erklärung geht dem Empfänger zu dem Zeitpunkt zu, in dem mit ihrer Weiterleitung und Mitteilung an den Empfänger nach den gewöhnlichen Umständen gerechnet werden darf.

3. Wer eine nur teilweise fehlerhafte Willenserklärung anficht, muss sich, wenn es der Gegner verlangt, so behandeln lassen, als ob das von ihm subjektiv Gewollte fehlerlos erklärt worden wäre; weigert er sich, so gibt er zu erkennen, dass er unter dem Vorwand des Irrtums ein ihm nicht zustehendes Reurecht ausüben will. Damit verstößt er gegen das Verbot des *venire contra factum proprium.*

Fall 15. Tobias Knopps Hinterradantrieb

Die Abgrenzung der verschiedenen Schadensersatzansprüche aus §§ 280 ff., je nach Konstellation zudem noch über die Verweisung in § 437 Nr. 3, stellt die Klausuranten gewöhnlich vor erhebliche Schwierigkeiten. Der allenfalls mittelschwere Fall widmet sich der Problematik am Beispiel der bekannten Betriebsausfallschäden.

A. Sachverhalt

Gottlieb (G) hat beschlossen, seine Zweiradwerkstatt um einen „Fahrradverleih" zu erweitern. Seit Wochen bereits ist er landauf und landab unterwegs, um für die große Eröffnung am 1.7. um 8 Uhr die Werbetrommel zu rühren. Besonderes Augenmerk lenkt *G* dabei auf einen neuartigen einseitigen Hinterradantrieb, der in der Region nur von ihm angeboten werde. Die benötigten 10 Fahrräder hat *G* bereits im Frühjahr bei *Tobias Knopp (K)* bestellt, der in vielen Jahren der Eremitage den besagten Hinterradantrieb entwickelte, patentieren ließ und nun allein aus dem Vertrieb im großen Stil den Lebensunterhalt für sich und seine Haushälterin bestreitet. Als voraussichtlichen, aber unverbindlichen Liefertermin hat *K* den frühen Morgen des 1.7. in Aussicht gestellt, um eine pünktliche Eröffnung zu ermöglichen.

Nachdem *K* pünktlich am 1.7. gegen 7 Uhr die 10 bestellten Fahrräder an *G* übergeben hat, geraten die geschäftlichen Planungen des *G* im Tagesverlauf durcheinander. Erschüttert stellt er nach Kundenreklamationen fest, dass der Hinterradantrieb wegen eines Montagefehlers des Herstellers nicht funktionstüchtig war: An eine sichere Benutzung war nicht zu denken. Entrüstet meldet sich *G* am Nachmittag desselben Tages bei *K*, der schnellstmögliche Reparatur verspricht. Allerdings gelingt die Herstellung der Nutzbarkeit auch mit größten Mühen erst am Ende der von *G* gesetzten Frist von einem Tag. Allein am Vormittag des 1.7. hätte *G* mit dem „Verleih" der Fahrräder einen Reingewinn von 200 EUR erzielen können, den ihm *K* zu ersetzen habe.

B. Gutachtliche Überlegungen

I. Problemerkenntnis

Die Klausur weist einen übersichtlichen Sachverhalt und im Wesentlichen nur ein einziges Kernproblem auf. Der Klausurant wird dies bei der angemessenen Schwerpunktsetzung zu berücksichtigen haben. Als evident darf etwa davon ausgegangen werden, dass die gelieferten Fahrräder im maßgeblichen Zeitpunkt mangelhaft im Sinne des § 434 I 2 Nr. 2 waren. Zielstrebig müssen sich die Vorüberlegungen der rechtlichen Einordnung des dem *G* entstandenen Schadens zuwenden. Herauszufiltern ist, dass der entscheidungserhebliche Zeitraum hier derjenige der ordnungsgemäßen Nacherfüllung ist. *K* ist nicht vorzuwerfen, er habe insofern seine Verkäuferpflichten aus §§ 437 Nr. 1, 439 verletzt oder nur verzögert erfüllt. Eine schnellere Reparatur, d. h. Nachbesserung i. S. v. § 439 I Alt. 1, war nicht möglich.

Tobias Knopp

Zudem führte sie zum Erfolg, nämlich der Herstellung eines mangelfreien Zustands. Als Ansatzpunkt für einen Schadensersatzanspruch des *G* kommt allein die mangelhafte Lieferung am 1.7. in Betracht. Bereits dieser Umstand hatte zur Folge, dass G mit der Kaufsache nicht wie geplant Umsätze generieren und Gewinne einstreichen konnte. Entstanden ist somit ein typischer Betriebsausfallschaden.

II. Auswahl der Anspruchsgrundlage

Nach dem Erkennen des Problems gestaltet sich die rechtliche Lösung anspruchsvoller. Dies resultiert vor allem aus der Entscheidung zwischen den in Betracht zu ziehenden Anspruchsgrundlagen. Zunächst muss man sich vor Augen halten, dass allein vertragliche Ansprüche in Betracht kommen. Für § 823 I fehlt es bereits an der Rechtsgutsverletzung. Es bedarf allenfalls kurzer Erwähnung, dass das Vermögen als solches nicht von § 823 I geschützt ist.[1] Sodann ist der geübte Blick auf das allgemeine Leistungsstörungsrecht der §§ 280 ff.[2] zu wenden, das teilweise von § 437 Nr. 3 in Bezug genommen wird. Begonnen werden sollte die Prüfung mit einem Anspruch auf Schadensersatz statt der Leistung aus §§ 437 Nr. 3, 280 I, III, 281. Völlig abwegig erscheint diese Normenkette nicht, liegt doch ein Mangel der Kaufsache vor, der kausal einen Schaden auf Seiten des Käufers hervorgerufen hat.[3] Eine genauere Betrachtung lässt diesen Anspruch allerdings zugleich aus zwei Gründen scheitern: Zum einen wird kein Schadensersatz statt der Leistung nach §§ 280 I, III, 281 geltend gemacht; man denke an die Kontrollfrage nach dem Erfolg einer hypothetischen

---

1 Statt aller MüKoBGB/*Wagner* § 823 Rn. 280 m. w. N.

2 Vgl. zum allgemeinen Leistungsstörungsrecht *Körber* Jura 2015, 429 ff., 554 ff. und 673 ff.

3 Befürwortend daher *Recker* NJW 2002, 1247 f.

Gottlieb

Nacherfüllung.[4] Zum anderen ist der Schaden *vor* Ablauf der Frist zur Nacherfüllung entstanden. Auch § 281 II Alt. 2 hilft darüber nicht hinweg, da die Vorschrift selbst bei einem – hier fragwürdigen – relativen Fixgeschäft nicht eingriffe.[5] Insbesondere wer die Problematik aus Vorlesung oder Literaturstudium kennt,[6] wird sich sodann für die finale Streitentscheidung dem Anspruch auf Ersatz des Verzögerungsschadens aus §§ 280 I, II, 286 und demjenigen auf Schadensersatz neben der Leistung aus §§ 437 Nr. 3, 280 I zuwenden.

III. Argumentationslinien zum Betriebsausfallschaden

Die Idee, in dem Betriebsausfallschaden des *G* zugleich einen Verzögerungsschaden zu sehen, mag nicht jedermann unmittelbar einleuchtend erscheinen. Immerhin hat *K* pünktlich geliefert und ohne Verzögerung die Nachbesserung durchgeführt. Eine negative zeitliche Abweichung vom geschuldeten Soll lässt sich nur mit einem kleinen Kunstgriff erkennen: *K* hat nämlich die nach § 433 I 2 geschuldete mangelfreie Leistung letztlich erst am 2.7. erbracht und damit einen Tag später als gedacht. In einer fristgerechten mangelhaften Leistung könnte zugleich eine verzögerte mangelfreie Leistung liegen.[7] In der Folge könnte ein Rückgriff auf die allgemeine

4 Vgl. dazu *Hirsch* JuS 2014, 97 ff. sowie Staudinger/*Kaiser* Eckpfeiler des Zivilrechts Rn. H188 m. w. N.

5 Vgl. MüKoBGB/*Ernst* § 281 Rn. 64.

6 Vgl. dazu stellvertretend Staudinger/*Kaiser* Eckpfeiler des Zivilrechts Rn. H190 ff.; *Grigoleit/Riehm* JuS 2004, 745 ff.; *Mankowski* JuS 2006, 481 (486); *Ebert* NJW 2004, 1761ff; *Brox/Walker* SchuldR AT § 23 Rn. 30 S. 285 f.; *Medicus/Lorenz* SchuldR AT § 36 III 1 Rn. 475 S. 218; BGHZ 181, 317 (319 ff.).

7 So *Grigoleit/Riehm* JuS 2004, 745 (747); *Oechsler* NJW 2004, 1825 (1827).

Regelung der §§ 437 Nr. 3, 280 I, die ohne die weiteren Voraussetzungen des § 280 II, III auskommt, verwehrt sein. Konstruierbar ist eine besondere Nähe des Betriebsausfallschadens zum Erfüllungsinteresse des Käufers, wohingegen die §§ 437 Nr. 3, 280 I für die Verletzung des Integritätsinteresses vorbehalten seien. Während der Nacherfüllungsphase entstehende Schäden könnten gewissermaßen auf eine Störung des „zeitbezogenen Erfüllungsinteresses“[8] zurückzuführen sein.

Die Prüfung der §§ 280 I, II, 286 gerät spätestens aber bei § 286 I 1 ins Stocken. Denn nicht nur im vorliegenden Fall, sondern typischerweise auch bei sonstigen Betriebsausfallkonstellationen fehlt es an einer Mahnung vor Schadenseintritt. Als *G* von dem Mangel erfährt und sich an *K* wenden kann, ist es bereits zu spät: Die Vermietungsgewinne des ersten Tages sind dahin. Die nachmittägliche Leistungsaufforderung kann allenfalls für die Folgezeit einen Verzug begründen. Auswirkung dieses Befundes ist an sich, dass Betriebsausfallschäden regelmäßig nicht ersetzt werden müssten. Dieses Ergebnis erscheint bereits deshalb ungerecht, weil sich der Käufer nur schwerlich gegen dieses Risiko absichern kann. Daher ist erwogen worden, nach § 286 II Nr. 4 oder durch teleologische Reduktion des § 286 I 1 die Mahnung in diesen Fällen ausnahmsweise als entbehrlich anzusehen.[9]

Der Rückgriff auf §§ 280 I, II, 286 erfordert, will man sachgerechte Lösungen erzielen, somit einige argumentative Mühe. Geschmeidiger – und vor allem dogmatisch stimmiger – lässt sich auf der Grundlage von §§ 437 Nr. 3, 280 I prüfen.[10] Durch die mangelhafte Lieferung hat *K* nämlich eine Pflicht aus dem kaufvertraglichen Schuldverhältnis verletzt, §§ 433 I 2, 280 I 1. Für solche mangelhafte Leistungen enthält § 437 Nr. 3 eine Verweisung auf das allgemeine Leistungsstörungsrecht. Damit könnte nun allerdings über § 280 II mittelbar doch auch § 286 in Bezug genommen sein. Hier ist aber herauszuarbeiten, dass im Gegensatz zu den §§ 281, 283, auf die mittelbar auch § 280 III verweist, die Vorschrift des § 286 nicht in § 437 Nr. 3 erwähnt ist. Diese Differenzierung ist augenscheinlich nicht ohne Grund erfolgt, heißt es doch in den Gesetzesmaterialien dazu: „§ 437 Nr. 3 RE verweist auch auf § 280 Abs. 2 RE, der den Ersatz von Verzögerungsschäden von den zusätzlichen Voraussetzungen des § 286 RE abhängig macht. Das entfaltet insoweit keine Wirkung, als die Pflichtverletzung im Sinne des § 280 Abs. 1 S. 1 RE darin liegt, dass der Verkäufer entgegen seiner vertraglichen Verpflichtung aus § 433 Abs. 1 S. 2 RE eine mangelhafte Sache geliefert hat. Eine Anwendung des § 286 RE ist insoweit in § 280 Abs. 1 RE nicht vorgesehen. Liefert der Verkäufer beispielsweise schuldhaft eine mangelhafte Maschine und verzögert sich deswegen deren Inbetriebnahme, so ist der Betriebsausfallschaden unabhängig von den weiteren Voraussetzungen des Verzugs unmittelbar nach § 280 Abs. 1 RE zu ersetzen.“[11] Natürlich stehen die Materialien in der Klausur nicht zur Verfügung, jedoch erschließt sich aus Gesetzessystematik und klarem gesetzgeberischem Willen recht eindeutig, dass eine abweichende Auslegung methodische Grenzen überschritte. Darüber hinaus muss sich der Klausurant des Umstands bewusst bleiben, dass der Verkäufer des Schutzes durch die besonderen Verzugsvoraussetzungen nicht bedarf. Denn das Nadelöhr der §§ 437 Nr. 3, 280 I ist das Vertretenmüssen aus § 280 I 2,

---

8 *Grigoleit/Riehm* JuS 2004, 745 (747).

9 *Teichmann/Weidmann* Festschrift Walther Hadding S. 287 ff. (302 f.); *Grigoleit/Riehm* JuS 2004, 745 (748).

10 Vgl. statt vieler Staudinger/*Kaiser* Eckpfeiler des Zivilrechts Rn. H192 f.; *Medicus/Lorenz* SchuldR AT § 36 III 1 Rn. 475 S. 218 f.; *Mankowski* JuS 2006, 481 (486); BGHZ 181, 317 (319 ff.); BGHZ 224, 271 Rn. 16 ff. m. w. N.

11 BT-Drs. 14/6040, S. 225.

das sich auf die ursprüngliche Mangelhaftigkeit als maßgebliche Pflichtverletzung beziehen muss. Da der Pflichtenkatalog des Verkäufers nicht die Herstellung der Kaufsache und üblicherweise auch nicht deren Kontrolle vor Auslieferung umfasst, wird ein eigenes oder nach § 278 S. 1 zugerechnetes Verschulden häufig ausscheiden.[12]

IV. Anwendung auf den konkreten Fall

Sind nunmehr die §§ 437 Nr. 3, 280 I als einschlägige Anspruchsgrundlage auserkoren, fällt die Subsumtion des konkreten Falles leicht. Zu klären ist lediglich, ob *K* die mangelhafte Lieferung zu vertreten hat. Man darf sich nicht verwirren lassen durch den Umstand, dass *K* die besondere Antriebsart für die Fahrräder entwickelt hat; denn diese Werkleistung ist nicht Gegenstand des Vertrages zwischen *K* und *G*. *K* beschränkt sich inzwischen auf den Vertrieb der Fahrräder, so dass ihn nur die klassischen Verkäuferpflichten (mangelfreie Übergabe und Übereignung, § 433 I) treffen; die fehlerfreie Montage der Einzelteile zählt hierzu nicht. Eine Ersatzpflicht des *K* scheidet somit im Ergebnis aus.

C. Gliederung

I. Anspruch aus §§ 437 Nr. 3, 280 I, III, 281 I 1
  1. Kaufvertrag
  2. Weitere Voraussetzungen
    a) Schadensersatz statt der Leistung
      Problem: Abgrenzung zum Schadensersatz neben der Leistung
    b) Fristsetzung
  3. Zwischenergebnis
II. Anspruch aus §§ 280 I, II, 286
  1. Verzögerung einer Leistung
  2. Mahnung
  3. Entbehrlichkeit einer Mahnung
    Problem: Ersatzfähigkeit von Betriebsausfallschäden
  4. Zwischenergebnis
III. Anspruch aus §§ 437 Nr. 3, 280 I
  1. Pflichtverletzung
  2. Kein Nichtvertretenmüssen
IV. Anspruch aus § 823 I

D. Lösung

I. Anspruch aus §§ 437 Nr. 3, 280 I, III, 281 I 1

G könnte gegen *K* ein Anspruch auf Zahlung von 200 EUR aus §§ 437 Nr. 3, 280 I, III, 281 I 1 zustehen.

[12] Vgl. dazu BGHZ 177, 224 (235) m. w. N.

1. Kaufvertrag

Zwischen *K* und *G* wurde ein Kaufvertrag geschlossen. Auch wenn *K* ursprünglich ein besonderes Ausstattungsmerkmal der Fahrräder selbst entwickelt hat, so war dies nicht Gegenstand der Vertragsvereinbarung. Inzwischen vertreibt *K* die Fahrräder nur noch. Die Kaufsache war auch bei Gefahrübergang (§ 446 S. 1) mangelhaft im Sinne von § 434 I 2 Nr. 2, da sie sich wegen des Montagefehlers nicht für die gewöhnliche Verwendung eignete.

2. Weitere Voraussetzungen

a) Schadensersatz statt der Leistung

Allerdings ist bereits fraglich, ob *G* hier Schadensersatz statt der Leistung geltend macht. Dies ist nur der Fall, wenn der eingetretene Schaden durch eine gedachte ordnungsgemäße Nacherfüllung vermieden worden wäre. *In casu* hat *K* mit Erfolg und in angemessener Zeit die Nachbesserung durchgeführt; trotzdem hat *G* einen Gewinnausfall erlitten. Mithin handelt es sich nicht um einen Schadensersatz statt der Leistung.

b) Fristsetzung

Überdies müsste vor Eintritt des Schadens eine gesetzte Frist zur Nacherfüllung erfolglos verstrichen sein, sofern dies nicht ausnahmsweise entbehrlich war. Die Fristsetzung erfolgte hingegen erst nach Schadenseintritt. Auch liegen keine besonderen Umstände nach § 281 II Alt. 2 vor, denn G hat weiterhin Verwendung für die Fahrräder; das Geschäft soll mit der rechtzeitigen Lieferung nicht „stehen und fallen“ (relatives Fixgeschäft).

3. Zwischenergebnis

Folglich scheidet ein Anspruch aus §§ 437 Nr. 3, 280 I, III, 281 I 1 aus.

II. Anspruch aus §§ 280 I, II, 286

In Betracht kommt weiterhin ein Anspruch aus §§ 280 I, II, 286 des *G* gegen *K* auf Zahlung von 200 EUR. Ein solcher hängt im Kern davon ab, auf welcher Grundlage der von *G* der Sache nach geltend gemachte sog. Betriebsausfallschaden ersatzfähig ist.

1. Verzögerung einer Leistung

Eine Einstufung als nach §§ 280 I, II, 286 zu liquidierender Verzögerungsschaden setzt die Verzug auslösende Verzögerung einer Leistung voraus. *K* hat allerdings pünktlich geliefert und fristgemäß nacherfüllt. Argumentiert werden könnte allerdings, dass in einer fristgemäßen mangelhaften Leistung zugleich eine verspätete mangelfreie Leistung liege. Begründen ließe sich dieser vom Gesetzeswortlaut gedeckte Gedankengang damit, dass der Schuldner, der immerhin eine Schlechtleistung erbringe, nicht gegenüber demjenigen benachteiligt werden dürfe, der gar nicht leiste. Fehlt es nämlich an jeglicher Leistungserbringung, so folgen etwaige Schadensersatzansprüche unstreitig aus §§ 280 I, II, 286 und nicht aus §§ 437 Nr. 3, 280 I.

2. Mahnung

Problematisch ist an der Verzugslösung aber bereits, dass grundsätzliche Voraussetzung eines Verzugs nach § 286 I 1 eine Mahnung ist. Erst mit Zugang der Mahnung (§ 130 I 1 analog) tritt Verzug ein und erst ab diesem Zeitpunkt entstehende Schäden sind nach §§ 280 I, II, 286 ersatzfähig. Betriebsausfallschäden sind aber typischerweise bereits dann angefallen, wenn nach Entdeckung des Mangels frühestens eine Mahnung erfolgen könnte; in der Folge wären sie regelmäßig nicht vom Verkäufer zu ersetzen. Ein Ausweg könnte darin liegen, in dieser Sachverhaltskonstellation ohne Einzelfallprüfung stets „besondere Gründe" i. S. v. § 286 II Nr. 4 anzunehmen oder § 286 I 1 teleologisch zu reduzieren.

3. Entbehrlichkeit einer Mahnung

Gegen diese Verzugslösung spricht allerdings bereits, dass eine Ersatzfähigkeit des Betriebsausfallschadens dann nur durch einen methodischen Kunstgriff bei § 286 II Nr. 4 zu bewerkstelligen ist. Auch die Gleichsetzung der Kombinationen mangelhaft-fristgemäß und mangelfrei-verzögert erscheint zwar noch vom Gesetzeswortlaut gedeckt, aber doch eher Produkt einer ergebnisorientierten Subsumtion. Davon ungeachtet lassen sich durchgreifende systematische und teleologische Argumente, zudem getragen von der gesetzgeberischen Konzeption, für eine Ersatzfähigkeit nach §§ 437 Nr. 3, 280 I anführen. Die Gesetzesverfasser haben bewusst in der Verweisungsnorm des § 437 Nr. 3 für mangelbedingte Schadensansprüche nur die §§ 280, 281, 283 erwähnt, nicht aber § 286. Zwar lässt sich über § 280 II ein mittelbarer Verweis auf § 286 konstruieren, jedoch gilt dies über § 280 III auch für §§ 281, 283. Letztere sind insofern doppelt in Bezug genommen. Daraus ist abzuleiten, dass mangelbedingte Schäden nur über §§ 280, 281, 283, nicht aber über § 286 abgewickelt werden dürfen. Zudem passt die Verzugslösung insofern nicht, als Betriebsausfallschäden aus der Natur der Sache heraus unabhängig von besonderen Verzugsvoraussetzungen eintreten können. Der Käufer wäre schutzlos gestellt, obwohl das Schadensrisiko erheblich besser vom Verkäufer beherrscht werden kann. Erst ab Ablieferung, d. h. wenn es zur Schadensvermeidung zu spät ist, ist der Käufer zu einer Überprüfung der Kaufsache in der Lage. Schließlich kann im Rahmen der §§ 437 Nr. 3, 280 I auch angemessen das Haftungsrisiko des Verkäufers begrenzt werden: Denn er haftet nur, wenn er die ursprüngliche mangelhafte Lieferung auch zu vertreten hat, § 280 I 2. Das Verschulden des Herstellers muss er sich nicht zurechnen lassen (§ 278).

4. Zwischenergebnis

Mithin scheiden die §§ 280 I, II, 286 als Anspruchsgrundlage für den Ersatz von Betriebsausfallschäden aus.

III. Anspruch aus §§ 437 Nr. 3, 280 I

Möglicherweise steht *G* gegen *K* ein Anspruch aus §§ 437 Nr. 3, 280 I auf Zahlung von 200 EUR zu.

1. Pflichtverletzung

Schadensersatzbewehrte Pflichtverletzung im Sinne des § 280 I 1 ist die ursprünglich mangelhafte Lieferung, die wegen § 433 I 2 zu den Hauptpflichten des Verkäufers gehört.

2. Kein Nichtvertretenmüssen

Allerdings müsste *K* diese Pflichtverletzung auch zu vertreten haben, § 280 I 2, womit hier vorsätzliches und fahrlässiges Handeln erfasst ist, § 276 I 1. *K* selbst schuldet nach § 433 I aber nicht die Herstellung des Fahrrads, sondern lediglich die mangelfreie Übergabe und Übereignung. Eine Kontrollpflicht trifft ihn als Verkäufer regelmäßig nicht. Auch eine Zurechnung nach § 278 S. 1 muss ausscheiden, denn angesichts des durch § 433 I vorgezeichneten Pflichtenprogramms hat sich *K* des Herstellers nicht „zur Erfüllung seiner Verbindlichkeit" bedient. Damit kann sich *K* erfolgreich exkulpieren; ein Anspruch aus §§ 437 Nr. 3, 280 I scheidet aus.

IV. Anspruch aus § 823 I

Ein deliktischer Schadensersatzanspruch aus § 823 I ist aus zwei Gründen nicht gegeben. Erstens fehlt es an der Verletzung eines von § 823 I geschützten Rechtsguts, da das Vermögen als solches nicht geschützt ist. *G* hatte zu keinem Zeitpunkt mangelfreies Eigentum an den Fahrrädern. Zweitens fehlt es an einem zumindest fahrlässigen Handeln des *G*.

E. Lerntest

I. Fragen

1. Was ist unter einem Betriebsausfallschaden zu verstehen?
2. Nach welcher Anspruchsgrundlage können sie ersatzfähig sein?
3. Ist der Hersteller als Erfüllungsgehilfe des Verkäufers anzusehen?

II. Antworten

1. Betriebsausfallschäden treten dadurch ein, dass ein Betriebsmittel nicht funktionstüchtig geliefert wird und in der Folge Produktions- oder Nutzungsausfälle zu verzeichnen sind. Beispiel: Ein Backofen für eine Bäckerei wird defekt geliefert. Während der sofort durchgeführten Reparatur können keine Waren gebacken werden, so dass Gewinne ausbleiben.

2. Anspruchsgrundlage sind die §§ 437 Nr. 3, 280 I (str.). Es handelt sich nicht um einen Verzögerungsschaden, der nach §§ 280 I, II, 286 zu ersetzen wäre.

3. Der Hersteller wird nicht als Erfüllungsgehilfe des Verkäufers tätig. Denn nach § 278 S. 1 müsste der Hersteller zur Erfüllung der Verbindlichkeit des Verkäufers tätig werden; diese beschränkt sich aber auf die Pflichten aus § 433 I und umfasst nicht die Herstellung wie bei einem Werkvertrag.

Fall 16. Witwe Boltes Fallobst

Der für eine BGB-Anfängerklausur schon recht anspruchsvolle Fall behandelt den gesetzlichen Eigentumserwerb nach den §§ 953 ff., insbesondere die Aneignungsgestattung nach § 956. Seine Lösung setzt Vertrautheit mit sachenrechtlichen Grundbegriffen voraus und erfordert ein zwischen schuld- und sachenrechtlicher Ebene strikt unterscheidendes Denkvermögen.

A. Sachverhalt

Bauer *Meckel (M)* hat an seinem Bauernhof den Nießbrauch zugunsten des Lehrers *Lämpel (L)* bestellt, der den Betrieb seinerseits an die Witwe *Bolte (B)* verpachtet hat. Eines Frühjahrs zeichnet sich ein ungewöhnlich reichhaltiger Obstertrag für den Spätsommer ab. Schon im Mai kommt *B* mit ihrem Nachbarn *Kaspar Schlich (S)* überein, dass dieser zu einem Festpreis das gesamte Fallobst auflesen darf; das Obst „auf den Bäumen" behält sie sich selbst zur Ernte vor. *S* erhält einen Zweitschlüssel zum Obstgarten. Als *S* Anfang August mit einigen Leuten den Obstgarten betritt, um das Fallobst einzusammeln, erscheint *B* und erklärt, sie habe sich die Sache anders überlegt und wolle das Fallobst doch lieber selbst verwerten. *S* lässt sich darauf nicht ein und bringt trotz des Widerspruchs der *B* eine stattliche Fallobsternte ein. Anfang September stellt sich überraschend heraus, dass *B* seit Anfang Juli aufgrund ständiger Ärgernisse mit zwei übermütigen Halbwüchsigen des Dorfes den Verstand verloren hatte. Erst Mitte September erholt sie sich von ihrer Wahnsinns-Phase. Wieder endgültig bei Sinnen verlangt sie von *S* das während ihrer geistigen Umnachtung aufgelesene und jetzt in dessen Keller lagernde Fallobst heraus. Sie hält sich für die Eigentümerin. Zu Recht?

B. Gutachtliche Überlegungen

I. Fallskizze und Fallfrage

Wenn ein Sachverhalt durch die Vielschichtigkeit der geschilderten Ereignisse oder durch die Zahl der beteiligten Personen unübersichtlich zu werden droht, empfiehlt sich bereits beim erstmaligen Durchlesen und Aufnehmen des Sachverhalts die Anfertigung einer kleinen Fallskizze, in der die Personen sowie die feststehenden und die fragwürdigen Rechtsbeziehungen grob, aber doch überschaubar festgehalten werden. Dies beugt der Verwechslungsgefahr bezüglich der Personen und Ereignisse vor und dient der Orientierung bei der Entwicklung der Lösung. In unserem Fall könnte eine solche Fallskizze wie folgt aussehen:

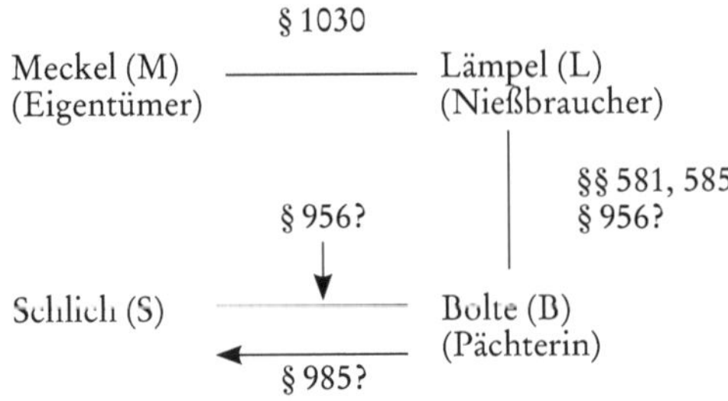

Der Einstieg in die Überlegungen zur Lösung wird durch die Fallfrage bestimmt. *B* beruft sich auf ihr Eigentum an dem Fallobst. Die Anspruchsgrundlage des § 985 (und nur diese) steht damit zur Prüfung an; die denkbare Untersuchung anderer, etwa vertrags- oder bereicherungsrechtlicher Anspruchsgrundlagen soll bei diesem auf die Probleme der dinglichen Rechtslage zugeschnittenen Fall erkennbar unterbleiben. Es geht um die Klärung der Eigentumsverhältnisse an dem Obst im Lichte der Rechtsbeziehungen der Beteiligten untereinander und der Ereignisse. Das erfordert im Rahmen der Anspruchsgrundlage des § 985 einen historischen Aufbau: Von der ursprünglichen, zweifelsfreien Eigentumslage müssen die Rechtsbeziehungen und Ereignisse bis zum Beurteilungszeitpunkt verfolgt und rechtlich gewürdigt werden. Es wäre fehlerhaft, die Lösung des Falls etwa durch die Erörterung der verpflichtungsvertraglichen Verhältnisse über die „schuldrechtliche Schiene" versuchen zu wollen. Insbesondere verbietet sich ein Rückgriff auf § 101 Nr. 1, der nur einen schuldrechtlichen Anspruch gewährt und nichts über die *dingliche* Rechtslage aussagt.

II. Das Schachtelprinzip der §§ 953 ff.

Zu Beginn der Klärung der Eigentumsverhältnisse an dem Obst muss man sich darauf besinnen, dass die dingliche Rechtslage organisch entstehender, aus anderen Sachen „herauswachsender" Sachen nicht ohne Rücksicht auf deren Entstehungsprozess und die Eigentumsverhältnisse an der „Muttersache" beantwortet werden kann. Das Regelungsprogramm der §§ 953 ff. über den Eigentumserwerb an Erzeugnissen und sonstigen Bestandteilen einer Sache nach der Trennung wird man schnell als einschlägig erkennen. Das Verständnis dieser Vorschriften und ihre gelungene Heranziehung für eine Fall-Lösung hängt von zwei Voraussetzungen ab: Zum *einen* ist das kategoriale Begriffssystem der §§ 90 ff. mit seinen Definitionen und Rechtsfolgen zu beachten, auf denen die §§ 953 ff. aufbauen. Es ist nicht allzu schwer, sich bei den Vorüberlegungen zum Lösungsansatz Klarheit darüber zu verschaffen, dass hier das Obst vor der Trennung vom Baum nicht sonderrechtsfähig war, §§ 93, 94 I 1 a. E., dass die Bäume selbst wesentliche Bestandteile des Grundstücks sind, § 94 I 2, und dass es sich bei dem Obst um Erzeugnisse, genauer: um Sachfrüchte i. S. d. § 99 I und damit um Nutzungen nach § 100 handelt.

Zum *anderen* ist bei den Vorschriften der §§ 953 ff. zu beachten, dass sie nach dem „Schachtelprinzip" aufgebaut sind: vom allgemeinen Grundsatz des § 953 schreiten sie zum jeweils spezielleren Tatbestand fort; die nächste Vorschrift verdrängt jeweils die vorige.[1] Unser Fall versteht sich offensichtlich als eine Exemplifikation der

[1] Vgl. dazu *Baur/Stürner* SachenR § 53 E Rn. 45 ff. S. 721 ff.; *Wolff/Raiser* SachenR § 77 IV 2 ff. S. 285 ff.; *H. P. Westermann/Gursky/Eickmann* SachenR § 57 III S. 460 ff.

Witwe Bolte

Systematik der §§ 953 ff. Deshalb sollte der Klausurant den Gutachtenaufbau dem Schachtelprinzip dieser Vorschriften anpassen. Wer mit der Prüfung eines Eigentumserwerbs des *S* an dem Obst nach § 956 oder gar eines gutgläubigen Erwerbs nach §§ 956, 957 beginnt, muss die Frage der Verfügungsberechtigung der Witwe *B* und des Lehrers *L* gleichsam rückwärts prüfen und gerät gewiss in Aufbauschwierigkeiten, die nur auf Kosten der Übersichtlichkeit lösbar sind. Bei einer Prüfung nach dem Schachtelprinzip der §§ 953 ff. ist dagegen leicht zu überschauen, dass *L* zwar nach § 954 den Grundstückseigentümer *M* aus der diesem nach § 953 zugewiesenen Eigentumsposition an dem Obst verdrängt, dass aber nicht § 955 zugunsten der Witwe *B* eingreifen kann, denn weder hat sie Eigenbesitz an der Muttersache (I 1) noch ein dingliches Nutzungsrecht „an“ der Sache (II); der Pachtvertrag gewährt bloß einen schuldrechtlichen Anspruch „auf“ die Früchte. Von diesem Fundament aus kann die Prüfung zu § 956 fortschreiten.

III. Die Aneignungsgestattung des § 956

Wer schon einmal mit der Aneignungs- oder Erwerbsgestattung des § 956 in Berührung kam – und dieses Rechtsinstitut gehört zu den Grundlagen des Sachenrechts –, wird sofort den Schwerpunkt der Klausur hier ansiedeln. Dabei geht es zunächst um die Frage, ob eine mit dem Pachtvertrag verbundene dingliche Aneignungsgestattung des *L* zugunsten der Witwe *B* vorliegt, aufgrund derer dann *B* fruchtziehungsberechtigt (und weitergestattungsberechtigt) war. Zum zweiten ist zu prüfen, ob eine wirksame Weitergestattung der *B* zugunsten des *S* gegeben ist.

Für beide Prüfungspunkte ist die Frage der Rechtsnatur der Aneignungsgestattung von entscheidender Bedeutung, denn von deren Beantwortung hängt es ab, ob sich die Geschäftsunfähigkeit der Witwe *B* von Anfang Juli bis Mitte September nach § 104 Nr. 2 auf die Wirksamkeit der Verfügungen rechtshindernd auswirkt. Der Klausurant wird sich kaum an sämtliche Einzelheiten des ausgeuferten zivilrechtsdogmatischen Streits um die Rechtsnatur der Aneignungsgestattung erinnern;[2] die Präsenz abrufbaren Detailwissens wird auch keineswegs verlangt. Er sollte indes aus

[2] Vgl. dazu neben den in Fn. 1 Genannten: MüKoBGB/*Oechsler* § 956 Rn. 2 f.; RGRK/*Pikart* BGB § 956 Rn. 1 ff.; besonders ausführlich Staudinger/*C. Heinze* (2020) BGB § 956 Rn. 6 ff.; vgl. auch RGZ 78, 35 (36); BGHZ 27, 360 (368); *OLG Saarbrücken* NZBau 2021, 113 Rn. 21; vgl. ferner Mot. III S. 368; Prot. II S. 3, 250.

der Vorlesung und dem Lehrbuchstudium im Gedächtnis behalten haben, dass man die Aneignungsgestattung als dinglichen Vertrag und die Vorschrift des § 956 als einen Spezialfall des § 929 S. 1 ansehen kann, der für erst künftig durch Trennung von einer Muttersache entstehende Sachen konzipiert ist (sog. Übertragungstheorie). Und er sollte zudem wissen, dass man die Aneignungsgestattung auch als einseitiges Rechtsgeschäft ansehen kann, mit dem für den Begünstigten ein Erwerbsrecht begründet wird (sog. Anwartschaftstheorie).

Diese Kenntnisse reichen schon aus, um mit dem Ziel einer plausiblen Lösung des Falles die Sachverhaltsteile würdigen und dabei dogmatisch argumentieren zu können. Spielt man die Konsequenzen der *Übertragungstheorie* durch, so scheitert schon die erste Aneignungsgestattung *L – B* an deren fehlender Geschäftsfähigkeit im Zeitpunkt der Vollendung des Erwerbstatbestandes (Trennung des Obstes von den Bäumen). Für *S* käme auch ein gutgläubiger Erwerb nach §§ 956, 957 an dem Obst nicht in Betracht, denn sein guter Glaube kann zwar die fehlende Berechtigung des Gestattenden, nicht aber die Unwirksamkeit der Gestattungserklärung (§§ 104 Nr. 2, 105 I) bei Erwerbsvollendung überwinden.[3] Auf der Grundlage der *Anwartschaftstheorie* bestehen dagegen keine Zweifel an der Wirksamkeit der ersten Aneignungsgestattung. Nicht nur aus klausurpsychologischen Gründen (der Fall wäre sonst zu schnell am Ende), sondern auch aus dogmatischen Erwägungen erscheint die Anwartschaftstheorie vorzugswürdig: die Übertragungstheorie erscheint lebensfremd (die Betroffenen denken wohl kaum an einen Vertrag) und widerspricht dem systematischen Standort des § 956, der nach der Übertragungstheorie in den Regelungskomplex der §§ 929 ff. gehören müsste.

IV. Die Weitergestattung

Problematisch ist auch die zweite Aneignungsgestattung, d. h. die Weitergestattung *B – S,* denn auch bei Annahme eines einseitigen Rechtsgeschäfts im Sinne der Anwartschaftstheorie stellt sich angesichts der späteren Geschäftsunfähigkeit der Witwe *B* die Frage, ob die Verfügungsvoraussetzungen noch im Zeitpunkt der Vollendung des Rechtserwerbs vorliegen. Wer die Trennung bzw. die Besitzergreifung nach § 956 I 1 Alt. 1 bzw. 2 als Vollendung des Erwerbstatbestands ansieht, muss einen Erwerb des *S qua* Weitergestattung ablehnen, denn Witwe *B* war zu dieser Zeit geschäftsunfähig geworden.

Es fordert gewiss einige Überlegung, schon mit der Abgabe der Gestattungserklärung den Erwerbstatbestand für vollendet zu erklären. Man muss sich vergegenwärtigen, dass ja – strenggenommen – nicht über die künftigen Erzeugnisse, sondern über das *eigene Fruchtziehungsrecht* vom Gestattenden verfügt wird.[4] Auf dieser Grundlage lässt sich der Fall aber wohl am überzeugendsten lösen. Zudem eröffnet erst dieser Ansatz die Möglichkeit, auch den Widerruf der Witwe *B* nach § 956 I 2 zu prüfen, der freilich an ihrer fehlenden Geschäftsfähigkeit scheitern muss. Unter diesem Prüfungspunkt muss man bei dem Erfordernis der „Besitzüberlassung" besonders aufpassen. Insoweit ist nämlich aus Publizitätsgründen der vollständige Verlust des unmittelbaren Besitzes des Gestattenden zu verlangen, an dem es bei der

---

[3] Vgl. dazu *H. P. Westermann/Gursky/Eickmann* SachenR § 57 III 2c S. 463 f.; Staudinger/*C. Heinze* (2020) BGB § 957 Rn. 5.

[4] So *H. P. Westermann/Gursky/Eickmann* SachenR § 57 III 2c S. 463 f., dessen zutreffender (Minder-)Meinung die Musterlösung folgt. Die h. M. (o. Fn. 1 und 2) verlangt demgegenüber aus unterschiedlichen Gründen das Vorliegen aller Verfügungsvoraussetzungen im Zeitpunkt der Trennung bzw. der Besitzergreifung.

bloßen Einräumung des *Mitbesitzes* an *S* durch *B* fehlt. *S* kann nur nach § 956 I 1 Alt. 2 mit der Besitzergreifung an dem Fallobst Eigentum erworben haben.

Lehrer Lämpel

V. Die mögliche Lösungsvielfalt

Wegen der Meinungsverschiedenheit zur Rechtsnatur der Aneignungsgestattung sind mehrere Lösungswege denkbar und als gleichwertig anzuerkennen. Hier wie sonst vermeide man die Suche nach einer bestimmten, der vermeintlichen Lösungsskizze des Aufgabenstellers entsprechenden Lösung. Es kommt beim Klausurenschreiben nicht darauf an, einer Musterlösung so nahe wie möglich zu kommen, sondern darauf, bei den Subsumtionsschritten selbstständig dogmatisch zu argumentieren und durch gedankliche Folgerichtigkeit und sprachlichen Schliff zu zeigen, dass man die Vorschriften und Rechtsbegriffe in ihrer Ordnungsfunktion verstanden hat und mit ihnen bei praktischen Rechtsanwendungsproblemen umzugehen weiß.

C. Gliederung

Anspruch aus § 985
- I. Ausgangslage: Eigentum des *M*
- II. Eigentumserwerb des *L* (§ 954)
- III. Eigentumserwerb der *B*
  1. Fruchterwerb nach § 955
  2. Fruchterwerb nach § 956

     Problem: Rechtsnatur der Aneignungsgestattung

a) Übertragungstheorie
b) Anwartschaftstheorie
IV. Eigentumserwerb des *S* nach § 956
1. Erteilung einer Aneignungsgestattung
2. Gestattungsberechtigung der B
3. Widerruf der Aneignungsgestattung
V. Ergebnis

D. Lösung

Anspruch aus § 985

Voraussetzung für einen Herausgabeanspruch der Witwe *B* gegen *S* nach § 985 ist, dass sie Eigentümerin des im Besitz des *S* befindlichen Fallobstes ist.

I. Ausgangslage: Eigentum des *M*

Ursprünglich erstreckte sich das Grundstückseigentum des Bauern *M* auch auf das Obst. Als Erzeugnisse des Grundstücks waren die Früchte auf den Bäumen vor der Trennung („solange sie mit dem Boden zusammenhängen") wesentliche Bestandteile des Grundstücks (§ 94 I 1 a.E.) und damit nicht sonderrechtsfähig (§ 93). Diese Eigentumslage blieb von den das Grundstück betreffenden dinglichen und obligatorischen (Teil-)Rechten anderer Personen unberührt. Die Frage ist aber, wie sich die Rechtslage nach der Trennung des Obstes von den Bäumen darstellt, mit der die einzelnen Früchte Sonderrechtsfähigkeit erlangten. Im Grundsatz weist § 953 die Erzeugnisse einer Sache auch nach der Trennung dem Eigentümer der Muttersache zu. Muttersache sind hier die Obstbäume, die ihrerseits wesentliche Bestandteile von *Ms* Grundstück sind, § 94 I 2.

II. Eigentumserwerb des *L* (§ 954)

M könnte aber aus seiner Eigentümerposition durch den Vorrang des Erwerbs des dinglich Berechtigten nach § 954 verdrängt worden sein. Lehrer *L* war aufgrund des von *M* eingeräumten Nießbrauchs berechtigt, die Nutzungen der Sache (des Grundstücks mit den Bäumen als wesentlichen Bestandteilen) zu ziehen, § 1030 I. Zu diesen Nutzungen gehört nach § 100 auch das Obst, das auch im Rechtssinne aus „Früchten", genauer: Sachfrüchten, nämlich den Erzeugnissen einer (Mutter-)Sache besteht, § 99 I. Unabhängig von einer Besitzergreifung an den getrennten Sachen und unabhängig von einem Besitz der fruchttragenden Muttersache weist § 954 dem dinglich Berechtigten mit der Trennung das Eigentum an den Früchten zu.

III. Eigentumserwerb der *B*

1. Fruchterwerb nach § 955

Jedoch könnte ein dem Erwerb des *L* wiederum vorrangiger gesetzlicher Eigentumserwerb zugunsten der Witwe *B* eingetreten sein. Dabei scheidet die Vorschrift des § 955 I 1 als Erwerbsgrund allerdings aus, weil *B* als Pächterin keinen Eigenbesitz nach § 872, sondern bloßen Fremdbesitz an der fruchttragenden Muttersache innehatte. Bei der Trennung des Obstes von den Bäumen lag ein mehrfach gestuftes Besitzmittlungsverhältnis vor, §§ 868, 871. Grundstückseigentümer *M* war mittelbarer Eigenbesitzer, Nießbraucher *L* war mittelbarer Fremdbesitzer erster Stufe, Pächterin *B* war unmittelbare Fremdbesitzerin zweiter Stufe; *S* hatte lediglich Mitbesitz an der Muttersache, § 866 („Zweitschlüssel").

Auch nach § 955 II kann Witwe *B* kein Eigentum erworben haben, denn der Landpachtvertrag (§§ 581, 585) gestattet nicht die Ausübung eines Nutzungsrechtes *an* der Sache *(ius in rem).* Er gewährt kein dingliches Nutzungsrecht (wie der Nießbrauch), sondern gibt ein bloß schuldrechtliches Recht *auf* den Genuss der Früchte, §§ 585 I, II, 581 I 1 *(ius ad rem).*

2. Fruchterwerb nach § 956

Wohl aber könnte Witwe *B* Eigentum an dem Obst durch eine „Aneignungsgestattung" nach § 956 I 1, II seitens des nach § 954 dinglich Erwerbsberechtigten *L* erworben haben. Dabei kann eine Aneignungsgestattung konkludent mit dem Abschluss des Pachtvertrages zustande gekommen sein.

a) Übertragungstheorie

Klärungsbedürftig ist hierbei zunächst die Frage der Rechtsnatur einer solchen Aneignungs- oder Erwerbsgestattung. Sieht man diese nämlich als einen dinglichen Vertrag i. S. eines Sonderfalls der Einigung nach § 929 S. 1 für künftig durch Abspaltung von einer Muttersache entstehende Sachen an, so bedürfte es des Vorliegens aller verfügungsvertraglichen Wirksamkeitsvoraussetzungen noch im Zeitpunkt der Vollendung des Erwerbstatbestandes. Nach dieser Übertragungstheorie stellt sich die Gestattungserklärung als bloßes Angebot zu einem dinglichen Vertrag dar und bedarf der Annahmeerklärung durch den Empfänger. Die Annahmeerklärung soll jedenfalls in der (weiteren) Besitzausübung an der Muttersache (§ 956 I 1 Alt. 1) bzw. in der Besitzergreifung an den getrennten Erzeugnissen (Alt. 2) liegen. Selbst wenn man hier einen solchen dinglichen Vertrag vor der Wahnsinns-Phase der Witwe *B* für geschlossen hält, müsste *B* im Zeitpunkt der Trennung des Obstes (Erzeugnisse) von den ihr zum Besitz überlassenen Bäumen (Muttersache) noch geschäftsfähig gewesen sein, denn erst in diesem Zeitpunkt vollendete sich nach der Übertragungstheorie der Erwerbstatbestand des § 956 I Alt. 1 analog der Lage bei § 929 S. 1. Zu dieser Zeit war Witwe *B* jedoch nach § 104 Nr. 2 geschäftsunfähig. Die Übertragungstheorie erscheint indes gekünstelt. Sie widerspricht auch der systematischen Stellung des § 956 im Gesetz. Im Übrigen ist ihr vorzuwerfen, dass sie in lebensfremder Weise das Verhalten des Gestattungsbegünstigten mit rechtsgeschäftlichem Erklärungswert ausstattet. Sie ist daher abzulehnen.

b) Anwartschaftstheorie

Die spätere Geschäftsunfähigkeit der Witwe *B* wirkt sich auf die Wirksamkeit der Erwerbsgestattung aber *nicht* aus, wenn man für deren Rechtsnatur richtigerweise die Erklärung als einseitiges Rechtsgeschäft vorzieht. Mit der einseitigen Gestattung entsteht nach dieser Anwartschaftstheorie ein Erwerbsrecht, das mit der Trennung (Anfallrecht) oder der Besitzergreifung (Aneignungsrecht) zum Eigentum führt. Auf dieser Grundlage liegen die Voraussetzungen eines Eigentumserwerbs für die Pächterin Bolte nach § 956 I 1 Alt. 1 vor. *L* war als Nießbraucher ohne weiteres zur Aneignungsgestattung berechtigt, § 956 II i. V. m. §§ 954, 1030 I.

IV. Eigentumserwerb des *S* nach § 956

Allerdings könnte *S* gegenüber Witwe *B* wiederum vorrangig das Eigentum an dem Fallobst erworben haben, wenn auch in diesem Verhältnis eine wirksame Aneignungsgestattung nach § 956 I, II vorläge.

1. Erteilung einer Aneignungsgestattung

In der Tat wird man in der Vereinbarung der Parteien vom Mai nicht nur einen schuldrechtlichen, gegenständlich beschränkten Unterpachtvertrag, sondern auch (zu dessen Erfüllung) eine dingliche Aneignungsgestattung sehen müssen. Erneut stellt sich die Frage, wie sich die Wahnsinns-Phase der Witwe *B* auf die Wirksamkeit dieser Weitergestattung des Anfallberechtigten auswirkt. Denn auch nach der hier vertretenen Ansicht zur Rechtsnatur der Aneignungsgestattung (einseitiges Rechtsgeschäft i. S. d. Anwartschaftstheorie) wird man verlangen müssen, dass der Gestattende (nicht der Begünstigte des einseitigen Rechtsgeschäfts) im Zeitpunkt der Vollendung des Rechtserwerbs (noch) geschäftsfähig ist. Die Aneignungsgestattung ist ja jedenfalls eine Verfügung und üblicherweise müssen die Verfügungsvoraussetzungen noch im Zeitpunkt der Vollendung des Rechtserwerbs vorliegen. Dieser Zeitpunkt fällt jedoch, genau besehen, immer mit dem Zugang der Gestattungserklärung zusammen; verfügt wird ja nicht über die (künftigen) Erzeugnisse, sondern über das eigene Fruchtziehungsrecht. Allenfalls bei wirtschaftlicher Betrachtungsweise verwirklicht sich der Erwerb erst mit der Trennung bzw. Inbesitznahme der Früchte. Er vollzieht sich jedoch automatisch (Trennung) oder ist nur noch vom Willen des Gestattungsempfängers abhängig (Besitzergreifung), sofern nicht ein ausdrücklicher Widerruf des Gestattenden nach § 956 I 2 erfolgt. Richtigerweise kommt es mithin für die Wirksamkeit des Erwerbs aufgrund einer Aneignungsgestattung allein auf den Zeitpunkt der einseitigen Erklärung des Gestattenden an. Zu dieser Zeit aber war Witwe *B* noch geschäftsfähig.

2. Gestattungsberechtigung der *B*

Keine Zweifel bestehen an der Berechtigung der Witwe *B* zur Aneignungsgestattung. Dass ein Unterpachtvertrag bei einer Landpacht nach § 589 I Nr. 1 der Genehmigung des Verpächters *(L)* bedarf, ist nur im schuldrechtlichen Innenverhältnis *L* – *B* von Interesse, ändert aber nichts an der dinglichen Verfügungsberechtigung *qua* Aneignungsgestattung, die sich allein nach § 956 II bemisst: Gestattungsberechtigt ist, wer ohne die Gestattung selbst mit der Trennung erworben hätte. Auf § 957 braucht deshalb nicht zurückgegriffen zu werden.

3. Widerruf der Aneignungsgestattung

Fraglich ist allerdings, ob Witwe *B* ihre Aneignungsgestattung nicht nach § 956 I 2 wirksam widerrufen hat. Einen solchen Widerruf könnte man in ihrem Eingreifen vor dem Aufsammeln des Obstes durch *S* sehen. In diesem Zeitpunkt hatte *S* noch kein Eigentum an den Erzeugnissen erworben, denn für die „Besitzüberlassung" der ersten Alternative des § 956 I 1 ist erforderlich, dass der Gestattende jede Form des unmittelbaren Besitzes verliert. Witwe *B* hatte aber dem *S* lediglich Mitbesitz eingeräumt („Zweitschlüssel"), §§ 866, 854 I, II. Zur Zeit des Einschreitens der Witwe *B* war ihre Aneignungsgestattung mithin wegen der fehlenden Besitzüberlassung der Muttersache an *S* trotz ihrer schuldrechtlichen Verpflichtung zu einer solchen Gestattung aus dem Unterpachtvertrag widerrufbar, § 956 I 2. Indes scheitert ein wirksamer Widerruf daran, dass dieser eine (empfangsbedürftige) Willenserklärung ist, die *B* wegen ihrer Geschäftsunfähigkeit nach §§ 105 I, 104 Nr. 2 nicht rechtswirksam abgeben konnte. Man könnte noch in ihrem Herausgabeverlangen einen Widerrufsversuch sehen. Zu diesem Zeitpunkt war *B* wieder bei Sinnen. Jetzt indes war *S* bereits Eigentümer geworden.

V. Ergebnis

Im Ergebnis hat *S* daher Eigentum an dem Fallobst mit der Besitzergreifung erworben, § 956 I 1 Alt. 2. Witwe *B* hat deshalb keinen Herausgabeanspruch gegen ihn aus § 985.

E. Lerntest

I. Fragen

1. Kann ein Pächter das Eigentum an den Erzeugnissen und sonstigen zu den Früchten der gepachteten Sache gehörenden Bestandteilen mit der Trennung nach § 955 I, II erwerben?
2. Welche beiden grundlegenden Theorien zur Rechtsnatur der Aneignungsgestattung nach § 956 kennen Sie?
3. Was ist bei der Besitzüberlassung i. S. d. § 956 I, II zu beachten?

II. Antworten

1. Nein, der Pachtvertrag gibt kein dingliches Nutzungsrecht „an" der Muttersache (wie der Nießbrauch, § 1030 I – *ius in rem*), sondern gewährt bloß einen schuldrechtlichen Anspruch „auf" den Genuss der Früchte *(ius ad rem).*

2. *Erstens:* Die Übertragungstheorie, wonach die Aneignungsgestattung ein dinglicher Vertrag und der Erwerb nach § 956 ein Spezialfall des § 929 S. 1 ist, der für erst künftig durch Trennung von einer Muttersache entstehende Sachen konzipiert ist. *Zweitens:* Die Anwartschaftstheorie, der zufolge die Aneignungsgestattung ein einseitiges Rechtsgeschäft ist, mit dem für den Begünstigten ein Erwerbsrecht begründet wird, das mit der Trennung (Anfallrecht) bzw. der Besitzergreifung (Aneignungsrecht) zum Eigentum führt.

3. Der Gestattungsempfänger muss mindestens mittelbaren Besitz haben; der Gestattende muss (aus Gründen der Publizität) den unmittelbaren Besitz an der Muttersache vollständig verloren haben.

Fall 17. Julchens Schlafzimmer

Der Fall ist im Recht des Vertrags zugunsten Dritter angesiedelt. Er behandelt im Schwerpunkt die Auswirkungen von Leistungsstörungen des Versprechenden auf die Rechte des Versprechensempfängers einerseits und des Dritten andererseits. Damit gibt er dem vom Gesetz schnell im Stich gelassenen Klausuranten die Gelegenheit zur Würdigung der widerstreitenden Parteiinteressen im Hinblick auf die dogmatisch-konstruktiven Eigenarten des Vertrags zugunsten Dritter und zur Entwicklung einer eigenständigen Lösung. Aufgabenstellung und Anforderungen sind auf eine BGB-Klausur für mittlere Semester zugeschnitten. Der Fall ist eher „schwer".

A. Sachverhalt

Tobias Knopp (K) ist über die Eheschließung seiner Tochter *Julchen (J)* mit dem *Förstersohn Fritz (F)* hocherfreut und will einen Beitrag zur Wohnungseinrichtung des Paares leisten. Er wendet sich an *Kaspar Schlich (S),* den Inhaber des Einrichtungshauses Schlich-Mustermöbel, und vereinbart mit ihm, dass er „ein wahres Hochzeits-Schlafzimmer" für bis zu 10.000 EUR liefern soll. Den Stil, die Holzart und sonstige Einzelheiten der Einrichtungsgegenstände sollen *J* und *F* aus dem Katalogprogramm des *S* aussuchen. Auch den Zeitpunkt der Lieferung soll *S* mit ihnen ausmachen. *K* teilt seiner Tochter und seinem Schwiegersohn diese Vereinbarung mit.

Kurz vor der Hochzeit wird das ausgesuchte Schlafzimmer (Modell „Romeo und Julia") im Stile des Gelsenkirchener Barock geliefert und aufgestellt. *K* bezahlt den Kaufpreis in Höhe von 9.000 EUR. Schon nach zwei Monaten aber stellt sich heraus, dass die Schranktüren verzogen sind, die Schubladen nicht mehr schließen, der Spiegel blind geworden ist und das Bett trotz durchaus gewöhnlicher Beanspruchung furchterregend knarrt.

J und *F* sind enttäuscht und erbost. Sie verlangen von *S* eine Nachlieferung mangelfreier Einrichtungsgegenstände bis zum 1.12. Als *S* dem nicht fristgemäß nachkommt, überlegen sie, ob sie von S verlangen könnten, die Einrichtungsgegenstände wieder abzuholen und ihnen den Kaufpreis auszuzahlen; sie wollen sich woanders ein neues Schlafzimmer kaufen. Als *K* davon erfährt, weist er *J* und *F* zurecht, weil sie mit der Sache nichts zu tun hätten. *K* erklärt seinerseits eine Minderung des Kaufpreises in der (richtig errechneten) Höhe von 3.000 EUR und verlangt von *S* Zahlung in dieser Höhe. Damit aber sind *J* und *F* nicht einverstanden. Allenfalls wollen sie der Vorgehensweise des *K* zustimmen, wenn dieser ihnen den Minderungsbetrag aushändigt, so dass sie davon die Einrichtung reparieren lassen können.

B. Gutachtliche Überlegungen

I. Probleme und Fallfragen

Der Sachverhalt schließt nicht mit einer gefälligen „Fallfrage" ab, an die man sogleich die rechtliche Erörterung anknüpfen könnte. Spätestens nach dem zweiten Durchlesen sollte jedoch klar sein, worum es im Wesentlichen geht: erstens um die Frage, ob und warum ein Vertrag zugunsten Dritter vorliegt, zweitens um das Problem der Aufteilung der Sachmängelgewährleistungsrechte beim Vertrag zugunsten Dritter auf den Versprechensempfänger *(K)* und den begünstigten Dritten (*J* und *F*).[1] Trägt man an den letzten Absatz des Sachverhalts den „Klausur-Schlüssel" der Frage „Wer verlangt was von wem woraus?" heran, so sind die in Betracht kommenden Anspruchsgrundlagen und ihre Prüfungsreihenfolge schnell geordnet: Erstens verlangen *J* und *F* von *S* Nachlieferung (§§ 437 Nr. 1, 439 I Alt. 2). Zweitens erwägen sie einen Rücktritt (§§ 437 Nr. 2, 323). Drittens erklärt *K* gegenüber *S* die Minderung und verlangt entsprechend Rückzahlung (§§ 437 Nr. 2, 441 I 1, IV). Nach der Aufgabenstellung muss es zudem als diskussionsbedürftig angesehen werden, ob ein Minderungsrecht des *K* der Zustimmung von *J* und *F* bedarf.

II. Vertragsauslegung

Die Vertragsauslegung, die inzident im Rahmen der ersten Anspruchsgrundlage vorgenommen werden muss, sollte keine unüberwindlichen Schwierigkeiten aufwerfen. Man muss sich freilich darüber im Klaren sein, dass der Vertrag zugunsten Dritter kein selbstständiger Schuldvertragstyp, sondern nur eine „Komplikation" der regelmäßigen Schuldvertragstypen, hier: eines Kaufvertrages, im Wege eines „Richtungswechsels der Leistungspflicht" darstellt.[2] Es dürfte letztlich unzweifelhaft sein, dass hier der typische Fall eines echten, berechtigenden Vertrages zugunsten Dritter mit *J* und *F* als Begünstigten vorliegt. Freilich wird der Klausurant bei der Vertragsauslegung die entsprechenden Indizien des Sachverhalts aufgreifen und im Lichte des § 328 II würdigen müssen. Besonderer Erwähnung bedarf im Gutachten wohl auch das Auswahlrecht des Hochzeitspaares hinsichtlich des Schlafzimmer-Modells, das man aber schnell als ein mit der eigenständigen Forderungsberechtigung (§ 328 I) verbundenes Wahlrecht i. S. d. §§ 262 ff. erkennen wird.

Julchen

---

1 Vgl. hierzu sowie zu weiteren Problemkreisen *Hornberger* JA 2015, 7 ff. und 93 ff.

2 Vgl. dazu *Lange* NJW 1965, 657 ff.; MüKoBGB/*Gottwald* § 328 Rn. 4; *Hadding* AcP 171 (1971), 403 ff.; *Hassold* Zur Leistung im Dreipersonenverhältnis S. 241 ff.

III. Gewährleistungsrechte des Dritten

Bei der zentralen Frage, ob *J* und *F* als Dritten kaufrechtliche Gewährleistungsrechte zustehen, hilft das Regelungsprogramm der §§ 328 ff. leider nicht durch eine klärende Vorschrift weiter. Man verzettele sich ja nicht mit der Prüfung der Fehlerhaftigkeit der gelieferten Einrichtungsgegenstände – die Mangelhaftigkeit kann aus dem eindeutigen Sachverhalt schlicht übernommen werden. Jedes Wort etwa zu den Spielarten des Sachmangels (§ 434) begründete seinerseits einen „Mangel" der Klausur! Viel wichtiger ist eine sorgfältige Untersuchung, ob und welche eigenen Sachmängelgewährleistungsrechte der Dritte überhaupt geltend machen kann, obwohl er ja nicht Vertragspartei ist. Auch wer zu diesem Problem kein Wissen aus der Vorlesung oder dem Lehrbuch-Studium abrufbar hat[3], wird bei einigem Nachdenken dazu kommen, dass man den Nacherfüllungsanspruch dem Hochzeitspaar durchaus wird zusprechen können und müssen. Dieser ist in § 439 schlicht als modifizierter Erfüllungsanspruch ausgestaltet, der das Vertragsgefüge und die Position des *K* unberührt lässt. Denn wegen § 433 I 2 kann mit einer mangelhaften Kaufsache nicht ordnungsgemäß erfüllt werden. Der Nacherfüllungsanspruch ist vorrangig zu prüfen: Zum einen legt dies die chronologische Formulierung im Sachverhalt nahe; zum anderen bestehen materiell-rechtliche Gründe hierfür. Wegen des grundsätzlichen Fristsetzungserfordernisses in §§ 323 I, 281 I 1, 441 I 1 besteht ein „Vorrang der Nacherfüllung" und dem Verkäufer steht in der Folge ein „Recht" zur zweiten Andienung zu.[4] Erst nach einer Befassung mit dem Nacherfüllungsanspruch kann zu den Sekundärrechten des § 437 Nr. 2 und 3 übergegangen werden.

Der Schwierigkeitsgrad steigt bei der Prüfung eines noch zu erklärenden (§ 349) Rücktritts. Jedoch auch hier muss der Klausurant ohne Umwege zu dem Ergebnis gelangen, dass zum einen der Rücktritt nur zu einer Rückzahlung des Kaufpreises an *K* führen und dass dieses Gewährleistungsrecht zum anderen *allein* von *K* ausgeübt werden kann. Der Dritte darf nicht Herr des Deckungsverhältnisses zwischen Versprechensempfänger und Versprechendem sein. Schon bei der Prüfung dieser Frage mag man aber die umgestaltenden, das Vertragsgefüge verändernden und deshalb dem Versprechensempfänger vorzubehaltenden Rechte unterscheiden von bloßen Folgerechten, die dem Erfüllungsanspruch des Dritten entspringen und allein den ihm eingeräumten Anspruch weiterentwickeln.[5]

IV. Zustimmungserfordernis des Dritten zum Minderungsrecht des Versprechensempfängers

Es erscheint kaum problematisch, dass dem *K* als Vertragspartner angesichts der mangelhaften Lieferung des *S* ein Minderungsrecht nach §§ 437 Nr. 2, 441 I 1 zusteht. Der Sachverhalt macht aber deutlich darauf aufmerksam, dass die Anbindung dieses Minderungsrechts an eine Zustimmung der Begünstigten erörterungswürdig ist. Auch ohne diesen „Wink mit dem Zaunpfahl" sollte man auf diesen Problempunkt stoßen. Denn mit der Ausübung eines Minderungsrechts durch *K*

---

[3] Vgl. z. B. Staudinger/*Klumpp* (2020) BGB § 335 Rn. 22 ff., 26; *Brox/Walker* SchuldR AT § 32 Rn. 16 f. S. 417 f.; vgl. ausführlich *Papanikolaou* Schlechterfüllung beim Vertrag zugunsten Dritter, insb. S. 73 ff.; vgl. auch die Klausurfälle bei *de Lousanoff/Lüke* JuS 1981, 39 ff.; *Zeller/Kannowski* JuS 2006, 983 ff.

[4] Vgl. stellvertretend *S. Lorenz* NJW 2006, 1175 ff.; *Ebert* NJW 2004, 1761; zu den Grenzen *Koch* NJW 2010, 1636 ff.

[5] Vgl. dazu vor allem *Lange* NJW 1965, 657 (661 ff.) und die Klausurlösung bei *de Lousanoff/Lüke* JuS 1981, 39 ff.

ginge doch der gerade bejahte Nachlieferungsanspruch von *J* und *F* verloren. Dies folgt zwar nicht unmittelbar aus dem Wortlaut des § 441 I 1 („statt"), da dieser nur die Alternativität zum Rücktritt in den Blick nimmt; vielmehr kompensiert die Minderung das Gewährleistungsinteresse des Käufers bereits vollständig. Wie ist dieser praktische Interessenkonflikt zu lösen, der sich rechtstechnisch als Konkurrenzproblem der Rechte von *K* einerseits, von *J* und *F* andererseits darstellt?

Hier kann der Klausurant „Punkte machen". Es ist kein Fehler, wenn man den Dritten insoweit auf Gedeih und Verderb der Disposition des Versprechensempfängers aussetzt, ihn als gänzlich abhängig von dessen eigenständiger Rechtsausübung ansieht. Das Gesetz erlaubt durch die strikte Trennung der Beteiligten-Verhältnisse beim Vertrag zugunsten Dritter eine solche Lösung durchaus.[6] Es ist aber wohl eher sachgerecht, dem Dritten eine mitbestimmende Parteirolle zuzuerkennen (letztlich aus § 242) und ein Zustimmungserfordernis zu bejahen, um ihm einen Schutz vor nachträglicher Entziehung oder Verschlechterung seiner Position bei planwidrigem Vertragsvollzug zu gewähren.[7] Dann wird man auch zugestehen müssen, dass der Dritte seine Zustimmungserteilung an die einschränkende Voraussetzung einer Auskehrung des Minderungsbetrages bindet.

C. Gliederung

I. Anspruch auf Nachlieferung
  1. Kaufvertrag *S – J / F*
  2. Vertrag zugunsten von *J* und *F*
    a) Vereinbarung eines Wahlrechts
    b) Eigenständiger Erfüllungsanspruch
  3. Nacherfüllungsrecht von *J* und *F*
    Problem: Sekundäransprüche und § 328 (hier: Nacherfüllung)

II. Rücktrittsrecht von *J* und *F*
  Problem: Sekundäransprüche und § 328 (hier: Rücktritt)

III. Minderungsrecht von *J* und *F*
  Problem: Sekundäransprüche und § 328 (hier: Minderung)
  1. Allgemeine Voraussetzungen
  2. Zustimmungsvorbehalt zugunsten von *J* und *F*
  3. Auszahlung des Minderungsbetrags an *J* und *F*

IV. Zusammenfassung

---

6 So z. B. Erman/*Bayer* BGB § 328 Rn. 38; so auch BGHZ 3, 385 ff.; früher auch MüKoBGB/*Gottwald*, 2. Aufl. 1985, § 335 Rn. 6, 8, anders seit 3. Aufl. 1994; Staudinger/*Klumpp* (2020) BGB § 328 Rn. 24.

7 So eine neuere Literaturansicht; vgl. insb. *Lange* NJW 1965, 657 ff. (661 ff.); *Brox/Walker* SchuldR AT § 32 Rn. 17 S. 418; Staudinger/*Jagmann* (2015) BGB § 328 Rn. 15 m. w. N.

D. Lösung

I. Anspruch auf Nachlieferung

1. Kaufvertrag *S – J / F*

Der Anspruch auf Nacherfüllung steht nach §§ 437 Nr. 1, 439 dem „Käufer" zu. Den Kaufvertrag mit *S* haben aber nicht *J* und *F* abgeschlossen. Er ist vielmehr zwischen *S* und *K* mit zunächst noch unbestimmtem, aber bereits bestimmbaren Inhalt bezüglich der Kaufsache und des Kaufpreises abgeschlossen worden, §§ 433, 145 ff.

2. Vertrag zugunsten von *J* und *F*

Möglicherweise sind *J* und *F* aber als Käufer i. S. d. §§ 434 ff. und als Inhaber der Gewährleistungsrechte anzusehen, weil sie Begünstigte eines Vertrages zugunsten Dritter sind. Voraussetzung dafür ist zunächst, dass *J* und *F* durch den Kaufvertrag *K – S* einen selbstständigen Leistungsanspruch gegen *S* erworben haben, § 328 I.

a) Vereinbarung eines Wahlrechts

Nach der Vereinbarung zwischen den Kaufvertragsparteien sollte *J* und *F* zum ersten ein Auswahlrecht hinsichtlich des Schlafzimmer-Modells zustehen; das Paar sollte sich aus dem Katalog ein Schlafzimmer bis zum Preis von 10.000 EUR aussuchen. Insoweit war eine Wahlschuld nach §§ 262 f. zwischen *K* und *S* vereinbart, bei der das Wahlrecht *J* und *F* zustehen sollte. Mit der Ausübung des Wahlrechts (Modell „Romeo und Julia") wurde die gewählte Leistung aus der entsprechenden Gattung geschuldet. Dieses Wahlrecht begründete aber noch keine Begünstigtenstellung nach § 328 I; denkbar bliebe, dass *J* und *F* diesbezüglich als Dritte i. S. d. § 317 handelten.

b) Eigenständiger Erfüllungsanspruch

Aus den Umständen und dem Zweck des Kaufvertrages (§ 328 II) könnte aber zu entnehmen sein, dass *J* und *F* einen *eigenständigen* Anspruch auf die Lieferung der Einrichtungsgegenstände haben sollten. Tatsächlich war – für *S* erkennbar – eine Zuwendung des *K* an das Hochzeitspaar beabsichtigt. Insbesondere musste den Vertragsparteien klar sein, dass *K* selbst kaum als tauglicher Leistungsempfänger in Betracht kam. Angesichts der von *K* und *S* verfolgten Vermögenszuordnung sollte nicht nur eine bloße Empfangszuständigkeit des Hochzeitspaares für die Möbel begründet werden, wie dies bei einer abgekürzten Lieferung (sog. „unechter" oder ermächtigender Vertrag zugunsten Dritter) der Fall wäre. Vielmehr war hier die besondere Rechtsgestaltung eines Kaufvertrages mit einer Eigenberechtigung des Brautpaares gegenüber dem Versprechenden beabsichtigt, wobei *K* als Versprechensempfänger gleichfalls einen eigenen Anspruch auf die Leistung des *S* an *J* und *F* haben sollte (§ 335). Die Auslegung des Vertrages (§§ 133, 157, 328 II) ergibt mithin, dass dem Hochzeitspaar ein selbstständiger Erfüllungsanspruch gegen *S* zustehen sollte, hinsichtlich dessen *J* und *F* eine Forderungsgemeinschaft nach § 432 bildeten. Mit ihnen stand auch *K* in Forderungsgemeinschaft, wenn seine Forderung auch die Eigenart der Fremdnützigkeit aufwies. Schon das Auswahlrecht von *J* und *F* ist bereits im Lichte der erworbenen selbstständigen Forderungsposition zu sehen. Nicht als unbeteiligte Dritte i. S. d. § 317, sondern zur Bestimmung des Leistungsinhalts des erworbenen Anspruchs sollten *J* und *F* das Wahlrecht ausüben.

3. Nacherfüllungsrecht von *J* und *F*

Es ist aber fraglich, ob die Eheleute als Begünstigte dieses echten, berechtigenden Vertrags zugunsten Dritter (Vertrag „zu Rechten" Dritter) auch gemäß §§ 437 Nr. 1, 439 ein eigenes Nacherfüllungsrecht gegenüber *S* geltend machen können, nachdem sich die Möbellieferung als nicht „frei von Sachmängeln" (§ 434 I) herausgestellt hat.

Försters Fritz

Man könnte denken, dass bei einem Vertrag zu Rechten Dritter ebenso wie der Primäranspruch auch die Sekundäransprüche bei Leistungsstörungen auf Seiten des Versprechenden sowohl dem Dritten als auch dem Versprechensempfänger zustünden, wobei letzterer freilich wie bei § 335 nur Leistung an den Begünstigten verlangen könnte. Es ist aber zu berücksichtigen, dass der Dritte zwar Gläubiger, nicht aber Vertragspartei ist. Soweit Sekundäransprüche lediglich *Folgeansprüche* begründen, die aus dem Erfüllungsanspruch des Dritten erwachsen und den Bestand und das Gefüge des Vertrages unangetastet lassen, wird man darauf zwar durchaus die Berechtigtenstellung der Beteiligten bezüglich des Primäranspruches übertragen können. Das betrifft sicherlich Schadensersatzansprüche wegen Verzuges (§§ 280 I, II, 286 I), den „kleinen" Schadensersatz statt der Leistung (§ 281 I 2 und 3) und den Anspruch auf das Surrogat (§ 285). Zweifelhaft ist jedoch die Behandlung derjenigen Sekundäransprüche und Rechte, die auf Bestand und Gefüge des Vertrages im Deckungsverhältnis zwischen Versprechensempfänger und Versprechendem *einwirken*. Letzteres ist bei einem Rücktritt ebenso der Fall wie bei der Geltendmachung von Schadensersatzansprüchen statt der ganzen Leistung („großer Schadensersatz", § 281 I 1); denn hier wird die Vertragsabwicklung rückgängig gemacht (§ 281 V) oder ausgeschlossen (§ 281 IV).

Auf der Grundlage dieser Differenzierungen erscheint es zwingend, *J* und *F* einen eigenen Nacherfüllungsanspruch zuzuerkennen, denn er entspringt gleichsam der organischen Entwicklung ihres Leistungsanspruchs und lässt das Vertragsverhältnis zwischen *K* und *S* unberührt. Der Nacherfüllungsanspruch ist ein modifizierter Erfüllungsanspruch, denn wegen § 433 I 2 kann mit einer mangelhaften Sache nicht ordnungsgemäß erfüllt werden.

II. Rücktrittsrecht von *J* und *F*

Klärungsbedürftig ist vor dem dargelegten Hintergrund weiterhin, ob *J* und *F* auch nach entsprechender Erklärung (§ 349) vom Kaufvertrag nach §§ 437 Nr. 2, 323 zurücktreten könnten. Die notwendige Frist nach § 323 I wäre erfolglos abgelaufen.

Zugunsten eines eigenen Rücktrittsrechts des Dritten spricht allerdings, dass er von der Leistungsstörung des Versprechenden unmittelbar betroffen ist. So haben *J* und *F* gewiss ein Interesse an der weiteren Steuerung der Leistungspflicht des *S*, zumal sie bereits den Leistungsinhalt durch die Ausübung des Wahlrechts selbst bestimmen durften. Freilich könnte ein solches Rücktrittsrecht des Dritten nur zu einer Rückgewährpflicht des Versprechenden gemäß § 346 I an den Versprechensempfänger, niemals – wie es *J* und *F* vorschwebt – an den Dritten führen, denn die vom Versprechensempfänger an den Versprechenden erbrachte und gegebenenfalls zurückzugewährende Gegenleistung ist keineswegs ein Ersatz für den Erfüllungsanspruch des Dritten.

Andererseits ist nicht zu verkennen, dass die gesetzliche Regelung der §§ 328 ff. von einer strikten Trennung des Verhältnisses der Vertragsbeteiligten, der Beziehung zwischen Versprechensempfänger und Drittem sowie der zwischen Versprechendem und Drittem ausgeht. Man darf den Vertrag zu Rechten Dritter nicht in einen dreiseitigen Vertrag verwandeln. Immer ist zu berücksichtigen, dass *J* und *F* zwar *Gläubiger* des *S*, nicht aber seine *Vertragspartner* sind. Es ginge über die Begünstigtenstellung des Dritten wohl hinaus, wenn man ihm auch eine „Verfügung“ über den Bestand des Deckungsverhältnisses einräumen wollte. Schließlich leitet der Dritte seine Rechte aus dem von einem anderen begründeten Vertragsverhältnis ab. Das Zuwendungs- oder Vollzugsverhältnis zwischen Versprechendem und Drittem ist vom Deckungs- oder Grundverhältnis zwischen dem Versprechensempfänger und dem Versprechenden abhängig. Dies darf man nicht umkehren. Auch aus § 334 ist ersichtlich, dass die Position des Begünstigten den Entwicklungen des Deckungsverhältnisses ausgesetzt ist. Das Rücktrittsrecht kann daher allein dem Versprechensempfänger, nicht aber *J* und *F* zustehen.

III. Minderungsrecht von *J* und *F*

1. Allgemeine Voraussetzungen

Zwar liegen die Voraussetzungen einer Minderung vor, denn *K* ist Käufer der gelieferten und mangelhaften Einrichtungsgegenstände. Grundsätzlich muss beim Vertrag zugunsten Dritter das Minderungs- ebenso wie das Rücktrittsrecht dem Versprechensempfänger vorbehalten bleiben, denn auch durch die vollzogene Minderung wird der Vertrag im Wege der Herabsetzung der Kaufpreisforderung umgestaltet. Das Minderungsrecht ist an die Position des Vertragspartners geknüpft und gehört nicht zu den Surrogatrechten bei fehlerhaften Leistungen, die man etwa dem Dritten einräumen könnte.

2. Zustimmungsvorbehalt zugunsten von *J* und *F*

Die Frage ist aber, ob *K* die Rückzahlung des Minderungsbetrags, d. h. des durch die Minderung entfallenen Kaufpreisanteils, für den kein Rechtsgrund mehr besteht, auch gegen den Willen der aus dem Vertrage zugunsten Dritter Begünstigten verlangen kann. Schließlich kann durch die Ausübung des Minderungsrechts die Position des Dritten beeinträchtigt werden. Die Eheleute *J* und *F* könnten zwar nicht der Kaufsache selbst verlustig gehen (so aber bei einem Rücktrittsbegehren des *K*), doch würde ihnen ihr Anspruch auf Nachlieferung aus §§ 437 Nr. 1, 439 I durch eine Minderung seitens des *K* entzogen, da die Minderung als nachgeordnetes Gewährleistungsrecht die Nacherfüllung wegen desselben Mangels ausschließt. *J* und *F* müssten die mangelhaften Einrichtungsgegenstände behalten.

Es ist deshalb zu überlegen, ob dem Begünstigten beim Vertrag zugunsten Dritter nicht eine mitbestimmende Parteirolle bei der Ausübung der dem Versprechensempfänger vorbehaltenen Rechte eingeräumt werden muss, soweit seine Begünstigtenstellung gefährdet ist. In der Tat erscheint es jedenfalls insoweit angemessen, die scharfe Trennung zwischen den Rechten und Pflichten der Vertragsteile und dem selbstständigen Forderungsrecht des Dritten aufzulockern. Die regelwidrige Entwicklung des Schuldverhältnisses darf nicht gänzlich fremdgesteuert werden, weil die dem Dritten einmal eingeräumte Position gewahrt werden muss. Der Versprechensempfänger würde sonst zum Vormund des Dritten. Man wird deshalb in der Tat nicht nur das Rücktritts-, sondern auch das Minderungsrecht des Versprechensempfängers an ein Zustimmungserfordernis des Dritten (§§ 182, 183) binden müssen. Rechtsgrundlage für die mitbestimmende Parteirolle und das Zustimmungserfordernis ist letztlich § 242, d. h. das Vertrauensverhältnis der Beteiligten bei einem Vertrag zugunsten Dritter mit intaktem Valutaverhältnis zwischen Versprechensempfänger und Drittem. Dies beansprucht auch unabhängig davon Gültigkeit, ob das dem Dritten eingeräumte Forderungsrecht widerruflich oder unwiderruflich ist, § 328 II a. E. Wenn dieser Vorschrift zu entnehmen ist, dass ein unentziehbares primäres Forderungsrecht vor Eingriffen durch Änderung und Aufhebung geschützt werden muss, so darf man daraus nicht den „Umkehrschluss“ ziehen, dass bei widerruflicher Ausgestaltung des Forderungsrechts des Dritten in die von diesem schon erworbene Position durch spätere Leistungsstörungsrechte des Versprechensempfängers eingegriffen werden dürfte.

3. Auszahlung des Minderungsbetrags an *J* und *F*

Es bleibt die Frage, ob *J* und *F* die Erteilung ihrer Zustimmung zu einem Minderungsbegehren des *K* davon abhängig machen können, dass *K* den von *S* erhaltenen Betrag an sie auszahlt. Einen Anspruch gegen *K* auf Auskehrung des Minderungsbetrages könnten *J* und *F* nur aus den Rechtsbeziehungen zu *K* im Valutaverhältnis haben. Dieses aber ist als eine Schenkung nach §§ 516 ff. anzusehen. Danach käme als Anspruchsgrundlage für Gewährleistungsansprüche gegen *K* lediglich § 524 in Betracht. Dessen Voraussetzungen für einen Schadensersatzanspruch (Zwischenerwerb des Schenkers und arglistiges Verschweigen des Mangels) liegen aber nicht vor.

Wenn jedoch das Zustimmungserfordernis der Bestandssicherung der Rechtsposition des Begünstigten dienen soll, liegt die Ausübung des Zustimmungsrechtes im Rahmen von Treu und Glauben (§ 242) allein in dessen Entscheidung. Kann der Begünstigte aber gänzlich von einer Zustimmung absehen (und sich dadurch den Nachlieferungsanspruch der §§ 437 Nr. 1, 439 I Alt. 2 erhalten), so darf er sie auch an die Voraussetzung knüpfen, dass ihm der Minderungsbetrag zur Verfügung gestellt wird. Eine solche eingeschränkte Erteilung der Zustimmung zum Minderungsbegehren des Versprechensempfängers (mit dessen Durchsetzung der Begünstigte seines Nachlieferungsanspruches verlustig ginge) hält sich ohne Weiteres in den Grenzen von Treu und Glauben, da der Minderungsbetrag der Reparatur der mangelhaften Sache und damit der Herstellung der ursprünglich vertraglich beabsichtigten Begünstigtenposition dienen soll.

IV. Zusammenfassung

Im Ergebnis haben die Eheleute *J* und *F* kein Rücktrittsrecht gegenüber *S*, wohl aber zunächst auf Nachlieferung. *K* hat einen Minderungsanspruch gegen *S*, der aber an die Zustimmung der Eheleute gebunden ist. Die Zustimmung kann dabei davon abhängig gemacht werden, dass *K* den Minderungsbetrag an *J* und *F* auszahlt. Wird das Minderungsbegehren geltend gemacht, kommt ein Nachlieferungsanspruch der Eheleute nicht mehr in Betracht.

E. Lerntest

I. Fragen

1. Wodurch unterscheidet sich der „echte", berechtigende vom „unechten", ermächtigenden Vertrag zugunsten Dritter?
2. Kann der Drittbegünstigte eines berechtigenden Kaufvertrages zugunsten Dritter den Rücktritt vom Kaufvertrag erklären?
3. Kann der Drittbegünstigte eines berechtigenden Kaufvertrages zugunsten Dritter einen Schadensersatzanspruch wegen Verzuges (§§ 280 I, II, 286) gegen den säumigen Versprechenden geltend machen?

II. Antworten

1. Beim echten Vertrag zugunsten Dritter erhält der Dritte einen eigenen Leistungsanspruch gegen den Versprechenden, während er beim unechten Vertrag zugunsten Dritter bloß als empfangszuständige Person (§§ 362 II, 185) für den Erfüllungsanspruch des Versprechensempfängers benannt wird.

2. Da der Drittbegünstigte zwar Gläubiger des Versprechenden, nicht aber sein Vertragspartner ist, ginge es über seine Begünstigtenstellung hinaus, wenn man ihm auch eine „Verfügung" über den Bestand des Deckungsverhältnisses einräumen wollte; das Rücktrittsrecht kann allein dem Versprechensempfänger als Vertragspartei zustehen.

3. Der Sekundäranspruch aus §§ 280 I, II, 286 I ist ein bloßer Folgeanspruch, der aus dem Erfüllungsanspruch des Drittbegünstigten erwächst und den Bestand sowie das Gefüge des Vertrages im Deckungsverhältnis zwischen Versprechensempfänger und Versprechendem unangetastet lässt; er kann daher ohne Weiteres (und ohne Zustimmung des Versprechensempfängers) vom Drittbegünstigten gegen den Versprechenden erhoben werden.

Fall 18. Meister Müllers Maltersäcke

Spätestens in den mittleren Semestern wird eine Vertrautheit mit den Leistungsstörungsvorschriften, insbesondere den Unmöglichkeits- und Verzugsregeln beim Kauf und ihren Verzahnungen verlangt. Dazu gehören auch das Verständnis der dogmatischen Bedeutung der oft missverstandenen Vorschrift des § 300 und die Kenntnis der Grundsätze der Drittschadensliquidation. Hierauf liegen die Schwerpunkte der folgenden, etwa mittelschweren Klausuraufgabe.

A. Sachverhalt

Der Bäcker- und Konditormeister *Knickebieter (K)* hat bei *Meister Müller (M)* 20 Maltersäcke gemahlenes Korn für 1.000 EUR bestellt und die Anlieferung an seine Bäckerei für Anfang November vereinbart. Ende Oktober schreibt *M* an *K*, dass er am 5. November liefern werde. Als die Säcke am Morgen des 5. November auf *Ms* Lastwagen verladen sind und gerade abtransportiert werden sollen, ruft *K* bei *M* an und erklärt, er könne das Mehl weder in dieser noch in der nächsten Woche abnehmen, da er gegenwärtig keinen Lagerplatz dafür frei habe. *M* antwortet, dass ihm dies gar nicht recht sei; auch er brauche Platz für den Umschlag. *K* solle schnellstens sehen, dass er anderweitig Platz finde. So lange werde er den mit den Maltersäcken beladenen Lieferwagen für ihn auf Abruf bereithalten. In der folgenden Nacht zum 6. November werden die Maltersäcke mit dem Mehl ein Opfer der Flammen: Der *Bauer Meckel (B)* hatte im Vorbeigehen am Hof seine noch glimmende Zigarre achtlos auf den Wagen geworfen, wo sie die Ladung schließlich entzündete. Dies war möglich, weil *M* aus Nachlässigkeit davon abgesehen hatte, die Ladung mit der üblichen Schutzplane abzudecken. Am nächsten Morgen berichtet *M* dem *K* von dem Schaden. *K* verlangt gleichwohl die vereinbarte Lieferung von 20 Maltersäcken Mehl. *M* meint, *K* müsse auch ohne Lieferung zahlen. *K* erwidert, *M* müsse sich wegen des Schadens an *B* halten. Wie ist die Rechtslage?

B. Gutachtliche Überlegungen

I. Stoffordnung und Anspruchsgrundlagen

Die Frage nach der Rechtslage nötigt dazu, den Sachverhalt mit Hilfe des berühmten „Klausurschlüssels“ zu analysieren, also die Überlegung anzustellen: „Wer verlangt was von wem woraus?“ Der Bearbeiter muss sich über dieses „Anspruchsdenken“ den Einstieg in den Fall eröffnen, indem er die jeweilige Interessenlage in den verschiedenen Zweipersonenverhältnissen nachvollzieht und die von den Beteiligten begehrten Rechtsfolgen aufspürt. Von daher drängen sich die in Betracht kommenden rechtlichen Anspruchsgrundlagen meist auf. Eine Hilfestellung geben hierzu die letzten Sätze des Sachverhalts, in denen die Parteien bereits einen Teil der Forderungen erheben bzw. zurückweisen. *K* besteht weiter auf der Lieferung von 20 Maltersäcken Mehl; demgemäß ist zunächst der Erfüllungsanspruch aus § 433 I 1 zu prüfen. Umgekehrt verlangt *M* Zahlung des Kaufpreises; auch der Zahlungsanspruch aus § 433 II steht mithin zur Prüfung an. Damit sind die beiden ersten Anspruchsgrundlagen gefunden, die man auch entsprechend den Hinweisen am Ende des Sachverhalts in der genannten Reihenfolge prüfen sollte.

Es ist leicht zu überschauen, dass für das Schicksal beider Ansprüche das Leistungsstörungsrecht von entscheidender Bedeutung ist. Schon bei der Vorprüfung und ersten groben Sichtung des Problemstoffs der Klausur lassen sich die zentralen Fragen – noch „ins Unreine" – formulieren: Ist *M* durch das Verbrennen der auf den Lieferwagen geladenen Säcke von seiner Leistungspflicht aufgrund einer (nachträglichen objektiven) Unmöglichkeit freigeworden oder hat er weiterhin aus der vereinbarten Gattung zu leisten? Wer hat gegebenenfalls die Unmöglichkeit zu verantworten? Welche Rolle spielt hierfür der mögliche Annahmeverzug des *K*? Diese Fragestellungen sowie die Parteiäußerungen am Schluss des Falles lassen ahnen, dass sich auch die sekundäre Schadensersatzebene des Leistungsstörungsrechts als erörterungsbedürftig erweisen wird. Der kundige Klausurant wird schon vor der exakten Prüfung des Anspruchs aus § 433 I 1 vermuten, dass der Erfüllungsanspruch des *K* im Ergebnis scheitern wird. Das Rechtsgefühl mag diese Ahnung stützen; letztlich trifft den *K* aufgrund seiner Absage selbst die Verantwortung dafür, dass er die 20 Säcke nicht bekommen hat. Offenbar sind jedoch zunächst die meisten Rechtsfragen des Leistungsstörungskomplexes auf der Erfüllungsebene in der ersten Anspruchsgrundlage des *K* gegen *M* zu prüfen. Auf der Grundlage der hier gefundenen Ergebnisse wird man den Zahlungsanspruch des *M* und schließlich eventuelle Schadensersatzansprüche der Beteiligten gegeneinander erörtern müssen.

Als „dritter Mann" muss *B* als Anspruchsgegner ins Spiel kommen. Kaum übersehbar stellt sich die Frage, ob *M* oder *K* einen Schadensersatzanspruch gegen *B* geltend machen kann, der sich allein aus unerlaubter Handlung ergeben könnte, § 823 I. Spätestens jetzt wird erkennbar, dass den Grundsätzen der Drittschadensliquidation[1] eine entscheidende Aufgabe bei der Lösungsentwicklung zukommen kann, falls man bei den Erfüllungsansprüchen der Kaufvertragsparteien zu dem Ergebnis eines Verlustes des Lieferanspruches bei weiterbestehendem Zahlungsanspruch gelangt. An dieser Stelle verdichtet sich für den geübten Bearbeiter die klausurpsychologische Atmosphäre der Aufgabenstellung zu dem unmissverständlichen Hinweis darauf, dass hier eine Fallkonstellation der Drittschadensliquidation vom Typus „obligatorische Gefahrentlastung" zur Prüfung ansteht.[2] Da *K* offensichtlich noch kein Eigentum an den Mehlsäcken erworben hat, wird man einen Anspruch des *M* gegen *B* aus § 823 I zum Ausgangspunkt erheben und die Möglichkeit im Hinterkopf behalten, dass *K* gegen *M* einen Anspruch auf Abtretung dieses deliktischen Schadensersatzanspruches haben könnte; einschlägig wäre hier der auch bei unverschuldeter Unmöglichkeit der Leistung des Schuldners *M* bestehende Surrogationsanspruch des § 285 I. Diese Vorüberlegungen reichen aus, um nunmehr bei den einzelnen Anspruchsgrundlagen in die schrittweise Subsumtion eintreten zu können.

---

1 Vgl. hierzu *Weiss* JuS 2015, 8 ff. sowie *Bredemeyer* JA 2012, 102 ff.

2 Vgl. hierzu grdl. RGZ 62, 331 ff.; *Larenz* SchuldR AT § 27 IV b S. 460 ff.; Staudinger/*Schiemann* (2017) BGB Vorbem. § 249 Rn. 74 f.; *Medicus/Lorenz* SchuldR AT § 53 V 4 Rn. 700 S. 324; jüngst bestätigt durch BGHZ 181, 12 (26); in der Literatur wird diese Fallgruppe der Drittschadensliquidation teilweise für entbehrlich gehalten, weil ein eigener Schaden des Verkäufers vorliege, vgl. dazu *Hagen* JuS 1970, 442 ff.; *F. Peters* AcP 180 (1980), 329 ff.; *Büdenbender* NJW 2000, 986 ff.; *Stamm* AcP 203 (2003), 366 (368 ff.).

Meister Müller

II. Der Erfüllungsanspruch des *K*

Das Verbrennen der Maltersäcke könnte den *M* von seiner Leistungspflicht nach § 275 I befreit haben, wenn zu dieser Zeit die ursprüngliche Gattungsschuld schon im Wege der Konkretisierung nach § 243 II in eine Speziesschuld umgewandelt gewesen wäre. Andernfalls trug *M* noch die Leistungsgefahr und schuldete weiterhin Lieferung von 20 Maltersäcken.[3] Hier muss man aufpassen! Allein das Aussondern der einzelnen Stücke aus der Gattung (Individualisierung) reicht nämlich für eine Konkretisierung dann nicht aus, wenn das für den Schuldner zur Leistung „seinerseits Erforderliche" nach der Parteivereinbarung zu den geschuldeten Leistungshandlungen über die bloße Bereitstellung ausgesonderter Stücke hinausgeht.[4] Von Bedeutung hierfür ist der Leistungsort. Bei einem „Anlieferungskauf" der hier in Rede stehenden Art ist die Parteivereinbarung dahingehend auszulegen, dass weder eine Holschuld noch eine Schickschuld, sondern vielmehr eine Bringschuld gewollt war, so dass *M* die Säcke am Ort des *K* hätte anliefern müssen, um das „seinerseits Erforderliche" getan zu haben.[5] An dieser Stelle wird die Vorschrift des § 300 II bedeutsam, wonach bei einer Gattungsschuld der Übergang der Leistungsgefahr vom Schuldner auf den Gläubiger auch schon *vor* der Konkretisierung i. S. d. § 243 II, nämlich bereits mit dem Eintritt eines Annahmeverzuges erfolgt. Die Vorschrift des § 300 II erklärt den sonst nur für Speziesschulden geltenden Grundsatz des § 275 I auch auf Gattungsschulden für anwendbar, wenn der Gläubiger einer Gattungsschuld in Annahmeverzug geraten ist.[6] Und dieser Annahmeverzug liegt hier in der Person des *K* vor – zwar nicht nach § 294, denn ein „tatsächliches Angebot" des *M* hätte allein am Ort des *K* erfolgen können, wohl aber nach § 295 S. 1 Alt. 1 (wörtliches Angebot nach Annahmeverweigerung).[7]

---

3 Vgl. dazu *Brox/Walker* SchuldR AT § 8 Rn. 6 S. 94; *Medicus/Petersen* BürgerlR § 13 III 3 Rn. 261 S. 128 f.

4 Vgl. hierzu erneut *Brox/Walker* SchuldR AT § 8 Rn. 6 S. 94 sowie *Medicus/Petersen* BürgerlR § 13 III 3 Rn. 258 S. 127 f.; *Larenz* SchuldR AT § 25 II b S. 395 ff.

5 Vgl. MüKoBGB/*Emmerich* § 243 Rn. 26; Erman/*Ulber* BGB § 243 Rn. 17; *Medicus/Lorenz* SchuldR AT § 17 IV 2 Rn. 197 S. 82.

6 Vgl. dazu *Brox/Walker* SchuldR AT § 26 Rn. 13 f. S. 335 f.

7 Vgl. Erman/*J. Hager* BGB § 300 Rn. 6.

Knickebieter

Bei der Prüfung des § 275 I kommt es nicht darauf an, wer die Unmöglichkeit zu vertreten hat. Relevant wird dieser Gesichtspunkt erst im Rahmen der Prüfung des § 326 II 1 Alt. 2, wer nämlich im konkreten Fall die Preisgefahr trägt. Bei der Behandlung des Zahlungsanspruches *M* gegen *K* aus § 433 II wird der Bearbeiter sodann schnell zu § 326 II 1 Alt. 2 vorstoßen können und muss nun die Vorschrift des § 300 I erörtern. Wegen des Annahmeverzuges des *K* hat *M* nach § 300 I seine leichte Fahrlässigkeit (Versäumnis des Abdeckens der Ladung mit einer Plane) nämlich *nicht* zu vertreten; die Unmöglichkeit ist *inter partes* eine „zufällige".

III. Die Drittschadensliquidation

Prüft man nun einen Schadensersatzanspruch des *M* gegen *B* aus § 823 I, wird man nach den vorangegangenen Erkenntnissen unschwer die typische Konstellation der Drittschadensliquidation erfassen: *M* kann gegen den Schädiger *B* aus der rechtswidrigen und schuldhaften Verletzung seines Eigentums – die Säcke waren dem *K* noch nicht übereignet – keinen Schadensersatzanspruch geltend machen, da er *keinen Schaden* zu beklagen hat; *M* kann ja den Kaufpreis von *K* trotz der eingetretenen Unmöglichkeit verlangen. *K* aber hat zwar einen Schaden, aber – mangels Eigentumsübertragung – *keinen Anspruch.* Diese Fallkonstellation ruft danach, dem *M* einen Anspruch gegen *B* auf Ersatz des dem *K* entstandenen „Drittschadens" einzuräumen, denn der Schädiger darf von der für ihn zufälligen Schadensverlagerung im Innenverhältnis zwischen *M* und *K* nicht profitieren.[8] Hierzu ist aus dem Hörsaal vielleicht der Satz bekannt: „Der Schaden wandert zum Anspruch". Gleichfalls typisch ist die weitere Konsequenz, dass *K* gegen *M* einen Anspruch auf Abtretung des Schadensersatzanspruches hat, den *M* gegen *B* geltend machen kann. Nach § 285 I hat nämlich *M* an *K* das „stellvertretende *commodum*", d. h. den für die unmöglich gewordene Leistung empfangenen Ersatz oder Ersatzanspruch herauszugeben bzw. abzutreten. Und dies gilt unabhängig von einem Vertretenmüssen des *M* hinsichtlich der nachträglichen objektiven Unmöglichkeit. Auf diese Weise „wandert" der Schadensersatzanspruch gegen *B* von *M* wieder zurück zum geschädigten *K,* der sodann aus abgetretenem Recht gegen *B* vorgehen kann.

---

8 Vgl. hierzu die in Fn. 1 Genannten sowie *Brox/Walker* SchuldR AT § 29 Rn. 14 ff. S. 365 ff. und ferner BGHZ 40, 91 (100).

IV. Aufbauprobleme und Schwerpunkte

Der Fall ist nicht ganz einfach aufzubauen und darzustellen. Im ersten, die Erfüllungsansprüche von *K* und *M* betreffenden Teil gestaltet sich die Prüfung noch vergleichsweise einfach. Strukturgebend ist dabei die strikte Differenzierung zwischen Leistungs- und Gegenleistungsgefahr sowie den entsprechenden Normen. Wichtig ist vor allem, dass man keinesfalls im Beladen des Lieferwagens mit den 20 Mehlsäcken fälschlicherweise eine Konkretisierung der Gattungsschuld sieht, sondern die Bringschuldvereinbarung zwischen den Parteien erkennt.

Im zweiten, die Schadensersatzansprüche betreffenden Teil hat der Bearbeiter mit den üblichen Aufbauproblemen der Drittschadensliquidation zu kämpfen, die kaum ganz befriedigend im Sinne stringent-logisch fortschreitender Erörterung lösbar sind. Denn immer sind drei Personen in die Überlegungen einzubeziehen, obwohl innerhalb ein und derselben Anspruchsgrundlage ein Anspruch nur zwischen zwei Personen geprüft werden kann. Wichtig ist hier, dass der Klausurant das Grundanliegen der Drittschadensliquidation verdeutlicht und die vorliegende Konstellation als Paradigma der Fallgruppe „Schadensverlagerung infolge obligatorischer Entlastung" erkennt.

C. Gliederung

I. Anspruch *K* gegen *M* aus § 433 I 1
  1. Entstehung
  2. Untergang wegen Unmöglichkeit
    a) Inhalt der Leistungspflicht
    b) Speziesschuld
       Problem: Konkretisierung nach § 243 II
    c) Gattungsschuld
       Problem: Gefahrübergang nach § 300 II
    d) Zwischenergebnis
  3. Ergebnis zu I

II. Ansprüche *M* gegen *K*
  1. Kaufpreiszahlung (§ 433 II)
  2. Schadensersatz (§§ 280 I, III, 281 I 1)

III. Anspruch *M* gegen *B* aus § 823 I
  1. Haftungsbegründender Tatbestand
  2. Schaden
     Problem: Drittschadensliquidation
  3. Ergebnis zu III

IV. Sekundäre Ansprüche *K* gegen *M*
  1. Schadensersatz (§§ 280 I, III, 281 I 1)
  2. Herausgabe (§ 285 I)

V. Gesamtergebnis

D. Lösung

I. Erfüllungsanspruch des *K* gegen *M* auf Lieferung von 20 Maltersäcken Mehl gem. § 433 I 1

1. Entstehung

Aus dem mit *M* geschlossenen Kaufvertrag ist für *K* ein Anspruch auf Lieferung von 20 Maltersäcken nach § 433 I 1 entstanden.

2. Untergang wegen Unmöglichkeit

a) Inhalt der Leistungspflicht

Schuldner *M* ist aber von seiner Leistungspflicht nach § 275 I freigeworden, falls durch das Verbrennen der Maltersäcke eine Unmöglichkeit eingetreten ist. § 275 I wird zumeist nur bei Speziesschulden durchgreifen können. Bei einer (unbeschränkten) Gattungsschuld bleibt der Schuldner zur Leistung aus der Gattung verpflichtet, solange sie möglich ist. Erst der Verlust der gesamten Gattung (z. B. alle Pferde einer bestimmten Rasse) führt zur Rechtsfolge des § 275 I. Die Kaufsache ist hier vertraglich nur der Gattung nach bestimmt, § 243 I (gemahlenes Korn in 20 Maltersäcken). Es kommt für die Rechtsfolgen des § 275 I indes nicht auf den Zeitpunkt des Vertragsabschlusses, sondern auf den des Eintritts der (angeblichen) Unmöglichkeit an. Zu diesem Zeitpunkt (Verbrennen der Maltersäcke) könnte sich die Gattungsschuld bereits durch Konkretisierung nach § 243 II in eine Speziesschuld umgewandelt haben.

b) Speziesschuld

Ob *M* das zur Leistung „seinerseits Erforderliche“ getan hat, bestimmt sich nach dem Inhalt seiner Leistungspflicht, genauer: nach dem Inhalt der von ihm geschuldeten Leistungshandlung. *M* müsste die geschuldete Leistungshandlung, die ohne sein weiteres Zutun die Befriedigung des Leistungsanspruchs des Gläubigers *K* herbeizuführen geeignet ist, erbracht haben; auf den Eintritt des geschuldeten Erfolges nach § 433 I kommt es insoweit nicht an, andernfalls fielen ja Konkretisierung und Erfüllung immer zusammen.

Zur Leistungshandlung des Verkäufers einer Gattungssache gehört zum einen die Aussonderung der Sache (Individualisierung). Diese ist hier durch die Beladung des Lieferwagens mit den für *K* bestimmten 20 Maltersäcken Mehl erfolgt. Der weitere Inhalt der Leistungspflicht bestimmt sich nach den Vereinbarungen der Parteien, insbesondere nach dem vereinbarten Leistungsort.

Normalerweise ist die kaufvertragliche Verschaffungspflicht eine Holschuld, bei der der Leistungsort beim Schuldner liegt und sich das „seinerseits Erforderliche“ neben der Bereitstellung der Sache und der Mitteilung von der Aussonderung auf das Angebot der Leistung beschränkt. Hier haben indes die Parteien modifizierend vereinbart, dass *M* das Mehl an *K* liefern werde. Damit kann eine Schickschuld oder aber eine Bringschuld vereinbart worden sein. Bei Annahme einer Schickschuld, bei der der Leistungsort beim Schuldner *M* verblieben wäre, wäre eine Konkretisierung bereits zu dem Zeitpunkt eingetreten, zu dem *M* den Lieferwagen mit den Mehlsäcken beladen hatte und auf den Weg zu *K* schicken wollte. Bei einer Bringschuld dagegen hätte sich der Leistungsort zum Gläubiger *K* verlagert, bei dem Schuldner

M die Leistung hätte anbieten müssen. Bei einer Bringschuld hätte *M* mithin das seinerseits Erforderliche noch nicht getan.

Zwar lässt sich den Vorschriften des § 269 I, III entnehmen, dass in Zweifelsfällen der Auslegung keine Bringschuld mit ihren weitergehenden Konsequenzen als vereinbart angesehen werden soll. Doch liegt hier bei der Auslegung der Abmachung mit Rücksicht auf die Verkehrssitte (§§ 157, 242) kaum ein Zweifelsfall vor. Vielmehr wird man einen Anlieferungskauf annehmen müssen, bei dem Verkäufer *M* den Transport zum Abnehmer *K* als Nebenleistungspflicht (Anlieferung an die Bäckerei) übernommen hat. Angesichts der Bringschuld-Vereinbarung ist noch keine Konkretisierung der Gattungsschuld nach § 243 II eingetreten, so dass ein Freiwerden des *M* von seiner Leistungspflicht wegen eines Unterganges einer schon zur Stückschuld gewordenen Kaufsache nach § 275 I ausscheidet.

c) Gattungsschuld

Bei einer Gattungsschuld kann aber der Schuldner schon *vor* der Konkretisierung von seiner Leistungspflicht nach § 275 I frei werden, wenn der bereits aus der Gattung ausgesonderte Leistungsgegenstand ohne sein Verschulden zu einem Zeitpunkt untergegangen ist, in welchem der Gläubiger in Annahmeverzug war. Auf die sonstigen Elemente der Konkretisierung kommt es dann nicht mehr an. Dies ist die Aussage der Vorschrift des § 300 II, die die Anwendbarkeit des § 275 I, trotz noch ausstehender Teilakte der Konkretisierung i. S. d. § 243 II, auf den Zeitpunkt des Übergangs der Leistungsgefahr wegen Annahmeverzuges vorverlegt. Voraussetzung dafür ist, dass *K* vor dem Verbrennen der Maltersäcke in Annahmeverzug nach §§ 293 ff. geraten war. *K* müsste die ihm angebotene Leistung nicht angenommen haben.

aa) Für ein tatsächliches Angebot des *M* nach § 294 fehlt es an der Anlieferung der Mehlsäcke bei *K*. Da von einer Bringschuld auszugehen ist, hätte *M* die Leistung „so wie sie zu bewirken ist", also auch am richtigen Ort anbieten müssen. Wohl aber liegt in dem Telefongespräch vom 5. November ein wörtliches Angebot des *M* nach § 295. Dieses ist ausreichend, nachdem *K* seine Annahmeverweigerung erklärt hat.

bb) Eine verzugsausschließende vorübergehende Annahmeverhinderung nach § 299 kommt nicht in Betracht. Zum einen war der Zeitpunkt der Mehllieferung ausdrücklich für Anfang November festgelegt und damit hinreichend bestimmt. Zum anderen hatte *M* den *K* einige Tage vorher von der bevorstehenden Lieferung in Kenntnis gesetzt. Keinesfalls wurde *K* – wie für § 299 nötig – von dem Angebot des *M* gleichsam überfallen. Den Annahmeverzug des *K* kann es nicht hindern, dass er etwa ohne eigenes Verschulden keinen Lagerplatz für die Säcke zur Verfügung hatte. Der Gläubigerverzug tritt verschuldensunabhängig ein.

d) Zwischenergebnis

Wegen des Übergangs der Leistungsgefahr nach § 300 II ist durch den Brand eine nach § 275 I zu beurteilende Unmöglichkeit der Leistung des *M* eingetreten. Auf ein Vertretenmüssen der Unmöglichkeit kommt es nicht an.

3. Ergebnis zu I

Da *M* von seiner Leistungspflicht nach § 275 I freigeworden ist, hat *K* keinen Anspruch mehr auf die Lieferung von 20 Maltersäcken Mehl nach § 433 I.

II. Ansprüche des *M* gegen *K*

1. Kaufpreiszahlung (§ 433 II)

M behält seinen Anspruch auf Kaufpreiszahlung trotz der eingetretenen Unmöglichkeit seiner Leistung nach §§ 433 II, 326 II 1 Alt. 2, wenn die Unmöglichkeit während der Zeit des Annahmeverzugs von *K* eintrat und nicht von ihm zu verantworten ist. Ein Annahmeverzug liegt im betreffenden Zeitpunkt vor. Weiterhin ist dem *M* ein Verstoß gegen seine Sorgfaltspflicht anzulasten, weil er es unterlassen hat, den Lieferwagen mit einer Schutzplane abzudecken, § 276 I, II. Freilich hat er hierdurch die im Verkehr erforderliche Sorgfalt nur in einem geringen Umfang verletzt. Während des Annahmeverzugs des Gläubigers einer Gattungssache beschränkt sich das vom Schuldner zu vertretende Verschulden aber nach § 300 I auf Vorsatz und grobe Fahrlässigkeit. Angesichts seiner nur leichten Fahrlässigkeit hat Schuldner *M* die Unmöglichkeit seiner Leistung nicht zu vertreten bzw. zu verantworten, so dass ihm ein Anspruch gegen *K* aus § 433 II trotz des Brandes zusteht.

2. Schadensersatz (§§ 280 I, III, 281 I 1)

Ein Schadensersatzanspruch des *M* gegen *K* aus §§ 280 I, III, 281 I 1 kommt wegen unterlassener Abnahme in Betracht. Nach § 433 II Alt. 2 ist die Abnahme eine schadensersatzbewehrte Hauptpflicht, die nicht nur Verzugsfolgen zeitigt. Diese Pflicht hat *K* schuldhaft verletzt, denn er hätte für die angekündigte Lieferung Vorsorge treffen müssen. Auf ein Mitverschulden des *M* kann sich *K* wegen § 300 I nicht berufen. Einen daraus etwaig auf Seiten des *M* entstandenen Schaden kann dieser damit ersetzt verlangen, sofern dieser über das bloße Verkaufsinteresse hinausgeht; diesbezüglich verbleibt ihm schließlich sein Kaufpreisanspruch.

III. Anspruch des *M* gegen *B* aus § 823 I

1. Haftungsbegründender Tatbestand

Im Wegwerfen der Zigarre, das zur Vernichtung der Mehlsäcke führte, ist eine rechtswidrige und schuldhafte Verletzung von *Ms* Eigentum – die Ladung gehörte noch ihm – durch *B* zu sehen.

2. Schaden

Die Frage ist jedoch, ob *M* überhaupt einen Schaden durch die unerlaubte Handlung des *B* erlitten hat. Daran fehlt es, wenn man berücksichtigt, dass *M* den Kaufpreis von *K* unbeschadet der eingetretenen Unmöglichkeit verlangen kann. Einen Schaden hat letztlich *K*, auf den das Risiko eines Schadens an der Sache mit Gefahrübergang nach § 300 II übergegangen war. *K* jedoch hat weder gegen *B* noch gegen *M* einen Anspruch aus unerlaubter Handlung, denn *K* war mangels Eigentumsübergangs noch nicht Inhaber des verletzten Rechtsguts. In einem derartigen Fall des Auseinanderfallens von Rechtsposition und Risiko infolge einer schuldrechtlichen Gefahrentlastung nach § 326 II 1 Alt. 2 darf *B* nicht von der Haftung frei werden. Seine Rechtsgutverletzung darf nicht wegen der nur das Innenverhältnis zwischen *M* und *K* regelnden Gefahrtragungsvorschriften ohne Ausgleichspflicht bleiben. Vielmehr muss der Rechtsgutinhaber den für den Verletzer zufällig in der Person des Dritten entstandenen Schaden liquidieren können. Es liegt eine typische Konstellation der Drittschadensliquidation der Fallgruppe „obligatorische Gefahrentlastung“ vor. Nach dem Grundsatz der Drittschadensliquidation „wandert“ im Verhältnis zwischen *M* und *B* der Schaden des *K* zum Anspruch des *M*.

3. Ergebnis zu III

M kann somit von *B* Schadensersatz wegen der Zerstörung der Maltersäcke verlangen.

IV. Sekundäre Ansprüche des *K* gegen *M*

1. Schadensersatz (§§ 280 I, III, 281 I 1)

Ein Schadensersatzanspruch des *K* gegen *M* nach §§ 280 I, III, 281 I 1 scheitert daran, dass *M* wegen § 300 I die Unmöglichkeit der Leistung nicht zu vertreten hat.

2. Herausgabe (§ 285 I)

Wohl aber könnte dem *K* der verschuldensunabhängige Anspruch auf Herausgabe des stellvertretenden *commodums* aus § 285 I zustehen, der sich hier auf Abtretung des Schadensersatzanspruchs richtete, den *M* gegen *B* nach § 823 I in Verbindung mit den Grundsätzen der Drittschadensliquidation besitzt. Zweifel daran könnten sich lediglich aus dem engen Wortlaut des § 285 I ergeben, der von dem „geschuldeten Gegenstand" spricht und damit noch nicht konkretisierte Gattungsschulden im Allgemeinen nicht umfasst. Von seiner Funktion des Ausgleichs ungerechtfertigter Vermögensverschiebungen her muss die Vorschrift des § 285 I aber auch auf den Fall anwendbar sein, dass – wie hier – der Übergang der Leistungsgefahr aufgrund des Annahmeverzugs nach § 300 II schon vor der vollständigen Konkretisierung einer Gattungs- zur Stückschuld stattfindet. *K* kann somit von *M* Abtretung des Anspruchs aus § 823 I gegen *B* verlangen.

V. Gesamtergebnis

Im Ergebnis hat *K* keinen Anspruch mehr auf Lieferung von 20 Maltersäcken Mehl gegen *M*, muss aber den Kaufpreis von 1.000 EUR bezahlen. Er kann jedoch von *M* die Abtretung des Schadensersatzanspruches verlangen, den *M* gegen *B* hat.

E. Lerntest

I. Fragen

1. Welche Rechtsfolgen für den Käufer kann eine fehlende Abnahme der Kaufsache haben?
2. In welcher Fallkonstellation ist die Leistungsgefahr-Regelung des § 300 II beim Gattungskauf von Bedeutung?
3. Aus welchem Grund kann der Verkäufer, der bei einer Zerstörung der Sache nach dem Übergang der Leistungsgefahr auf den Käufer seinen Kaufpreisanspruch behält, den Schaden des Käufers als „Drittschaden" gegenüber dem Schädiger liquidieren?
4. Kann der Käufer, der nach dem Übergang der Leistungsgefahr den Kaufpreis trotz der Zerstörung der Sache bezahlen muss, von dem außerhalb des Schuldverhältnisses stehenden Dritten, dem Schädiger, Schadensersatz verlangen?

II. Antworten

1. Zum einen kann der Käufer in Annahmeverzug (§§ 293 ff.) geraten. In der Folge hat der Verkäufer beispielsweise keine einfache Fahrlässigkeit mehr zu vertreten (§ 300 I) und ihm steht gegen den Käufer ein Anspruch auf Mehraufwendungen wie

Lagerkosten zu (§ 304). Zum anderen ist die Abnahme seit der Schuldrechtsreform als eigenständige Hauptpflicht (§ 433 II Alt. 2) ausgestaltet, deren Verletzung Schadensersatzansprüche (§§ 280 I, III, 281) nach sich ziehen kann; auch kann der Verkäufer unter Umständen vom Vertrag zurücktreten (§ 323 I).

2. § 300 II wird bei einem Gattungskauf nur bedeutsam, wenn die Leistungsgefahr nicht schon nach §§ 243 II, 275 I auf den Gläubiger vor dessen Annahmeverzug übergegangen ist. Bei einer Bring- oder Schickschuld hat der Schuldner mit einer *Individualisierung* und mit einem wörtlichen Angebot nach § 295 S. 1 das „seinerseits Erforderliche" i. S. v. § 243 II noch nicht getan; es fehlt an einer *Konkretisierung*. In diesem Fall kann der Schuldner bei einem Untergang der für den Gläubiger bereitgestellten Ware nur nach § 300 II, also bei Annahmeverzug des Gläubigers, von seiner primären Leistungspflicht „aus der Gattung" frei werden.

3. Dem außerhalb des Schuldverhältnisses stehenden Schädiger darf die obligatorische Gefahrentlastung nicht als glücklicher Zufall zugutekommen. Der Schädiger darf nicht davon profitieren, dass der Verkäufer zwar einen Anspruch aber keinen Schaden, der Käufer einen Schaden aber keinen Anspruch hat. Nach dem Grundsatz der Drittschadensliquidation „wandert" der Schaden zum Anspruch, so dass der Verkäufer den Schaden des Käufers „im Drittinteresse" liquidieren kann.

4. Da der Käufer mangels Eigentumsübergangs noch nicht Inhaber des verletzten Rechtsguts ist, kann er seinen durch die Kaufpreiszahlung an den Verkäufer entstandenen Schaden nicht vom Schädiger nach § 823 I ersetzt verlangen. Der Käufer ist allerdings befugt, vom Verkäufer die Abtretung des Anspruchs auf Schadensersatz im Drittinteresse als stellvertretendes *commodum* nach § 285 I zu verlangen. Nach erfolgter Abtretung kann er gegen den Dritten als Schädiger vorgehen. Durch diesen Surrogationsanspruch „wandert" der Schadensersatzanspruch im Ergebnis wieder zurück zu dem infolge obligatorischer Schadensverlagerung Geschädigten.

Sachverzeichnis

(Die Zahlen verweisen auf die Seitenzahlen des Bandes; dahinter ist die Nummer des jeweiligen Falles angegeben.)